DIESES BUCH

... SCHENKT SÜDBLICK

... GIBT GELASSENHEIT

... VEREINT WELTEN

... VERKAUFT HERAUSRAGEND

... LEHRT BESTMÖGLICH

... LIEFERT GEHEIMNISSE

... SCHAFFT RAUM

... GEWINNT GEMEINSAM

... IST INTERAKTIV

ISBN 978-3-945112-32-8

Bibliografische Information der Deutschen Nationalbibliothek
Die Deutsche Nationalbibliothek verzeichnet diese Publikation in der Deutschen Nationalbibliografie; detaillierte bibliografische Daten sind im Internet über http://dnb.d-nb.de abrufbar.

© **PROFILER'S PUBLISHING** Bielefeld 2015 | Druck: BoD, Norderstedt | www.profilerspublishing.com

Die Farben des Fortschritts

Neun neue Strategien gegen das Schwarz-Weiss-Denken

Daniela A. Ben Said (Hrsg.)

Gordon Bell
Nora Bickmann
Harriet Delanie
Thore Friedrichs
Nina Herrmann
Gaby Jansen
Biyon Kattilathu
Norbert Kox
Loredana Meduri
Alessandro Spanu

PROFILER'S PUBLISHING
Expertenwissen für Ihren Erfolg

Vorwort

Herausgeberin Daniela A. Ben Said

Liebe Leser,

in mehreren Büchern durfte ich bereits mein Wissen weitergeben, was eine wundervolle Erfahrung ist.

In diesem besonderen Buch erfahren Sie, wie ich all das weitergebe: Mein Wissen, meine Erfahrungen und das wunderbare Gefühl Autor zu werden. Dies alles gebe ich gern – ganz besonders meinen Mentees. Allesamt erfrischend und inspirierend, wie Sie es auch von mir kennen, eben einfach kundenverblüffend.

Auf den folgenden Seiten hole ich Ihnen zehn neue Speaker – Rohdiamanten gleich – auf die Bühne des Buches. Sie alle sind fantastische Entertainer und haben eines gemeinsam: innovative Themen, Visionen, Einsatzfreude und Kompetenz.

Ihre Inhalte entwickelten sie aus den eigenen Biografien. Authentisch leben sie ihre Lösungen. Vielfältiger könnten sie kaum sein und verkörpern etwas, für das ich selbst stehe: „Anders ist Standard!"

Umso mehr freue ich mich, für diese kommenden Top-Speaker etwas sein zu dürfen, das ich mir zu Beginn meiner Karriere oft gewünscht habe: Eine engagierte Mentorin, die dabei hilft, herausragende Persönlichkeiten ins rechte Licht zu rücken.

Vorhang auf also für multikulturelles Herz und Hirn. Lernen Sie von Loredana Meduri und Alessandro Spanu Dolce Vita in Ihre Deutsche Vita zu bringen. Um dann von der quirligsten Person, die ich kenne, Gelassenheit zu lernen: Nina Herrmann. Harriet Delani beweist Ihnen, wie wenig Herkunft und Hautfarbe mit Erfolg zu tun haben. Worauf sich Thore Friedrichs sehr konkret mit Tipps gegen widrigste Bedingungen anschließt. Nora Bickmann erläutert, warum und wie, er und Sie, in sich selbst die besten Lehrer finden, um wirkungsvoll zu werden. Welche Erfolgsgeheimnisse es noch braucht, liefert Norbert Kox. Und Gaby Jansen zeigt Ihnen, welchen Raum Ihr Wachstum braucht. Und dann – erst dann – wird das WIR gewinnen, was Gordon Bell eindrücklich schildert. Und da wir schon lange nicht mehr allein auf diesem Planeten sind, wird es zu guter Letzt INDERaktiv mit Biyon Kattilathu.

Ich wünsche Ihnen nun viel Spaß beim Kennenlernen der, davon bin ich überzeugt, künftigen Stars der Redner-Szene. Sie zeigen menschlich, fachlich – und auch optisch, wie bunt Erfolg sein kann.

Ihre Daniela A. Ben Said

Inhalt

Leben mit Südblick

Loredana Meduri & Alessandro Spanu

Was bedeutet 'Leben mit Südblick'?
Was verbinden wir damit?

Das entspannte und schöne Gefühl, dass die meisten in ihrem Urlaub erleben und somit die schönsten Wochen des Jahres sind. In diesen zwei bis vier Wochen des Jahres lassen wir uns verwöhnen, wir genießen das Leben in vollen Zügen und lassen es uns an Nichts fehlen. Wir schenken uns das Gefühl von Gelassenheit, Leichtigkeit, Entspannung und guter Laune, was uns zudem eine unglaubliche souveräne Ausstrahlung verleiht.

Bestimmt kennen Sie das: Sie sind im Urlaub und trinken einen Wein, der Ihnen sehr gut schmeckt und entscheiden, davon einen Karton zu kaufen. Dann sind Sie zu Hause, machen den Wein auf, trinken ihn und irgendwie schmeckt er einfach anders als im Urlaub. Komisch, es ist der gleiche Wein und doch schmeckt er anders. Sie denken, das kann doch nicht sein! –
Wissen Sie was sich verändert hat?

Ihre Wahrnehmung hat sich verändert. Im Urlaub haben Sie den gleichen Wein getrunken, doch mit einem anderen Lebensgefühl und deswegen schmeckte der Wein einfach besser. Und genau um dieses Lebensgefühl geht es uns in den nächsten Seiten.

Erinnern Sie sich jetzt bitte an Ihre italienische Urlaubszeit. Wie haben Sie sich dabei gefühlt?

Ach wie schön wäre es, wenn wir dieses Dolce-Vita-Gefühl auch in unseren Alltag übertragen könnten.

Stellen Sie sich vor, wie souverän wir in allen Lebenslagen wären. Nicht auszumalen, welchen Erfolg dieses Gefühl mit sich bringen würde. Stellen Sie sich vor, wie Sie in einem Zustand von Gelassenheit – und ohne Stress – die richtigen Entscheidungen treffen könnten oder, wie Sie sich über jede Begegnung mit Menschen freuen, statt diese als Belastung empfinden würden. Wie würde es sich anfühlen, wenn ein Problem auftaucht und Sie gleich eine kreative Eingebung für eine Lösung hätten?

Wer wünscht sich das nicht, einfach mit Freude und Gelassenheit den beruflichen und privaten Alltag zu meistern und sich dabei energetisch und erfolgreich zu fühlen? Was wären Sie bereit zu tun, um nach einem Arbeitstag nach Hause zu kommen und das Gefühl zu haben, zufrieden zu sein und den Abend rundum genießen zu können?

Nun, wie sieht denn der Alltag tatsächlich aus? Täglich haben wir viele Herausforderungen und Aufgaben mit wachsender Komplexität zu bewältigen. Geschäftliche und private Termine nehmen kein Ende – statt weniger Termine werden es immer mehr Termine. Jeder möchte etwas von uns und wir fühlen uns oft einfach ferngesteuert.
Wie oft fühlen wir uns unter Zeitdruck und gestresst? Wie oft fühlen wir uns angespannt und sind uns nicht mehr der schönen Dingen des Lebens bewusst? Können diese auch gar nicht mehr genießen? Wer hat noch Energie und Zeit für die schönen Dinge?

Wir fühlen uns nach einem harten Arbeitstag energielos und ausgebrannt. Wie gut würde da ein bisschen Dolce Vita, diese italienische Leichtigkeit und Gelassenheit, tun?

Es geht nicht darum, dass Sie Ihr Leben von jetzt auf gleich auf den Kopf stellen und mit dem Kopf durch die Alpen gehen. Es geht lediglich darum, die Dinge mit anderen Augen zu sehen. Ja, es geht darum, die Dinge im Leben mit einem Südblick zu betrachten und sich bewusst zu werden, wie man mit 'kleinen Dingen' doch Vieles im Leben positiv beeinflussen kann.

Wir, die Autoren – Loredana Meduri und Alessandro Spanu – sind Coaches. Wir sind in Deutschland geboren und haben italienische Wurzeln. Wer uns kennt bezeichnet uns als Lebens-Artisten. Warum? – Weil wir uns die Fähigkeit angeeignet haben, das Leben mit Freude, Gelassenheit und Leidenschaft zu leben. Wir sind seit vielen Jahren in der Wirtschaft tätig und erleben den gleichen Alltag, wie die meisten Menschen. Was uns unterscheidet ist, dass wir gelernt haben, die positiven Dinge im Leben wahrzunehmen und uns an den kleinen Dingen des Alltags zu erfreuen. Als Coaches wissen wir, dass wir im Leben nicht alles ändern können. Es gibt Situationen, die kann man nicht ändern. Dennoch wissen wir, dass die Betrachtung des Lebens mit Südblick, Ihren Alltag sehr wohl positiv beeinflussen kann. In unseren Dolce-Vita-Seminaren vermitteln wir unseren Kunden mit einfachen Tipps, wie jeder sein Leben mit einem Südblick, mit dem Dolce-Vita-Prinzip, lebenswerter machen kann.

Sie können sich bestimmt vorstellen, wie oft wir gefragt werden, wie es die Italiener schaffen, bei allem so gelassen, entspannt und optimistisch zu sein. Wir möchten Ihnen in den nächsten Seiten verraten, wie Sie, unabhängig davon, wo Sie leben, welcher Nationalität Sie angehören, Ihr Leben mit dem Dolce-Vita-Prinzip bereichern können.

Kennen Sie die Redewendung „andere Länder, andere Sitten"? Auf Italienisch heißt die gleiche Redewendung „paesi che vai – usanze che trovi". Wir sind der Überzeugung, dass jeder von anderen Ländern und Lebensgewohnheiten lernen kann.

Die Italiener schätzen die deutsche Pünktlichkeit, Genauigkeit und Disziplin – gerne hätten die Italiener ein bisschen von der Deutschen Vita. Die Deutschen bewundern nicht nur das italienische Essen, die leckere Pasta, den duftenden Espresso und die lebendigen Weine, die mittlerweile schon integraler Bestandteil des Alltags geworden sind, sondern bewundern auch das italienische Lebensgefühl. Wer würde nicht gerne diese gewisse Gelassenheit, Leichtigkeit und Leidenschaft – ja, dieses Gefühl der 'Dolce Vita' – in das eigene Leben integrieren?

DEUTSCHE VITA VERSUS DOLCE VITA

Wir haben einen normalen Tagesablauf in Frankfurt mit einem normalen Tagesablauf in Rom verglichen und waren selbst überrascht, wie unterschiedlich sich ein Tag gestalten kann. Kurz gesagt haben wir die Deutsche Vita und die Dolce Vita anhand typischer Episoden eines Tages beschrieben. Wir haben bewusst das eine oder andere Klischee verwendet, um damit das Verständnis für kulturelle Unterschiede zu verdeutlichen. Die Verwendung von Klischees hilft Sachverhalte schnell und verständlich auf den Punkt zu bringen und regt zum Nachdenken an. Der Migrationshintergrund und die Tatsache, dass wir in Deutschland mit italienischen Klischees und in Italien mit deutschen Klischees konfrontiert wurden, qualifiziert uns als 'Botschafter' die entdecken durften, dass Vorurteile durchaus mal als Vor(ur)teile dienen können.

Mit der Beschreibung eines typischen Arbeitsalltags, in Rom und in Frankfurt, möchten wir verdeutlichen, wie ein ähnlicher Tag ganz anders wahrgenommen und erlebt wird. Nach jeder Episode finden Sie passendende Redewendungen. Diese heben bewusst hervor, wie oft sich Redewendungen in unserer Einstellung und Lebenskultur einprägen. Zum Abschluss blicken wir gemeinsam nochmal auf die wesentlichen Erkenntnisse der Episoden und geben Ihnen wertvolle Tipps, mit denen Sie lernen können, den Südblick und damit das Dolce-Vita Gefühl in Ihr Leben zu integrieren.

Betrachten Sie unsere Tipps als Zutaten für Ihr persönliches Erfolgsrezept. Sie können das Rezept jederzeit mit neuen Zutaten anreichern und die Dosierung Ihren Bedürfnissen anpassen, bis es Ihr Lieblingsgericht wird.

Und schon geht es los: So sieht ein Tag in Rom und in Frankfurt aus.

ROM, 8 UHR

Der Tag beginnt mit der 'colazione al bar', dem Frühstück in der Bar. Vor der Bar stehen viele Autos, es ist kein Parkplatz in Sicht. Also wird das Auto in zweiter Reihe geparkt und die Warnblinkanlage angemacht. Ab in die Bar. „Buongiorno Dottore, un cornetto alla crema ed un cappuccio" schallt es zwischen dem Klimpern der Kaffeetassen. Die gute Laune von Tommaso, dem Barista ist ansteckend. „Complimenti il cappuccino é eccezzionale!" also "Kompliment der Capuccino ist ausgezeichnet!" Über Komplimente für den Cappuccino freut sich Tommaso am meisten. Cappuccino ist schließlich nicht gleich Cappuccino.

Das im Hintergrund laufende Radio berichtet mal wieder über die Krise – „la cr si". Die nötige Aufmerksamkeit bekommt diese Nachricht nicht wirklich. Schließlich ist es für ein krisengebeuteltes Land nichts Neues. Viel spannender ist es, dass Rom das heutige Etappenziel der Mille Miglia ist. „Grande festa" – großes Fest. Weiter geht's... die Arbeit ruft, kurze Verabschiedung: „buongiorno Tommaso, buongiorno Dottore", in Italien wünscht man sich einen Guten Morgen, auch wenn man sich verabschiedet.

Auf den Straßen - ein Verkehrschaos. Alle Autos stehen im Stau und es geht nur zäh voran. Die perfekte Gelegenheit, um ein nettes Telefonat mit der Mamma und mit dem „amico del cuore" – dem besten Freund zu führen. Es geht weiter, der Stau löst sich. Kein Wunder, im Handumdrehen wurde aus einer 2-spurigen Straße eine 4-spurige gemacht. Wer zuerst kommt, malt zuerst. So lautet die Vorfahrtsregel in Italien. In Italien sind Verkehrsregeln schließlich nur wohlgemeinte Ratschläge. Endlich im Büro angekommen – zwei erfreuliche Telefonate waren die perfekte Ablenkung von Stau und Verkehrschaos. Die Fahrt im Aufzug bietet eine günstige Gelegenheit, um sich kurz auszutauschen. Die Kollegin fragt, ob man heute Nachmittag 5 Minuten Zeit für sie hätte. „Certamente, passa dopo" – natürlich, komme später einfach vorbei. Einmal am Arbeitsplatz angekommen, legt man die Jacke ab und dann beginnt die tägliche Begrüßungsrunde. Einfach mal den Kopf in die Büros der Kollegen reinstecken. „Buon giorno – vi va di prendere un café? Guten Morgen, wer hat Lust auf einen Espresso?" Zurück am Arbeitsplatz und mit neuer Energie, wird noch kurz die Zeitung durchgeblättert und der Computer hochgefahren. Der Tag kann starten!

IL BUONGIORNO SI VEDE DAL MATTINO!
EINEN GUTEN TAG ERKENNT MAN BEREITS AM MORGEN!

FRANKFURT, 8 UHR

Der Tag beginnt mit der Vorbereitung eines Frühstücks. Kaffee, Brot mit Aufschnitt oder Müsli. Bevor es zur Arbeit geht, wird noch schnell die Zeitung durchgeblättert und das Wichtigste gelesen. Auf dem Smartphone noch schnell den Kalender mit den anstehenden Terminen überprüfen und ganz wichtig noch das Postfach nach wichtigen E-Mails kontrollieren. Jetzt heißt es, sich schnell auf den Weg machen.

Der erste Termin ist schon auf 9.00 Uhr angesetzt. Ab ins Auto, losfahren. „Oh je, die Straßen sind voll. Es sind aber auch wieder wie immer nur Idioten unterwegs, da kann man nur ausrasten. Von wegen lass ich Dich rein, warte gefälligst. Der heutige Tag kann ja nichts werden!"

Endlich im Büro angekommen. „Die Autofahrt hat mal wieder eine Ewigkeit gedauert, schon wieder mal so viel Zeit verschwendet." Im Aufzug herrscht Ruhe, ist ja klar, das Verkehrschaos drückt noch auf die Stimmung. Die Blicke sind auf den Boden gerichtet. Wer hat schon Lust, sich am frühen Morgen im Aufzug zu unterhalten? Schnell raus aus dem Aufzug, der erste Termin beginnt schon in 10 Minuten. Schnell noch ein Kaffee am Automaten und die Unterlagen ausdrucken. Und der Termin kann starten.

DER FRÜHE VOGEL FÄNGT DEN WURM!

ERKENNTNIS

Gelassenheit lässt uns mit allen Sinnen mehr und intensiver wahrnehmen und macht uns mutig und fröhlich. Es gibt viele Gründe, um aus der Haut zu fahren: Arbeit, Familie, Partner, Freunde, Straßenverkehr und vieles mehr. Wir schimpfen täglich über Dinge, die wir nicht beeinflussen können und lassen es zu, dass diese einen negativen Einfluss auf unseren Gemütszustand haben.

‣ Haben Sie sich schon einmal überlegt, wie viel Energie Sie das kostet und was es in Ihnen auslöst?

Was ist aus unserer Sicht eigentlich Gelassenheit? Gelassenheit ist ein Zustand von Souveränität. Die Fähigkeit, Situationen einfach zu akzeptieren, die man selbst nicht ändern kann und die Fähigkeit, angemessen damit umgehen zu können. Studien zeigen, dass gelassene Menschen gesünder sind. Um genauer zu sein, haben Menschen die gelassen sind weniger Kopfschmerzen, Herzprobleme und weniger Verspannungen. Sie grübeln seltener, sind zufriedener und leben glücklicher.

Also stellt sich die Frage:

‣ Ist es sinnvoll, sich im Straßenverkehr aufzuregen, vielleicht sogar auszurasten?

Nutzen Sie stattdessen diese wertvolle Zeit, um sie mit angenehmen Dingen zu füllen, beispielsweise mit einem Telefonat mit einem Menschen, der Ihnen nahe steht.

‣ Macht es Sinn, Ihre Stimmung bereits beim Frühstück mit Negativ-Schlagzeilen zu belasten?

Diese Informationen werden schließlich den ganzen Tag in allen Nachrichtensender zu jeder Stunde wiederholt – also Sie verpassen nichts. Verbinden Sie das Frühstücken und die Autofahrt lieber mit schönen Gesprächen mit der Familie oder Freunden.

UNSER DOLCE-VITA-TIPP

Beginnen Sie den Tag mit Gelassenheit. Wenn Sie das nächste Mal in einer Situation sind, bei der Sie typischerweise aus der Haut fahren, dann machen Sie Folgendes: Bleiben Sie einfach ruhig – ja, schimpfen Sie nicht. Fragen Sie sich: Was genau passiert gerade? Ist es wirklich so schlimm? Kann ich die Situation ändern, wenn ich mich aufrege?

Seien Sie sich bewusst, dass Sie alleine darüber entscheiden, ob sie gelassen bleiben oder ob Sie aus der Haut fahren.
Nutzen Sie jede Gelegenheit, beispielsweise beim Frühstück, während der Aufzugsfahrt oder im Stau, um sich mit Mitmenschen freundlich auszutauschen.
Achten Sie dabei bewusst darauf, dass Sie positive Gesprächsthemen wählen.

ROM, 10 UHR
Der erste Termin an diesem Tag.

Alle Teilnehmer erfreuen sich guter Laune und begrüßen sich herzlich. „Buongiorno – bello rivederti, ti trovo benissimo – Guten Morgen schön dich zu sehen, du siehst blendend aus". Eine genaue Agenda gibt es nicht – jeder kennt das Thema und jedem ist klar, um was es geht. So langsam füllt sich der Raum, wer fehlt ist der Projektverantwortliche, der den aktiven Part im Meeting hat. Dafür kommt gerade sein Mitarbeiter rein und verkündet eine gute und eine schlechte Nachricht. Die schlechte Nachricht: Der Projektverantwortliche kann nicht teilnehmen. Die gute Nachricht: Er springt spontan für ihn ein. Auch ohne große Vorbereitung gibt er ein umfassendes Bild über den Projektstatus. Die Stimmung ist locker, der Termin wird zum Brainstorming. Alle sind begeistert und freuen sich, Ihren Beitrag geleistet zu haben. Die Vertretung wird mit Komplimenten überhäuft. Spontan und kompetent hat er seinen Chef vertreten.

Die Mittagspause rückt näher. Und schon murmelt es: „Kantine oder Trattoria?" alle sind sich einig. Nach so einem erfolgreichen Termin, darf man sich was gönnen – ja wir haben uns ein gutes Essen in der Trattoria verdient.

TUTTI SONO UTILE E NESSUN INDISPENSABILE!
ALLE SIND NÜTZLICH – NIEMAND IST UNERSETZLICH!

FRANKFURT, 10 UHR
Bereits der zweite Termin am diesem Tag.

Alle sind pünktlich im Meetingraum und nehmen Platz. Keiner hat Lust auf dieses Meeting, da bereits am Vortag der kaufmännische Leiter per E-Mail alle Teilnehmer informiert hat, dass er nicht am Meeting teilnehmen kann und ihn dafür sein Mitarbeiter vertreten wird.

Die Agenda ist klar strukturiert, die aktuelle Lage wird besprochen und wie so oft hat die Vertretung keine Entscheidungsbefugnis. Was sich später durch das erfolgreiche Abwehren neuer Ideen und Vorschläge der Vertretung bestätigt. Die Stimmung ist entsprechend angespannt. Das PowerPoint-Karaoke kann beginnen. Der Frustrationsgrad steigt. Die Teilnehmer wagen einen Vorstoß mit neuen Ideen. Für ein Brainstorming ist keine Zeit, wie auch – ist schließlich nicht Bestandteil der Agenda.

Das Meeting endet pünktlich um 12 Uhr. Die Teilnehmer werden informiert, dass sie spätestens morgen früh das Protokoll erhalten werden. Die Frage einer gemeinsamen Mittagspause stellt sich nicht, da die Mittagsessenstermine für die nächsten Wochen bereits verplant sind. Nun heißt es: Schnell in die Kantine, bevor der große Ansturm kommt.

ORDNUNG IST DAS HALBE LEBEN!

Erkenntnis

Vielen Menschen fällt es schwer, Aufgaben oder Verantwortlichkeiten zu delegieren, weil Sie einfach nicht loslassen können. Gründe dafür sind: Übertriebener Ehrgeiz, Kontrollsucht, Angst vor Konkurrenz und die Überzeugung, dass keiner in der Lage ist, dass zu leisten, was man selbst leistet.

Die große Kunst ist es, Vertrauen in Mitmenschen zu haben und auch Anderen zuzutrauen, dass Sie durchaus in der Lage sind, Gleiches oder Besseres zu leisten. Mitarbeitern, denen man Vertrauen schenkt, fühlen sich wertgeschätzt und dadurch motiviert. Führungskräfte, die ihren Mitarbeitern mit Vertrauen begegnen, fördern nicht nur die Entwicklung Ihrer Mitarbeiter, sondern werden als guter Chef wahrgenommen. Zudem gewinnt der Manager mehr Zeit für das Wesentliche und für die Interaktion mit den Mitarbeitern, Kollegen und Mitmenschen. Der Stresslevel reduziert sich erheblich, wenn Sie lernen loszulassen und Ihren Mitmenschen zu vertrauen.

Unser Dolce-Vita-Tipp

Bitte belassen Sie es bei den strukturierten Meetings und bei der Pünktlichkeit. Lassen Sie dabei jedoch ausreichend Spielraum für neue Ideen, indem Sie in Zukunft beispielsweise 20 Minuten Puffer dafür einplanen.

Lassen Sie auch mal los und vertrauen Sie Mitarbeitern und Kollegen, indem Sie wichtige Aufgaben und Entscheidungen delegieren. Gehen Sie großzügig mit Lob um. Dies schafft Vertrauen und motiviert Ihre Mitmenschen. Ganz nebenbei werden Sie zu einer beliebten und sympathischen Persönlichkeit.

Halten Sie sich in der Woche mindestens zwei Mittagessentermine frei, um spontan bleiben zu können und sich vielleicht das ein oder andere Mal ein Mittagessen bei Ihrem Lieblingsitaliener zu gönnen.

Rom: Mittagspause

„Ciao ragazzi!" empfängt uns Franco, der Inhaber der Trattoria, bereits aus der Ferne. *Wie viel Personen seid ihr? Wir sind 8 Personen. Franco sagt: Das ist ein schöner Tisch für Euch. „Ragazzi nehmt Platz, heute habe ich etwas ganz Leckeres für Euch da." „Was gibt es heute Leckeres?" Franco sagt: „Lasst Euch überraschen!"*

Der Appetit ist groß und die Spekulationen, über das was Franco bringen wird, überschlagen sich. Es wird gelacht und wild gestikuliert. Zwischenzeitlich füllt sich der Tisch mit leckeren Antipasti: Bruschetta, gegrillte Zucchini, Büffelmozzarella, Grissini mit hauchdünnem Parmaschinken und Oliven. Ein Gläschen Wein dazu? Perché no? - Warum nicht? Das Gesprächsthema ist wie üblich: Essen, Fußball, Familie und das heutige Etappenziel der Mille Miglia in Roma. „Ah che buono" – wie lecker! Es gibt Spaghetti im Parmesanlaib mit Trüffelsplitter für alle. „Una favola – ein Traum". Das Vertrauen in Franco hat sich, wie immer, ausgezahlt! Zum Abschluss gibt es noch einen hausgemachten Tiramisu und natürlich einen Espresso. Der geht aufs Haus. Was für ein schönes Mittagessen. Die richtige Stärkung für den anstehenden Nachmittag.

Nella buona compagnia non ci sta la malinconia!
In guter Begleitung gibt es keine Schwermut!

FRANKFURT: MITTAGESSEN

Die Kantine ist überfüllt.

Zwei freie Plätze zu finden wird schwierig. Heute gibt es Schinkennudeln, Currywurst mit Pommes oder die übliche Salattheke. Sofern noch etwas übrig ist. Wäre nicht das erste Mal, dass das Salatbuffet schon leer ist. Tatsächlich, nur noch Reste in der Salattheke. Also doch lieber Currywurst. Die Hektik in der Kantine erinnert an den Verkehr von heute Morgen. Tatsächlich finden sich zwei Plätze.

Der Geräuschpegel macht die Unterhaltung wirklich schwierig. Das Gesprächsthema basiert auf geschäftlichen Themen. Es wird über den steigenden Druck bei der Arbeit, die Europakrise und die anstehenden Projekte gesprochen. Die Zeit verfliegt. Jetzt noch schnell einen Kaffee im Kantinenbistro trinken. Leider nicht möglich - die Schlange an der Kaffeebar ist unendlich und das dauert wieder viel zu lang. Lieber zurück an den Arbeitsplatz, es müssen noch dringend ein paar E-Mails raus, bevor das nächste Meeting ansteht.

Erst die Arbeit, dann das Vergnügen!

ERKENNTNIS

Empathie ist im Umgang mit Kunden und Kollegen extrem wichtig. Denken Sie an den Gastwirt. Wie schafft er es seinen Gästen ein gutes Gefühl zu geben? Es ist die herzliche Begrüßung, die außerordentliche Gastfreundlichkeit und die Feinfühligkeit beim Zusammenstellen des Essens. Und natürlich ist es auch die Aufmerksamkeit, die er zeigt, indem er regelmäßig nachgeschenkt und immer wieder für frisches Brot sorgt. Der Gastwirt weiß genau, wo seine Kunden sitzen wollen und was ihre Vorlieben sind. Es gelingt ihm immer, seinen Gästen ein gutes Gefühl zu geben. Die Kombination dieser Eigenschaften macht ihn zu einem sympathischen Menschen und qualifiziert ihn als absoluten Empathie-Spezialisten.

Stellen Sie sich vor, Sie hätten diese Empathie im Umgang mit Ihren Mitarbeitern, Kollegen, Kunden und Mitmenschen. Stellen Sie sich vor, Sie könnten die Wünsche Ihrer Mitmenschen und Kunden von den Lippen ablesen. Sie kennen deren Bedürfnisse und haben die Fähigkeit Ihnen ein gutes Gefühl zu vermitteln. Sind wir uns einig, dass dies ein absoluter Erfolgsgarant ist?

Bevor wir uns in die Lage von jemand versetzen können, müssen wir uns mit der Person beschäftigen. Ein guter Gastwirt macht das hervorragend, denn er versetzt sich in die Lage seines Gastes und agiert entsprechend. Jede Kundenbindungsstrategie, egal wie ausgefeilt sie ist, scheitert, wenn sie nicht auf Empathie und Freundlichkeit basiert.

Menschen werden sich Ihnen lieber zuwenden, weil Sie Ihre positive Einstellung spüren und sich über die angenehmen Gesprächsthemen freuen. Nutzen

Sie diese Gelegenheit auch in Ihrer Mittagspause. Pausen sind nicht gleich Pausen. Angenehme Gesprächsthemen im Arbeitsalltag machen den Kopf frei und geben wieder Kraft und Motivation für die bevorstehenden Herausforderungen.

Unser Dolce-Vita-Tipp

Beschäftigen Sie sich ausgiebig mit Ihren Mitmenschen. Zeigen Sie aufrichtiges Interesse. Das macht sympathisch und weckt Vertrauen. Geben Sie Ihren Mitmenschen ein positives Gefühl, und sie werden immer wieder gerne zu Ihnen kommen. Wählen Sie Ihre Gesprächsthemen sorgfältig aus. Beim Essen die Probleme vom Vormittag durchzugehen, trägt nicht dazu bei, Ihr Stresslevel zu senken. Interessieren Sie sich für Ihr Gegenüber und seien Sie ein guter Zuhörer. Sprechen Sie über Interessen, Vorlieben und Hobbys. So üben Sie sich in Empathie und in Freundlichkeit. Auf diese Art und Weise verstärken Sie Ihre eigenen positiven Emotionen und werden im Kontakt mit anderen Menschen offener. Andere Menschen werden sich Ihnen verstärkt zuwenden, weil Sie Ihre positive Einstellung spüren und sich bei Ihnen wohl fühlen.

Gehen Sie auch mal in der Mittagspause zu Ihrem Lieblingsitaliener, Sie werden sich wundern, wie sehr er sich über Ihren Mittagsbesuch freuen wird und wie sehr Sie dabei abschalten und sich erholen können. Denken Sie daran, Erholung fördert Ihre Kreativität, Aufmerksamkeit und Genauigkeit.

Rom, 15 Uhr
Die Vorbereitungen auf den anstehenden Kundentermin laufen. Beim Überfliegen der Unterlagen hat sich herausgestellt, dass sich ein Fehler bei der Preisliste eingeschlichen hat. Kein Problem, nichts was man nicht lösen könnte. Ein Anruf genügt. „Ciao Francesca, ich hatte dir doch heute morgen im Aufzug kurz von meinem Kundentermin erzählt. Ich brauche bitte deine Hilfe. Hast du kurz Zeit für mich?" Francesca sagt: „Klar, ich habe dir gesagt, dass ich mir für Dich immer Zeit nehme. Ich bin in 5 Minuten bei dir".

Una mano lava l´altra!
Eine Hand wäscht die andere!

Frankfurt, 15 Uhr
Alles ist perfekt für den anstehenden Kundentermin vorbereitet. Schließlich haben alle schon seit Wochen daran gearbeitet. Diverse Szenarien sind im Back-up der Präsentation. Alle möglichen Fragen wurden analysiert und die passenden Antworten wurden schon auf Folien dargestellt. Trotz mehrmaliger Prüfung stellt sich heraus, dass die Produktliste nicht vollständig ist. Die Anspannung und Hektik ist nicht zu übersehen. „So ein Mist, die Produktliste ist nicht vollständig." Eine Kollegin möchte unterstützen und fragt: „Soll ich die aktuelle

Liste für dich suchen?" Man antwortet: „Nein, ich bin mir sicher, dass ich die aktuelle Preisliste habe und irgendwo hier sein muss." Was für ein Stress, gerade noch rechtzeitig geschafft.

Ohne Fleiss kein Preis!

Erkenntnis

Nichts geht über eine gute Planung und Vorbereitung, besonders wenn es um Kunden und wichtige Termine geht. Wer jedoch zu akribisch plant und organisiert und damit in Perfektionismus ausartet, setzt sich selber und Druck, was wiederum zu Stress führt. Gestresst und angespannt in einen Kundentermin zu gehen, ist nicht förderlich und zielführend. Diese Anspannung verhindert eine angenehme Gesprächsatmosphäre.

Der Erfahrungsaustausch und Dialog mit Ihren Kollegen ist bereichernd und grundsätzlich profitiert man von den Erfahrungen der Mitmenschen. Die Kollegen auch mal um Hilfe zu bitten oder deren Hilfe anzunehmen, ist ein Zeichen von Größe.

Unser Dolce-Vita-Tipp

Behalten Sie das Pflichtbewusstsein und die gute Planung und Vorbereitung für wichtige Termine bei. Machen Sie sich dabei bewusst, dass es Perfektion nicht gibt. Seien Sie also gnädig mit sich selbst. Keiner ist perfekt. Bleiben Sie entspannt und fragen Sie sich in einer gestressten Situation: Was ist das Schlimmste, was passieren könnte?

Wie der Schweizer Journalist, Walter Luding, sagte: „Wer alles perfekt haben und stets perfekt sein will, wird perfekt unglücklich!" Ein Italiener würde sagen: „Perfektionismus ist wie Salz, zu viel davon macht die Suppe ungenießbar!"
Nehmen Sie Hilfe an oder fragen Sie auch mal Ihre Mitmenschen nach Unterstützung, wenn es mal nicht so läuft, wie Sie es sich vorgestellt haben. Die wahre Bereicherung ist, mit Menschen zusammen zu arbeiten, sich auszutauschen und voneinander zu lernen. Das macht sogar Spaß!

Rom, 16 Uhr

Der Geschäftstermin mit Kunden aus Frankreich steht an. „Bonjour Madame, Bonjour Monsieur." Die Kunden werden mit einer kurzen Begrüßung auf Französisch überrascht. Die katastrophale französische Aussprache findet der Italiener selber witzig und entsprechend lachen alle Teilnehmer. Die Franzosen schätzen die Mühe sehr, dass Sie in ihrer Sprache begrüßt werden. Diese nette Geste und das Gelächter sorgen gleich für eine gute und lockere Stimmung. Der Small Talk entsteht von selbst. Die Franzosen wundern sich über die vielen Oldtimer in der Stadt und fragen danach. Man erklärt ihnen mit Leidenschaft, dass die Mille-Miglia-Etappe heute in Rom stattfindet und deswegen so viel Oldtimer in der Stadt sind. Die Mille Miglia ist die Mutter aller

Oldtimer-Rennen. Sie startet jedes Jahr in Norditalien, genauer gesagt in Brescia und hat mehrere Etappenziele. Das ganze Rennen ist eine traumhaft schöne Panoramafahrt. Es wird auf Landstraßen gefahren und dabei auf den schönsten Flecken Italiens jedes Etappenziel gefeiert. Die Kunden sind begeistert. Fantastico - fantastisch!

Dieses Thema ist die perfekte Einleitung für die anstehende Verhandlung. Die Kunden werden mit leckeren Cantuccini – Mandelgebäck und Espresso verwöhnt. Die Verhandlungen beginnen, das Gespräch ist offen und die Atmosphäre ist angenehm. Die Kunden fühlen sich wohl. Eine wunderbare Basis für einen Kundentermin.

La gentilezza e la passione aprono tutte le porte!
Höflichkeit und Leidenschaft öffnen alle Türen!

Frankfurt, 16 Uhr

Der Geschäftstermin mit Kunden aus Spanien steht an. „Good Morning, Ladies and Gentlemen". Die Spanier wirken sehr ruhig.

Es wird kurz darüber gesprochen, wie die Reise verlaufen ist und gleich geht es weiter mit der Vorstellungsrunde aller Anwesenden. Nun wird die Agenda vorgestellt und der Konsens der spanischen Kunden eingefordert. Alle sind mit der Vorgehensweise und Agenda einverstanden. Perfekt. Pünktlich und durchgetaktet gehen sie Punkt für Punkt der Agenda durch. Alles liegt genau in der Zeit und läuft nach Plan – wunderbar! Eine optimale Basis, um den Kunden von der eigenen Effizienz, zu überzeugen.

Ordnung muss sein!

Erkenntnis

Die Gäste, in ihrer Sprache zu begrüßen und sich dabei nicht zu ernst zu nehmen, bricht die Barriere und schafft Nähe, Verbundenheit und macht ganz einfach sympathisch. Wer sich selber nicht zu ernst nimmt, kann viel leichter mit schwierigen Situationen umgehen. Selbstironie ist die Wunderwaffe der Kommunikation. Mit ihrer Hilfe gelingt es, Missgeschicke zu meistern und eine lockere und angenehme Gesprächsatmosphäre zu schaffen. Eine lockere und angenehme Gesprächsatmosphäre ist eine hervorragende Basis für erfolgreiche Geschäftstermine. Gastfreundschaft bedeutet, den Gast in einen Wohlfühlzustand zu bringen, ihn über das Land und Traditionen zu informieren und daran teilhaben zu lassen. Menschen werden sich nicht erinnern, was Sie gesagt haben. Die Menschen werden sich nicht daran erinnern, was Sie gemacht haben. Die Menschen werden sich daran erinnern, wie Sie sie haben fühlen lassen.

Unser Dolce-Vita-Tipp

Seien Sie öfter mal selbstironisch. Wenn das nächste Mal ein Missgeschick passiert oder Sie etwas nicht perfekt aussprechen, dann lachen Sie selbst darüber und machen einen Witz daraus.
Machen Sie folgende Übung:

Notieren Sie sich Missgeschicke aus der Vergangenheit und überlegen Sie sich, wie Sie mit Ironie darauf hätten reagieren können und welcher Spruch passend gewesen wäre, um darüber zu lachen.

Seien Sie ein guter Gastgeber. Befassen Sie sich ausgiebig mit Ihren Gästen und lassen Sie sie an Ihren Traditionen und Ihrer Esskultur teilhaben. Seien Sie aufmerksam und sorgen Sie dafür, dass Ihre Gäste sich wohl fühlen und sich mit Freude an die Begegnung erinnern.

Bonus Tipp: Das Mille-Miglia-Prinzip

Nehmen Sie sich für Ihren Erfolg die Mille Miglia als Beispiel.

Bei der Mille Miglia nehmen Liebhaber und Sammler aus unterschiedlichsten Ländern und mit den unterschiedlichsten Fahrzeugen teil. Die Leidenschaft, die Freude und das Wechselbad der Gefühle machen es zum schönsten Autorennen der Welt. Hier behält man den Gesamterfolg im Fokus und feiert die Zwischenerfolge ausgiebig. Die Leidenschaft – la pura passione - und die Freude – la felicitá –, sind wesentliche Erfolgsfaktoren.

Betrachten Sie jeden Zwischenerfolg als Etappenziel und feiern Sie das mit Ihren Mitmenschen. Genießen Sie den Weg zum Ziel und zu Ihrem Erfolg. Bringen Sie Freude und Leidenschaft in Ihr Leben und in Ihren Alltag, indem Sie sich auf Ihre Stärken konzentrieren. Teilen Sie die Dinge, die Sie am Meisten begeistern und die Sie mit Freude füllen mit anderen Menschen.

Rom: Feierabend

Die abendlichen Sonnenstrahlen füllen das Büro. „Ragazzi, vi va di prendere un aperitivo? Leute, wer hat Lust auf ein Aperitif?" Es finden sich gleich ein paar begeisterte Kollegen. Der richtige Impuls, um den Computer auszuschalten. Treffpunkt auf der Piazza Navona – al Bar del Fico. In einer kleinen Gasse befindet sich hier, neben einem Feigenbaum, eine kleine Bar, wo sich Kollegen und Freunde nach der Arbeit treffen, um einen Arbeitstag mit Aperol Spritz, Weißwein und Snacks ausklingen zu lassen. Der Aperitif ist in Italien eine schöne Art, um den Arbeitstag hinter sich zu lassen und in netter Gesellschaft, den richtigen Abstand zur Arbeit zu gewinnen.

Chi beve in compagnia, vive in allegria!
Wer in Gesellschaft trinkt, lebt mit Freude!

FRANKFURT: FEIERABEND

Die Büroräume leeren sich. Eigentlich die perfekte Zeit, um die To-Do-Liste abzuarbeiten. Noch schnell ein paar E-Mails checken, die sich im Laufe des Tages angesammelt haben. Jetzt den Computer ausschalten und ab geht's nach Hause. Das war vielleicht ein anstrengender Tag. Mist, schon wieder Stau – schlimmer als heute morgen.

WAS DU HEUTE KANNST BESORGEN, DAS VERSCHIEBE NICHT AUF MORGEN!

ERKENNTNIS

Der Arbeitsalltag ist heutzutage geprägt von Hektik, Druck und Stress. Umso wichtiger ist es, ein angenehmes Arbeitsklima zu haben. Machen Sie sich bewusst, wie viel Zeit Sie bei der Arbeit und mit Ihren Kollegen verbringen und wie sehr dies Ihre Lebensqualität beeinflusst. Ein gutes Betriebsklima ist die Grundvoraussetzung für Motivation, Zufriedenheit und Spaß bei der Arbeit.

Studien besagen, dass für einen Großteil der Berufstätigen ein gutes Verhältnis zu den Kollegen, der wichtigste Faktor für Zufriedenheit im Berufsleben ist. Sich gelegentlich nach der Arbeit mit Kollegen zum gemeinsamen Drink zu treffen und dabei in Gelassenheit und Geselligkeit den Abend zu genießen, fördert die Beziehung unter Kollegen. Der Unternehmenserfolg fängt bei dem alltäglichen kollegialen Miteinander an.

UNSER DOLCE-VITA-TIPP

Initiieren Sie gelegentlich spontan ein Treffen mit Ihren Kollegen direkt nach der Arbeit, um noch ein paar nette Stunden gemeinsam zu verbringen. Leben Sie nicht strikt nach der Devise: Arbeit ist Arbeit – privat ist privat. Gehen Sie beispielsweise gemeinsam in den Biergarten, in eine Bar oder treffen Sie sich zum Afterwork-Drink. Nutzen Sie die Gelegenheit, sich über die Interessen und Vorlieben Ihrer Kollegen auszutauschen. Die Gespräche sollten sich nicht nur auf die geschäftlichen Themen konzentrieren. Reden Sie über Hobbys, Urlaubsziele, witzige Anekdoten aus Ihrem Leben und einfach über positive Themen. Damit Sie Ihren Kopf für den Feierabend frei haben, schreiben Sie eine Liste von den Dingen auf, die Sie am nächsten Tag erledigen wollen. Dies ist Ihr Abschluss-Ritual für Ihren Arbeitstag. Damit haben Sie gedanklich die geschäftlichen Dinge abgelegt und sind frei für einen entspannten Abend.

BONUS TIPP: IHR ERFOLGSBUCH

Legen Sie ein Erfolgsbuch an und notieren Sie sich täglich, kurz bevor Sie das Büro verlassen, Ihre Erfolge des Tages. Das kann beispielsweise ein Lob eines Kollegen oder Chefs sein, der erfolgreiche Abschluss eines Meetings, dass entspannte Mittag- essen bei Ihrem Lieblingsitaliener oder das Errei- chen eines Etappenziels. Und wenn Sie das noch etwas schmücken wollen: Dann notieren Sie sich dazu noch das Gefühl, das Sie dabei empfunden haben. Machen Sie daraus ein Feierabendritual.

WAS IST DIE QUINTESSENZ?

DIE DEUTSCHE VITA

Genauigkeit, Zuverlässigkeit und Disziplin gehören zu den Hauptmerkmalen der Deutschen Vita. Das 'Made in Germany' bedeutet Pünktlichkeit, Präzisi- on und Qualität. Diese Deutsche-Vita-Merkmale tragen dazu bei, dass sehr viele Unternehmen er- folgreich sind und stetig wachsen. In der Deutschen Vita hat die Arbeit einen sehr hohen Stellenwert. Im Leben steht die Arbeit, das Streben nach Perfektion und Vollkommenheit im Mittelpunkt. Erfolgreich ist, wer viel im Beruf leistet und Karriere macht. Trotz der beruflichen Erfolge, sind viele Menschen nicht glücklich. Vielen fehlt die Fähigkeit, den Alltag zu genießen und einfach unbeschwert zu leben. Die Glücksinsel ist der Urlaub.

DIE DOLCE VITA

Gelassenheit, Leichtigkeit und Optimismus gehören zu den Hauptmerkmalen der Dolce Vita. Diese Dol- ce-Vita-Merkmale tragen dazu bei, dass die Men- schen trotz Krise, Probleme und Chaos das Leben genießen. Erfolgreich ist, wer einen bunten und un- beschwerten Alltag erlebt und sich täglich glücklich fühlt. Arbeit gehört zum Leben dazu, hat allerdings nicht den größten Stellenwert. Es wird gearbeitet, um leben zu können. Damit täglich ein bisschen Urlaub gelebt wird, schafft man sich Glücksinseln.

WAS SAGEN UNS DIE DEUTSCHE VITA UND DIE DOLCE VITA?

Wir sind der Meinung, dass wir das Leben mit unse- rem Lebensgefühl wesentlich beeinflussen können. So wie der Wein im Urlaub anders schmeckt, als zu Hause, so fühlt sich beispielsweise der gleiche All- tag in Rom anders an, als in Frankfurt. Und dies nur aufgrund unterschiedlicher Wahrnehmung und Be- trachtung. Aus der Sicht der Lebens-Artisten, hat jeder Mensch, die Fähigkeit seine 'Dolce Vita' zu leben. Wenn wir es nicht schaffen, liegt es nur daran, dass wir den Blick für die schönen Dinge verloren haben.

Wir sind davon überzeugt, dass ein Leben mit Südblick - also mit einem Blick für die schönen Dinge –, mit dem Gefühl der Leichtigkeit, mit mehr Leidenschaft und Gelassenheit, Ihre Lebensqualität verbessern kann. Stellen Sie sich vor, wie bunt und erfolgreich dann Ihr Leben mit dem Dolce-Vita-Rezept sein wird.

DAS DOLCE-DEUTSCHE-VITA-ERFOLGSREZEPT*

‣ 150 gr. Disziplin
‣ 200 gr. Genauigkeit
‣ 100 gr. Pünktlichkeit
‣ 150 gr. Selbstironie
‣ 200 gr. Gelassenheit
‣ 200 gr. Empathie

Das Ganze kräftig rühren, mit Leidenschaft würzen und ein Legen lang kochen. Buon Appetito!

*Die Dosierung dieser Zutaten können Sie beliebig variieren und mit Weiterem, wie Selbstliebe und Authentizität anreichern.

Abschließend möchten wir anmerken, dass wir die Deutsche und die Dolce Vita lieben und in unserem Leben das Privileg haben, aus beiden Kulturen das Beste zu kombinieren.

Wir sind dankbar dafür, dass wir in Deutschland die Dolce Vita leben und weitergeben dürfen. Wir haben viele Jahre in Deutschland und Italien gelebt und gearbeitet. Unsere persönlichen Erfahrungen und Erkenntnisse sind die Basis für unsere Arbeit, die wir leidenschaftlich teilen. Die italienische Mode und Essenskultur ist bereits fester Bestandteil in der Deutschen Vita, bringen Sie jetzt noch ein Stück Dolce Vita in Ihr Leben und dann wird Ihr Leben eine Dolce Deutsche Vita.

Betrachten Sie unseren Beitrag als Geschenk an ein Land, das unsere Familien aufgenommen hat und uns die Möglichkeit gegeben hat, unser Leben bunt und erfolgreich zu gestalten.

Erfolgsfaktor Gelassenheit

Nina Herrmann

Wenn vom Erfolgsfaktor 'Gelassenheit' die Rede ist, sollten wir erst einmal klären, was Erfolg eigentlich ist: Viele verbinden mit dem Begriff 'Erfolg' Karriere und Reichtum. Per Definition ist Erfolg das positive Ergebnis einer Bemühung (Duden) oder auch das Erreichen eines selbst gesetzten Zieles (Wikipedia). Dieses Ziel kann dabei für jeden anders aussehen: Für den einen ist es wirklich die steile Karriere, für einen anderen das Häuschen im Grünen und für den Dritten ist es das Bewältigen eines Marathons.

Ganz egal wie Ihr Ziel aussieht; Sie wollen erfolgreich sein und Ihr Ziel erreichen. All Ihre Mühen sollen am Ende zu einem guten Ergebnis führen.

Ein wichtiger Faktor für den Erfolg, ist die Gelassenheit. Schon wieder ein Wort, das wir erst mal definieren müssen. Einige übersetzen es mit Gleichmut, andere verstehen darunter innere Ruhe. Allgemein lässt sich sagen: Gelassenheit ist die Fähigkeit, in schwierigen Situationen einen kühlen Kopf zu bewahren, dabei die Fassung nicht zu verlieren und Dinge auch mal einfach hinnehmen zu können. Gelassenheit heißt auch, nicht alles persönlich zu nehmen. Dennoch bedeutet Gelassenheit nicht, alles schleifen zu lassen, den Kopf in den Sand zu stecken oder alles still zu erdulden. Gelassenheit ist immer voller Kraft, sie wächst mit unseren Erfahrungen und schenkt uns die Macht über unser Gefühlsleben. Wenn wir gelassen sind, können wir negative Dinge leichter akzeptieren, ohne dadurch zu verbittern. Wir kommen raus aus der Opferrolle und gehen entschlossen unseren Weg.

Gelassene Menschen haben mehr Verständnis für ihre Mitmenschen und nehmen nicht alles persönlich. So schützt uns die Gelassenheit vor schlechter Laune und schenkt uns mehr Energie und Lebenszufriedenheit. Und wo brauchen wir nicht überall Gelassenheit? Im täglichen Umgang mit unseren Kindern und Partnern, bei der Arbeit, wenn uns etwas Unvorhergesehenes widerfährt oder wenn wir im immer schneller werdenden Hamsterrad des Alltags ins Stolpern geraten.

GELASSENHEIT? SCHÖN WÄR'S!

Wir träumen zwar alle von mehr Gelassenheit, doch in der Realität schimpfen wir über den Stress, der uns das Leben schwer macht.

Dabei ist Stress gar nichts Schlimmes. Im Gegenteil. Die Stressreaktion ist ein uraltes, archaisches Verhaltensmuster mit nur einem Ziel: unser Überleben zu sichern. Bei unseren Vorfahren war der Sinn dieses Notfallsystems noch gut nachzuvollziehen: Gingen die Männer auf die Jagd und begegneten dabei einem Säbelzahntiger, wurden sie auch mal selbst zu Gejagten. Dann ging es ums nackte Überleben – und es blieben nur zwei Möglichkeiten: Kampf oder Flucht. Die Entscheidung für eine der beiden Optionen wurde im Bruchteil einer Sekunde gefällt. Das ist auch heute noch so. Sehen wir als Fußgänger das herannahende Auto erst in letzter Sekunde, entscheiden wir blitzschnell, ob wir kämpfen oder fliehen. Im Idealfall lautet die Entscheidung „Flucht!"

Damit Kampf oder Flucht eine Chance auf Erfolg haben, stellt unser Körper sich optimal darauf ein: Das Herz schlägt schneller, die Pupillen weiten sich, die Muskulatur wird angespannt, jede Menge Stresshormone fluten die Blutbahnen, Energie wird freigesetzt und alles, was nicht gebraucht wird, wird gedrosselt, wie zum Beispiel die Verdauung. Das ganze System hat nur ein Ziel: das Überleben zu sichern.

Nach überstandener Gefahr wird die Stressreaktion dann wieder zurückgefahren. Die Bewegung durch Kampf oder Flucht sorgt dafür, dass die Stresshormone im Blut wieder abgebaut werden.

Unsere Vorfahren hatten dann noch den Marsch zurück zur Sippe und anschließend eine Erholungsphase bis zur nächsten Jagd. Gut mit seinen Kräften zu haushalten, war damals überlebensnotwendig. Doch wie sieht es heute aus? Wir sind nur selten in echter Lebensgefahr, und doch gehört Stress inzwischen zu den größten Gesundheitsrisiken. Wie kann das sein?

Das liegt daran, dass unser Gehirn nicht unterscheiden kann, ob wir gerade nur unter großem Zeitdruck stehen oder ob unser Leben wirklich in Gefahr ist. Jedes Mal wenn wir das Gefühl haben, wir sind einer Situation ausgeliefert und wissen nicht, wie wir sie bewältigen sollen, laufen in unserem Körper die gleichen Prozesse ab, wie schon bei unseren Vorfahren.

Leider ist unsere Welt in den letzten Jahrzehnten immer schneller und komplexer geworden, und so haben wir nicht mehr nur hier und da mal eine Stresssituation, sondern viele Menschen stehen bereits chronisch unter Stress. Der Tag startet hektisch, dann werden panisch die Autoschlüssel gesucht, der Stau auf dem Weg zur Arbeit gefährdet den Zeitplan, das Arbeitspensum steigt, ständige Unterbrechungen frustrieren, und ganz nebenbei machen wir uns noch Sorgen um die pflegebedürftige Mutter, den kranken Freund oder das Kind ohne Ausbildungsplatz. Von Gelassenheit weit und breit keine Spur. Stattdessen sind mehrmals täglich alle Systeme bereitgestellt – für Kampf oder Flucht.

Hinzu kommt, dass wir auf den Stress nicht mehr so reagieren können, wie unsere Vorfahren. Wir können dem Kampf-Impuls nicht einfach folgen und dem Chef, der uns gerade noch mehr Arbeit aufhalst, einfach eine reinhauen. Oder aus einem unangenehmen Gespräch, das uns zusetzt, einfach fliehen. Und nach einem harten Arbeitstag sagt uns der innere Schweinehund auch noch, dass wir nun wirklich einen Abend auf dem Sofa verdient haben. Dabei bräuchten wir alle jeden Tag viel mehr Bewe-

gung – denn das viele Sitzen hält den Stresshormonspiegel oben.

Unsere Vorfahren haben sich nach der Gefahr eine Ruhepause gegönnt. Doch was machen wir? Wir hetzen auch am Wochenende durch die Welt und versinken im Freizeitstress, anstatt uns wirklich zu erholen.

Kein Wunder also, dass unser Gesundheitssystem Jahr für Jahr Milliarden für die Behandlung stressbedingter Erkrankungen ausgibt und dass die psychischen Erkrankungen immer mehr auf dem Vormarsch sind. Die logische Konsequenz: Stress steht dem Erfolg im Weg.

DREI GRÜNDE, WARUM STRESS DEM ERFOLG IM WEG STEHT

GRUND NUMMER 1:
STRESS MACHT DUMM UND BREMST DIE KREATIVITÄT

Das klingt hart, doch so ist es. Natürlich schrumpft unser IQ nicht, wenn wir Stress haben, aber wir können einfach nicht mehr so logisch denken. Viele merken das an Wortfindungsstörungen, wenn uns der Begriff schon auf der Zunge liegt, wir aber einfach nicht drauf kommen, wie er heißt.Oder wenn man unter großem Zeitdruck etwas erledigt. Typische Reaktionen sind dann: „Warum hast Du daran denn nicht gedacht?" oder „Hättest Du mich vorher einfach mal gefragt!" Wenn Sie Glück haben, geht es dabei nur um Kleinigkeiten – wenn Sie Pech haben, versieben Sie damit den ganz großen Auftrag.

Wie Mark Twain schon so schön sagte: „Das Gehirn ist eine wunderbare Sache. Es funktioniert vom Augenblick der Geburt an bis zu dem Moment, wo Du aufstehst, um eine Rede zu halten." So ein Blackout

macht besonders deutlich, wie Stress unseren Verstand blockiert. Im hektischen Alltag finden wir den Schlüssel nicht, wir wissen nicht mehr, in welchem Ordner wir etwas abgelegt haben, wir vergessen Termine oder verwechseln die einfachsten Dinge. Wir fühlen uns überfordert.

Tatsächlich ist bei Stress die rechte Gehirnhälfte (verantwortlich für Emotionen) aktiver als die linke (verantwortlich für die Logik). Sie können die Aktivität der beiden Gehirnhälften wieder ins Gleichgewicht bringen, indem Sie sich regelmäßig gezielt entspannen. Für zwischendurch helfen kleine Übungen, wie zum Beispiel erst mit der linken und dann mit der rechten Hand eine liegende Acht in die Luft zu machen und dabei ruhig und tief zu atmen.

„Stress ist ein Radiergummi für meine Kreativität."
Marina Zuber

Denken wir noch einmal an unsere Vorfahren, an Kampf und Flucht. Wenn es um das nackte Überleben geht, dann bleibt keine Zeit mehr, um nach der besten, schönsten, beliebtesten oder effektivsten Lösung zu schauen. Man wählt das Einfachste und Nächstliegende, denn zum Nachdenken bleibt keine Zeit. Sind wir heute im Stress, dann bremst das unsere Kreativität. Lösungen können so nur schwer gefunden werden, und wenn, dann vermutlich nicht direkt die allerbeste.

Zu allem Übel startet damit oft ein Teufelskreis, denn diese Blockaden im Gehirn sorgen für Fehler, Verzögerungen und Konflikte. Es entstehen weitere Stressmacher, die uns den Alltag noch mehr erschweren und in der Nacht den Schlaf rauben.

Alles in allem kann man sagen, dass es viel schwerer ist, erfolgreich an sein Ziel zu gelangen, wenn der Stress einem Logik und Kreativität raubt.

Hinzu kommt, dass Stress sich überträgt. Genau wie Schnupfen, ist auch Stress ansteckend. Das Ganze passiert über die Spiegelneuronen. Sie kennen das: Gähnt Ihr Gesprächspartner, gähnen Sie plötzlich auch. Dass das so ist, hat seinen Grund: Wir sorgen dadurch für eine Anpassung an unser Umfeld. Für unsere Vorfahren war das lebenswichtig. Hat damals jemand gegähnt, dann diente das auch der eigenen Sicherheit und dem Zusammenbleiben der Gruppe. Würden nur Einzelne schläfrig und eine Pause machen, andere dagegen zum Beispiel weiterziehen, wäre die Gefahr groß, allein zurückzubleiben.

Umgekehrt kennen wir es auch, dass es uns unangenehm ist, wenn unser Gegenüber eine Sonnenbrille trägt und wir ihm nicht in die Augen sehen können. In dem Fall haben die Spiegelneuronen es schwer – und das gibt uns im Gespräch ein komisches Gefühl.

Wir passen uns also unseren Mitmenschen an, um das Miteinander zu erleichtern. Spannend dabei ist, dass wir immer eher die Emotionen vom Ranghöheren übernehmen Vielleicht kennen Sie das auch, dass Sie sich nach manchen Begegnungen nervös oder deprimiert fühlen, obwohl es dafür keinen wirklichen Grund in Ihrem Leben gibt. Dann haben Sie diese Emotionen vermutlich aus einem Gespräch oder einer Begegnung mitgenommen.

Auch Stress geben wir durch unsere Mimik und Gestik an andere weiter oder übernehmen ihn von anderen. Insbesondere im Berufsleben ist dies ein nicht zu unterschätzender Punkt. Kunden und Kollegen, die, wenn auch unbewusst, spüren, dass Sie gestresst sind, werden sicher nicht gerne mit Ihnen arbeiten. Und ein Chef, der dauernd im Stress ist, steckt damit sein Team an – und das kann weitreichende Folgen haben.

Ist der Stresspegel nämlich sehr hoch, dann werden die Spiegelneuronen schwächer. Das klingt gut? Mitnichten. Denn wenn die Spiegelneuronen schwächer sind, dann heißt das für uns, dass wir weniger empathisch sind, wir können uns nicht mehr gut in andere einfühlen und das Verständnis für unsere Mitmenschen nimmt massiv ab. Wir können weniger gut lernen und sind weniger kreativ – da haben wir es wieder. Und damit sinkt nicht nur unsere Leistungsfähigkeit, sondern auch unsere Motivation. Und damit auch die Chance auf den Erfolg.

Natürlich ist es auch trotzdem machbar, erfolgreich zu sein. Vielleicht wäre es gelassener zwar einfacher und schneller gegangen, aber es ist nicht unmöglich. Und was, wenn Sie bereits erfolgreich sind? Ist Ihnen der Erfolg dann auf Dauer sicher?

GRUND NUMMER 2:
STRESS WIRFT UNS AUS DER ERFOLGSSPUR

Auch wenn Sie Ihr Ziel erreicht haben, oder nur noch wenige Schritte davon entfernt sind, kann der Stress Ihnen übel mitspielen. Nämlich dann, wenn Sie die Zeichen Ihres Körpers zu lange ignorieren. Ihr Körper sendet Ihnen Signale, wenn es ihm zu viel wird. Kopfschmerzen, Ohrgeräusche, Sodbrennen, Infektanfälligkeit, da kann alles dabei sein.

Das Problem dabei ist, dass wir die Zeichen in der Regel nicht zu deuten wissen. Wir schieben es erst einmal auf das Wetter, das Alter, die aktuelle Grippewelle oder unsere Veranlagung. Das Ganze ist ein schleichender Prozess, den ich am eigenen Leib erlebt habe:

Ich hatte meinen Traummann gefunden, und schneller, als wir gucken konnten, war auch schon unser Sohn unterwegs. Bei aller Freude hieß es nun: Veränderung!

Wir bauten seine Wohnung um und ich zog zu ihm. Von der Vollzeitangestellten mit eigenem Einkommen wandelte ich mich zur Hausfrau und Mutter und fühlte mich plötzlich finanziell abhängig von meinem Mann. Hobbys veränderten sich, der Freundeskreis veränderte sich, der Alltag veränderte sich. Natürlich war Vieles wunderschön und ich war wirklich glücklich. Doch heute weiß ich, dass diese vielen Veränderungen auch Stress bedeuteten.

Zum Beispiel war die finanzielle Abhängigkeit für mich ein großes Thema. Für meinen Mann dagegen war es völlig selbstverständlich, uns zu versorgen. Und er zeigte mir den Vogel, wenn ich im Geschäft den Pullover schnell wieder zurückhing, nachdem ich auf den Preis geschaut hatte.

Ob wir eine Situation als Stress erleben oder nicht, ist etwas sehr Subjektives. Ich weiß aus meiner jah-relangen Arbeit mit den unterschiedlichsten Gruppen, dass die finanzielle Abhängigkeit vom Partner oft erst einmal Unbehagen auslöst und es Zeit braucht, sich daran zu gewöhnen. Es gibt aber auch Menschen, die damit gar kein Problem haben. Egal zu welcher Gruppe Sie gehören: Jeder Stress ist erst einmal berechtigt.

Ein weiterer Stressfaktor in dieser Zeit war der Umstand, dass wir mit meinen Schwiegereltern unter einem Dach lebten. Meine Schwiegermutter und ich harmonierten nicht besonders gut miteinander – und das setzte mir extrem zu. In meinem Kopf hatte ich ein Bild von einem harmonischen Miteinander der Generationen. Doch es kam ganz anders. Es gab heftige Konflikte und ich hatte irgendwann große Angst, dass unsere Ehe dem nicht standhalten würde. Finanziell abhängig, die eigene Wohnung und den festen Job aufgegeben, ein Baby auf dem Arm – da kommen Ängste auf. Was, wenn das hier alles in die Brüche geht?

Glücklicherweise hat sich mein Mann felsenfest auf meine Seite gestellt und wir sind ausgezogen. So langsam kam wieder Ruhe in mein Leben, doch der viele Stress hatte bereits Spuren hinterlassen.

Unsere große kirchliche Hochzeit war wunderschön – doch Stress, wenn auch der positive Stress der Vorfreude und fantastischen Feier. Ich bekam die Quittung: Plötzlich ständig erkältet, Magen-Darm-Infekte, Erschöpfung und nah am Wasser hatte ich auch gebaut. Natürlich kam das nicht alles auf einmal. Und so schob ich vieles auch erstmal auf das Wetter, die Hormone oder die Grippewelle.

Irgendwann kam der Punkt, an dem mir klar war, dass es so nicht weitergehen kann. Ich stand morgens schon heulend, auf weil ich nicht wusste, wie ich den Tag bewältigen sollte. Unseren Sohn versorgen, einkaufen gehen..., das alles funktionierte zwar irgendwie, doch ich war ständig erschöpft und ständig den Tränen nahe. Ich erinnere mich daran, wie ich auf dem Sofa saß und nicht wusste, wie ich die leere Kaffeetasse zur Spülmaschine bringen sollte, es war einfach alles zu viel.

Aus dieser Krise half mir eine Kur, mit ganz viel Zeit für mich, mit jeder Menge Bewegung und Zeit für tiefe Entspannung. Und auch die Begleitung durch sehr liebe und kompetente Menschen, die mich in meiner Situation verstanden, war sehr wichtig für mich.

Rückblickend kann ich sagen, dass das zwar keine schöne Zeit war, aber eine, die mich unendlich viel über Stress hat lernen lassen. Durch meine Erfahrungen kann ich heute gut verstehen, wie es Menschen mit Stress geht. Mein Ziel ist es, Ihnen eine solch dunkele Zeit in Ihrem Leben zu ersparen.

Mein damaliges Glück war, dass ich mich in der Elternzeit befand. Würde mir so etwas jetzt als Entspannungsexpertin passieren, dann wäre das nicht nur höchst verwunderlich (und über den Imageschaden möchte ich gar nicht nachdenken), sondern es wäre auch eine große Bedrohung meiner Selbständigkeit. Denn wenn ich als sogenannte Einzelkämpferin für drei bis sechs Monate mit einem Burnout ausfalle, kann das für mich das berufliche Aus bedeuten.

Und auch für Angestellte ist so ein Burnout kein Spaß. Nicht nur, dass es ihnen gesundheitlich nicht gut geht, es kommen immer auch finanzielle Sorgen dazu. Denn je nach Verdienst, kann es mit dem Krankengeld eng werden. Dann kommen zur Krankheit auch noch Existenzängste hinzu.

Und je nach Betrieb stellt sich auch die Frage, wie es weitergehen wird. Wie reagieren die Kollegen? Kann ich nach meinem Ausfall wieder weitermachen wie bisher? Werde ich wieder voll belastbar sein?

Vielleicht verbinden Sie mit dem Begriff Erfolg gar nicht die große Karriere, aber ein Häuschen im Grünen, eine gute Ausbildung für Ihre Kinder oder eine Traumreise. Auch dann können die Stressfolgen Sie aus der Erfolgsspur werfen: Wenn das Geld knapper wird oder Ihre Gesundheit Sie einschränkt, das Leben zu leben, das Sie sich erträumten.

Falls es richtig hart kommt, sind Sie psychisch so schwer erkrankt, dass eine Rückkehr ins Arbeitsleben nicht mehr möglich ist und Sie zum Frührentner werden. – Das sind nur krasse Einzelfälle, meinen Sie? Mitnichten! Psychische Erkrankungen sind laut der Statistik der Rentenversicherung der häufigste Grund für ein unfreiwilliges vorzeitiges Ausscheiden aus dem Beruf, noch vor Herz-Kreislauf- oder Krebserkrankungen. Über 40 % der Frühverrentungen gehen auf psychische Erkrankungen zurück, und die Betroffenen sind im Durchschnitt 49 Jahre alt. Urteilen Sie selbst, welche Lebensqualität ein Betroffener für den Rest seines Lebens noch hat, wenn er seelisch so krank ist, dass er nicht mehr arbeitsfähig ist.

Auch für Arbeitgeber ist das ein ernstes Thema, denn Mitarbeiter, die mit 49 Jahren bereits in Frührente gehen, bedeuten einen enormen Know-how-Verlust. Und so steht Stress nicht nur dem persönlichen Erfolg des Einzelnen, sondern auch dem des Unternehmens schnell im Weg.

Die Themen Frührente und verminderte Lebensqualität führen uns direkt zu These Nummer drei.

Grund Nummer 3:
Stress verhindert den Genuss

Hatten Sie schon mal einen richtig stressigen A-bend, den Sie in vollen Zügen genossen haben? Nein? Ich auch nicht. Stress und Genuss passen einfach nicht zusammen.

Selbst positiven Stress, wie eine Achterbahnfahrt, bezeichnen wir nicht als Genuss, sondern viel mehr als Spaß oder Energiekick. Wirklicher Genuss hat immer etwas mit Ruhe zu tun. Ein gemütlicher A-bend, gute Gespräche, gutes Essen, etwas, das unsere Sinne anspricht.

Genuss ist immer in der Gegenwart, während wir im Stress überall sind, nur nicht im Hier und Jetzt. Genuss braucht Zeit, oder können Sie ein hektisch hinuntergeschlungenes Essen genießen? Für Genuss brauchen wir Aufmerksamkeit. Wir können nicht mal eben nebenbei etwas genießen. Stress raubt uns Energie, doch ein genussvoller Augenblick stärkt unsere Seele und gibt uns neue Kraft.

Sie sehen, Stress und Genuss sind gegensätzlich, und damit verhindert andauernder Stress den Genuss Ihres Erfolges, im Grunde sogar den Genuss des Lebens an sich. Stress kann den Genuss sowohl körperlich als auch seelisch verhindern. Menschen mit Depressionen zum Beispiel fällt es sehr schwer, Freude zu empfinden. Es kann aber auch sein, dass körperliche Beschwerden Ihnen den Genuss erschweren. Wer schon mal unter Kopfschmerzen gelitten hat, der weiß, dass einem das den schönsten Abend vermiesen kann. Wie ist das erst mit chronischen Schmerzen?

Auch im Alltag, vielleicht noch während Sie auf Ihr Ziel hinarbeiten, sorgt Stress dafür, dass wir zum Beispiel unseren Urlaub oder kleine Auszeiten oft nicht genießen können. Schuld daran ist eines unserer Stresshormone, nämlich das Cortisol. Geraten wir in Stress, wird zunächst Adrenalin ausgeschüttet; dann folgt das Cortisol, das den Körper vor den ungünstigen Folgen einer zu langen Hochaktivierung durch Adrenalin schützen soll und gleichzeitig für eine erhöhte, länger anhaltende Wachsamkeit auf einem niedrigeren Niveau sorgt. In Lebensgefahr ist dies eine sinnvolle Reaktion. Gleichzeitig wirkt Cortisol entzündungshemmend, was für unsere Vorfahren ebenfalls extrem hilfreich war, denn die Gefahr einer Verletzung und einer anschließenden Entzündung der Wunde war natürlich sehr hoch, wenn der Säbelzahntiger hinter ihnen her war.

Folgen auf die Stressreaktion die notwendige Bewegung und Entspannung, reguliert und beruhigt sich der Cortisolspiegel wieder. Da dies in unserer heutigen Zeit jedoch leider selten der Fall ist, haben viele Menschen einen dauerhaft erhöhten Cortisolspiegel. Die Folge: Wenn ich jemanden frage, wie sein Urlaub war, höre ich nur allzu oft dieselbe Antwort: „Hör bloß auf, die ersten Tag lag ich nur krank im Bett!" Kommt Ihnen das bekannt vor? Die Erklärung für dieses Phänomen ist ganz einfach, denn durch die Entspannung konnte der Cortisolspiegel sinken, Entzündungen wurden nicht mehr unterdrückt – und schon war die Krankheit da. Und das in der schönsten Zeit des Jahres. Für mich einer der Top-Gründe, sich regelmäßig zu entspannen, denn wer will schon im Urlaub krank sein?

Ist Ihr Stresspegel und damit der Cortisolspiegel auf Dauer hoch, dann hat das mit der Zeit aber noch weitere Auswirkungen auf Ihre Gesundheit, denn Sie geraten damit in die katabole Falle. Katabol bedeutet, dass Ihr Körper Eiweiß abbaut. Ist Ihr Körper erst einmal katabol geworden, vergreift er sich an den Eiweißvorräten der Muskeln und dann am Immunsystem. Die Folge: Ihr Immunsystem wird immer schwächer, so dass Sie auch im normalen Alltag ständig mit Infekten zu tun haben.

Nachdem anfangs die Cortisolproduktion gesteigert wird, kann es am Ende sogar zu einem Cortisolmangel kommen. Der Körper blockiert dann die Produktion des Cortisols immer mehr, und auch das hat natürlich negative Auswirkungen auf die Gesundheit. So ist das Immunsystem dann sehr schwach und es kommt schneller zu Allergien. Und da Cortisol auch an verschiedenen weiteren Stoffwechselvorgängen beteiligt ist, sind gleichzeitig noch viele weitere Körpervorgänge beeinträchtigt. Antriebschwäche und Mattigkeit sind typische Auswirkungen. Krank und antriebsschwach, viele Arztbesuche, das klingt weder nach Erfolg, noch nach Genuss und Lebensqualität. Dabei haben wir beim Begriff Erfolg doch alle mindestens ein gemeinsames Ziel. Wir wünschen uns, dass wir am Ende unseres Lebens sagen können: „Das war schön!"

Auf ein erfülltes, zufriedenes Leben zurückblicken zu können, das wäre ein echter Erfolg. Und dazu gehören Gesundheit, Genuss und Lebensqualität.

ERFOLG IST BUNT – UND STRESS GEHÖRT DAZU!

Jetzt haben wir viel über die negativen Seiten und Auswirkungen von Stress gelesen. Ich möchte aber nicht, dass Sie Stress zu einem Feind erklären und ihn nur noch fürchten. Sehen Sie Stress vielmehr als Ihren Freund. Und so, wie Sie auch einen sehr guten Freund nicht 24 Stunden am Tag um sich haben wollen und ab und zu auch mal Grenzen setzen müssen, so sollten Sie auch mit Stress umgehen.

Stress ist nicht gerade förderlich für den Erfolg. Doch nur dann, wenn Sie nicht wissen, wie Sie ihn in seine Schranken weisen können. Wie heißt es so schön: Die Dosis macht das Gift. Darum ist es wichtig, den Stress dort, wo es möglich ist, zu reduzieren, gut mit ihm umzugehen und immer wieder für einen Ausgleich und erholsame Pausen zu sorgen.

Sie dürfen sogar dankbar sein für den Stress. Ohne Stress hätten wir alle einen Zustand der ewigen Ruhe, und den brauchen wir nicht schon zu Lebzeiten. Außerdem sorgt Stress Tag für Tag dafür, dass Sie überleben und Ihren Alltag meistern. Schnelles Ausweichen, den Bus noch erwischen und extreme Leistungsfähigkeit wären ohne Stress nicht möglich. Stress versetzt Sie in die Lage, Herausforderungen zu meistern. Also bitte, haben Sie keine Angst vor dem Stress, denn das wäre für Ihre Gesundheit sogar fatal. Studien aus den USA haben bewiesen, dass vor ausgerechnet die Menschen schneller erkranken, die Angst davor haben, durch Stress krank zu werden, als diejenigen, die den Stress einfach hinnehmen.

Sehen Sie Stress daher als Ihren Beschützer.

Und – Streß ist Energiespender. Selten sind wir so extrem leistungsfähig, wie mit einem Abgabetermin im Nacken. Ich selbst kenne das aus meinem Alltag nur zu gut. Manchmal weiß ich schon monatelang im Voraus, was ich bis zu einem bestimmten Termin machen muss. Und jedes Mal nehme ich mir vor, schon Wochen vorher fertig zu sein. Aber wann fange ich mit der Arbeit an? Kurz vorher. Die Zeit wird knapp, ich werde so manches Mal richtig hektisch, aber ich schaffe es, und das sogar mit einem guten Ergebnis. Da danke ich meiner Stressreaktion, dass Sie mich das schaffen lässt.

Und damit wird noch etwas deutlich: Erfolgserlebnisse haben wir eben nicht in der totalen Entspannung. Wenn Sie etwas erreichen wollen, dann reicht es nicht aus, wenn Sie gelassen und entspannt sitzen bleiben und einfach abwarten. Erfolg hat also mit Anstrengung, Druck und Stress unmittelbar zu tun. Für den Erfolg braucht es also sogar Stress.

Es geht am Ende nicht darum, den Stress vollständig zu vermeiden, sondern darum, den Stress besser zu dosieren, ihn zu kontrollieren und gelassen mit ihm umzugehen. Sorgen Sie für einen stetigen Wechsel zwischen Anspannung und Entspannung, zwischen Energieverbrauch und Energietanken. Das Ziel ist eine gesunde Balance, denn dann ist auch Ihr Leben im Gleichgewicht.

Balance ist übrigens nicht gleichbedeutend mit Monotonie. Stressige Zeiten gehören genauso zum Leben dazu, wie Zeiten, in denen Sie sich treiben lassen und das süße Nichtstun genießen. Wichtig ist nur, dass es sich immer wieder ausgleicht, dass nicht die eine Seite bis zum Anschlag ausgereizt und die andere nur mal kurz angetippt wird. Mathematisch kann man ganz vereinfacht so rechnen: Wenn Sie von den 24 Stunden des Tages 8 Stunden mit dem Schlafen verbringen, dann sollten die übrigen 16 Stunden gleichmäßig aufgeteilt sein in 8 Stunden Hektik, sich ärgern, unter Druck stehen oder unzufrieden sein und 8 Stunden lang glücklich, entspannt, zufrieden und fröhlich sein.

Werfen Sie mal einen Blick auf Ihren Alltag: Geht die Rechnung auf?

ENTSPANNTER UND GELASSENER — SO GEHT'S

Um mit Stress besser fertig zu werden, haben Sie drei verschiedene Punkte, an denen Sie ansetzen können. Dr. Albert Ellis hat dies in seinem ABC-Modell zusammengefasst.

A   Activating Event | der Auslöser

B   Beliefs | die Bewertung

C   Consequence | die Konsequenz

Egal, was Sie gerade stresst, es gibt immer diese drei: A, B und C, wie im folgenden Beispiel.

A: Sie überlegen, mit dem Flugzeug zu verreisen.

B: Sie befürchten, dass das Flugzeug abstürzt.

C: Sie spüren bei dem Gedanken, wie sich Ihr Puls beschleunigt und Sie nervös werden.

Das Gute ist: Je nach Situation können Sie immer einen der drei Punkte verändern und beeinflussen. Bei diesem simplen Beispiel können Sie entweder eine andere Reisemöglichkeit wählen (A), Ihre Flugangst durch eine Therapie überwinden (B) oder zumindest den Stress bewältigen, indem Sie eine Entspannungstechnik anwenden (C).

Schauen wir uns die drei Punkte nun einmal etwas genauer an, damit Sie noch besser verstehen, wie Sie mit dem ABC Ihren Stress besser bewältigen können.

Wenn Sie das A, also den Auslöser, betrachten, kommt es erst einmal darauf an, auch wirklich den wahren Auslöser, also die wirkliche Ursache für Ihren Stress, zu identifizieren. Stellen Sie sich vor, Sie stehen auf einem Bein und es kommt jemand, der Sie schubst. Sie fallen hin. Dann spüren Sie als Auswirkung den Schmerz durch den Sturz. Doch was ist der Grund für diesen Sturz? Derjenige, der Sie geschubst hat, oder doch vielmehr die Tatsache, dass Sie dummerweise nur auf einem Bein gestanden haben?

Im Alltag erleben wir das ganz häufig: Jemand geht uns so richtig auf die Nerven mit einer Frage, aber dass es uns stresst, liegt im Grunde nicht an dem Fragesteller, sondern an der zu kurzen Nacht, dem

Ärger auf dem Weg zur Arbeit oder daran, dass wir gerade mit Kopfschmerzen zu kämpfen haben. Schauen Sie darum immer genau hin, was der wahre Auslöser für Ihren Stress ist.

Einige Stressmacher lassen sich jedoch relativ leicht festmachen. Ein schwelender Konflikt mit einem Freund, der unbequeme Bürostuhl, der Rückenschmerzen verursacht, Unordnung oder ständiger Zeitdruck. Da heißt es dann: Lösungen finden! Das kann einfach ein neuer Stuhl sein, ein besseres

Zeitmanagement, ein Mediator, der im Streitfall vermittelt, oder auch ein besseres Ordnungssystem für weniger Suchen und Fluchen.

Vieles könnte übrigens gelöst werden, wenn es nur endlich mal angesprochen werden würde, zum Beispiel indem Sie in der Familie ein paar Regeln aufstellen oder Ihren Chef oder Kollegen um etwas Unterstützung bitten.

Es gibt allerdings auch Stressmacher, die nicht so einfach abgestellt werden können.

UNSERE DENKMUSTER VERÄNDERN

Sorgen um den Sohn, der in der Schule auf der Kippe steht; die Kollegin ist krank und muss vertreten werden, dabei haben Sie mit Ihren Aufgaben schon mehr als genug zu tun; mit dem Partner läuft es gerade nicht so richtig rund; Ihre Tochter ist in der Trotzphase oder Pubertät und treibt Sie in den Wahnsinn. Solche Stressmacher können Sie nicht einfach abstellen.

Aber hier Sie können an Punkt B ansetzen und Ihre Bewertung der Situation verändern. Der antike Philosoph Epiktet erkannte schon vor 2.000 Jahren: „Es sind nicht die Dinge, die uns beunruhigen, sondern unsere Sicht der Dinge." Und damit spielt im Umgang mit Stress, die Bewertung der Situation, die absolute Schlüsselrolle.

Wir nehmen eine Situation wahr und dann interpretieren und beurteilen wir sie. Wie unsere Bewertung ausfällt, hat mit vielen verschiedenen Faktoren zu tun: Unsere Erziehung, unser Temperament und unsere bisher gemachten Erfahrungen spielen dabei eine große Rolle. Dennoch ist es möglich, die Sicht auf die Dinge zu verändern. Dafür gibt es verschiedene Methoden.

Zugegeben, die Bewertung zu verändern ist der schwierigste der drei Punkte des ABC-Modells. Aber

wenn Sie das schaffen, dann ist der Effekt ganz enorm und Sie spüren Erleichterung und vor allem viel mehr Freude am Leben.

Eine hilfreiche Strategie ist es, die Perspektive zu verändern. Diese Technik nennt man Reframing. 'Frame' ist englisch und bedeutet 'Rahmen', es geht also darum, der Situation einen neuen Rahmen zu verleihen, den Blickwinkel zu verändern. Das schaffen Sie, indem Sie sich selbst gute Fragen stellen. Zum Beispiel diese her: „Wie werde ich in einer Woche | einem Jahr | zehn Jahren darüber denken?"

Ich selbst nutze diese Frage häufig, wenn unser Sohn mich auf die Palme bringt, weil er bockig ist und nicht auf mich hört. Die Vorstellung, wie ich das Ganze wohl in zehn Jahren beurteilen werde, macht mir dann sehr schnell deutlich, dass es im Grunde nur Nichtigkeiten sind, über die ich mich gerade aufrege. Irgendwann werden das alles lustige Anekdoten aus seiner Kindheit sein, die ich – und das wird dann ihn auf die Palme bringen – auf Familienfeiern zum Besten gebe. Wie weit Sie für Ihre persönliche Situation gedanklich in die Zukunft gehen, das kommt ganz auf die Situation an. Manchmal reicht auch schon der nächste Tag oder der nächste Monat. Probieren Sie es einfach mal aus.

Eine andere Möglichkeit ist, sich zu fragen, was jetzt noch schlimmer wäre. Sie kennen ja den schönen Ausspruch „Schlimmer geht immer!". Die pubertierende Tochter zickt rum? Schlimmer wäre es, wenn sie Drogen nehmen würde. Der Job nervt? Schlimmer wäre es, wenn Sie arbeitslos wären. Auch diese Betrachtungsweise kann so manchen Stress relativieren.

Oder Sie fragen sich mal: „Was würde ich jemand anderem raten, der in dieser Situation steckt?" Sie kennen das sicher, dass uns für andere immer schnell eine gute Lösung einfällt, nur für uns selbst nicht. Nutzen Sie dieses Phänomen um eine Lösung zu finden. Das hilft mehr als langes Jammern, warum so etwas immer ausgerechnet Ihnen geschieht.

Eine andere Reframing-Frage lautet: „Habe ich so eine Situation schon einmal bewältigt? Und wie habe ich das geschafft?" Machen Sie sich Ihre Stärken und Fähigkeiten bewusst und legen Sie den Fokus auch hier auf die Lösung anstatt auf das Problem.

Schauen Sie auch mal darauf, was Sie an einer Situation Positives sehen können. „Was kann daran gut sein? Was kann ich daran Positives entdecken?" In einem meiner Seminare sollten die Teilnehmer sich eine Alltagssituation überlegen, die immer wieder nervt oder stresst und dann für sich die verschiedenen Fragen für neue Perspektiven beantworten. Eine Teilnehmerin erzählte, dass Ihr Mann immer mit dreckigen Schuhen vom Taubenfüttern wiederkommt und dann durch die frisch gewischte Küche geht. Sie fragte mich völlig verwundert, was sie daran denn bitteschön noch Positives sehen soll. Fällt Ihnen dazu etwas ein? Meine Antwort war: „Na das Gute ist doch, dass er zwei gesunde Füße hat!" Wir mussten dann alle herzhaft lachen, aber genau das ist doch ein super Ergebnis. Wieder mehr Lachen und Leichtigkeit in den Alltag bringen, indem wir auch mal etwas veralbern und ins Komische ziehen.

Damit wir uns nicht falsch verstehen, wichtig ist natürlich, dass die Frage zu Ihnen, aber auch zur Situation passen muss. Wenn es um existenzielle und sehr emotionale Situationen geht, dann passen manche Fragen so gar nicht oder wären sogar absolut unangebracht. Wenn jemand lebensbedrohlich erkrankt, sollten Sie ihm nicht versuchen zu helfen, indem Sie sagen „Nun überleg doch mal, was wäre denn jetzt noch schlimmer?" oder „Wie wirst Du in fünf Jahren darüber denken?" Aber für die vielen alltäglichen Aufreger sind solche Fragen ein guter Weg zu mehr Gelassenheit.

Sie müssen auch nicht bei jeder Situation alle Fragen durchgehen. Oft hat man eine, die einem am besten hilft, Situationen anders zu bewerten, und die nutzen Sie dann einfach für sich.

Hier nochmal eine Übersicht der Fragen, die Ihnen weiterhelfen können:

‣ Was denke ich mit zeitlichem Abstand über diese Situation?

‣ Habe ich so eine Situation schon einmal bewältigt – und wie habe ich das gemacht?

‣ Was wäre jetzt noch schlimmer?

‣ Was würde ich jemand anderem in dieser Situation raten?

‣ Was würde mir jemand raten, den ich für sehr weise oder kreativ halte?

‣ Welche Chance liegt für mich in dieser Situation?

‣ Was kann ich aus dieser Situation lernen?

Ihr Augenmerk sollten Sie darüber hinaus auch auf Ihre Sprache lenken. Sind Sie ein Katastrophensprecher? Sagen Sie Sätze wie „das war mega hektisch", „ein katastrophaler Tag" oder „das war ein furchtbares Desaster"? Dann sollten Sie unbedingt versuchen, das zu ändern. Denn Katastrophensprecher sind auch Katastrophendenker, und das macht Stress.

Und beobachten Sie sich mal, wie oft Sie sagen „Ich muss...". Wir müssen alle immer so furchtbar viel. Zur Arbeit, zum Sport, den Rasen mähen, zu einem Geburtstag, unbedingt das Fußballspiel sehen, an alles denken, noch einkaufen, endlich mal den Keller aufräumen oder bei der Mutter anrufen. Doch immer, wenn wir sagen „ich muss", dann klingt das, als hätte uns das jemand befohlen. Wir machen uns damit selber klein und stellen uns als Opfer dar. Wir müssen das ja tun. Wenn wir es dann aber nicht machen, zum Beispiel doch nicht zum Sport gehen, dann fühlen wir uns auch noch schlecht.

Viel besser und selbstbestimmter ist es, wenn wir folgende Formulierungen nutzen: ich will, ich werde, ich möchte, ich habe heute vor, ich plane, ich habe mich entschieden, ich freue mich auf ...

Gehen Sie diese Sätze mal in Gedanken durch. Merken Sie, wie sich das Gefühl verändert? Natürlich wird der Sport dadurch nicht weniger anstrengend und das Kelleraufräumen nicht zur reinen Spaßveranstaltung, aber das Verhältnis zur Aufgabe ändert sich ganz extrem. Ich entscheide und handle damit selbstbestimmt. Und ich kann mich auch ganz selbstbestimmt gegen eine Aufgabe entscheiden. Auch das ist Gelassenheit.

DEM STRESS ETWAS ENTGEGENSETZEN

Wie bereits erwähnt, ist das Ändern unserer Denkmuster die schwierigste Mission. Aber es gibt ja auch noch den dritten Punkt, das „C", an dem wir ansetzen können. Es geht dabei um die Konsequenzen, die der Stress für Sie hat. Wenn Sie also den Auslöser nicht ändern können und Ihre Denkmuster sich weigern, die Richtung zu ändern, dann haben Sie immer noch die Möglichkeit, etwas gegen die Folgen der Stressbelastung zu tun.

Wenn wir uns die gesundheitlichen Auswirkungen von Stress anschauen, dann ist jedem klar: Zu viel Stress macht krank. Der Körper geht ständig in die Anspannung, der Herzschlag wird beschleunigt und die Atmung wird flacher. Stresshormone fluten unsere Blutbahnen und alles, was nicht zum Überleben benötigt wird, wird zum Energiesparen heruntergedrosselt, wie zum Beispiel die Verdauung. Um dem etwas entgegenzusetzen, muss Entspannung her, aber genau daran scheitern viele, denn das Abschalten fällt nicht leicht. Einer der Gründe dafür ist, dass wir gar nicht direkt vom Stress in die Entspannung wechseln sollten. Dazwischen fehlt ein ganz entscheidender Schritt, und das ist die Bewegung. Bewegung ist das Einzige, was die Stress-

hormone im Blut wieder abbaut. Erst danach haben wir überhaupt die Chance, uns wirklich gut zu entspannen. Darum geht es uns auch so gut, wenn wir am Abend noch einen Spaziergang oder etwas Sport gemacht haben. Der Kopf ist danach freier und wir können besser schlafen. Legen wir uns hingegen direkt nach der Arbeit aufs Sofa, fühlen wir uns oft erschöpft und dabei innerlich immer noch unruhig.

Natürlich wissen Sie alle, dass Sie lieber die Treppe statt den Aufzug nehmen sollen, und nicht jeder hat Spaß daran, einen Marathon zu laufen oder ständig ins Fitnessstudio zu gehen. Mein Tipp lautet darum: Suchen Sie sich eine Bewegungsform, die Ihnen Spaß macht. Das kann ein Tanzkurs sein, Schwimmen, eine kleine Radtour nach Feierabend oder eben wirklich der klassische Abendspaziergang. Übrigens kann man hier sehr gut nachvollziehen, warum Hundebesitzern oft mehr Ausgeglichenheit nachgesagt wird.

Und dann schauen Sie mal, wo Sie in Ihrem Alltag hier und da ein paar Schritte mehr einbauen können. Ich persönlich mache es seit langem so, dass ich auf dem Supermarktparkplatz weit hinten parke. Nicht nur, weil ich da mehr Platz habe, sondern eben auch, weil ich dadurch ein paar Schritte mehr mache. Oder manche Wege einfach mal zu Fuß oder mit dem Fahrrad erledigen. Solche Kleinigkeiten ergeben in der Summe eine große Wirkung und es geht Ihnen besser. Testen Sie es selbst!

Nach der Bewegung ist dann aber wirklich die Entspannung dran. Doch das bedeutet nicht, dass Sie dazu einfach nur auf dem Sofa liegen und fernsehen sollen. Gezielte Entspannung ist etwas anderes, und das kann man messen. Wenn ich jetzt mit Ihnen eine Entspannungsübung machen und Ihre Gehirnströme mit einem EEG-Gerät messen würde, dann könnte man anhand Ihrer Gehirnströme genau ablesen, ob Sie hellwach, eingeschlafen oder in einem tiefen Entspannungszustand sind. Zwischen Fernsehen, Schlafen und gezielter Entspannung gibt es also Unterschiede, und das ist der Grund, warum der Fernsehabend zwar angenehm, aber nicht wirklich förderlich für die wirkliche Entspannung ist.

Gezielte Entspannung hat dafür aber auch tiefgehende Auswirkungen auf Ihre Gesundheit und Ihr Wohlbefinden. Im Grunde wird alles, was der Stress in Aufruhr gebracht hat, wieder harmonisiert: der Blutdruck normalisiert sich, die Muskeln entspannen sich, die Verdauung läuft wieder optimal, der Cortisolspiegel sinkt, Sie sind wieder leistungsfähiger und kreativer und Sie schlafen besser. Die Alphawellen in Ihrem Gehirn werden aktiver, was bedeutet, dass Sie weniger ängstlich sind und besser lernen können als im gestressten Zustand. Sie bleiben ruhiger, gehen nicht so schnell an die Decke und sind insgesamt belastbarer. Das alles macht Sie zufriedener und gelassener. Ein echter Gewinn für Ihre Lebensqualität.

Vermutlich möchten Sie nun wissen, wie Sie sich gezielt entspannen können. Dafür gibt es viele verschiedene Techniken: vom Autogenen Training über Yoga und Qigong bis hin zu Tai Chi und der Pro-

gressiven Muskelentspannung ist für jeden etwas Passendes dabei. Mein Tipp: Machen Sie sich auf den Weg und probieren Sie die Angebote aus. In vielen Volkshochschulen und Fitnessstudios werden verschiedene Kurse für diese Methoden angeboten. In den meisten Fällen ist auch eine kostenfreie Schnupperstunde möglich. Nutzen Sie das!

Viele nutzen auch verschiedene Techniken und setzen sie je nach Situation ein. Die eine Methode zum Einschlafen, die andere im akuten Stress und die dritte vielleicht beim Relaxen in der Freizeit. Wichtig ist einfach nur, dass Sie überhaupt einen Weg finden, um sich gezielt zu entspannen.

Meine absoluten Favoriten sind das Autogene Training und die Progressive Muskelentspannung, weil beide unglaublich effektiv und dabei sehr alltagstauglich sind. Und genau das ist für mich der entscheidende Faktor. Ich habe beide Methoden viele Jahre in Kursen unterrichtet und habe immer wieder festgestellt, wie wichtig es ist, dass eine Technik mitten im Alltag genutzt werden kann. So berichtete mir eine Kursteilnehmerin, dass sie es total albern fand, als ich sagte, dass man die Übungen im Ernstfall auch mal auf der Toilette machen kann, wenn es gerade keinen anderen ungestörten Ort gibt. Dann aber war sie in einem Meeting und es ging hoch her. Irgendwann wurde es ihr zu viel, sie spürte, wie sie nervös wurde und total unter Stress stand. Sie ging dann zur Toilette, setzte sich auf den Toilettendeckel und machte 2 Minuten lang ihre Übungen. Tatsächlich ging es ihr direkt besser und sie konnte im Meeting nun gelassener bleiben.

Schauen Sie also für sich, welche Methode oder welche Übungen Sie gut in Ihren Alltag einbauen können, damit Sie jederzeit darauf zurückgreifen können. Denn wenn Sie immer erst eine Matte, spezielle Musik und eine halbe Stunde Zeit brauchen, werden Sie die Übungen sowieso nicht machen, denn wer hat schon viel Zeit?

SOFORTMASSNAHMEN FÜR MEHR GELASSENHEIT

Ich kann Ihnen nun noch seitenweise die Vorzüge der verschiedenen Entspannungsmethoden erläutern und versuchen, Sie zum Besuch eines Kurses zu motivieren. Aber ich weiß, dass im vollgepackten Alltag mit den vielen Terminen oft einfach die Zeit dafür fehlt. Damit Sie aber dennoch etwas gegen Stress und für mehr Gelassenheit tun können, habe ich für Sie drei Sofortmaßnahmen zusammengestellt:

1. ATMEN SIE DEN STRESS EINFACH WEG!

Sie tun es seit Ihrer Geburt: atmen. Das Gute daran ist, dass es ganz von allein geschieht. Sie müssen sich nicht immer wieder daran erinnern, nein, Sie atmen einfach. Sicher haben Sie schon davon gehört, dass Sie auf eine bestimmte Art und Weise atmen sollen. Tief in den Bauch, in einem bestimmten Rhythmus, doch das ist für die Entspannung total egal. Sie müssen einfach nur Ihre Aufmerksamkeit für ein paar Minuten auf die Atmung lenken. Wenn Sie sich nun also ganz auf die Atmung konzentrieren ist das etwas, was nicht notwendig wäre, denn Ihr Körper bekommt das sehr gut alleine hin. Und das gibt Ihrem Gehirn das Signal „Hör mal, es ist hier dermaßen wenig los, dass ich mich vor lauter Langeweile sogar auf die Atmung konzentrieren kann!" Im Klartext: Keine Lebensgefahr – also Entspannung. Das ist der ganze Trick an dieser Übung.

Wie Sie sich auf die Atmung konzentrieren, liegt ganz bei Ihnen. Sie können die Atemzüge zählen oder bei jedem Einatmen das Wort „Ein" und bei jedem Ausatmen das Wort „Aus" denken. Wichtig ist nur, dass die Konzentration ganz auf die Atmung gerichtet ist.

2. DEM STRESS DIE ZUNGE ZEIGEN!

Wenn Sie gestresst sind, sind Kiefer, Nacken und Schultern die drei Bereiche, die als Erstes in die Anspannung gehen. Auch Ihre Zunge ist daran beteiligt. Beobachten Sie sich mal: Wo befindet sich jetzt gerade Ihre Zunge? Eher direkt oben unter dem Gaumen? Oder liegt sie einfach in Ihrem Mund? Je angespannter wir sind, desto mehr pressen wir die Zunge nämlich gegen den Gaumen. Doch im Normalfall darf die Zunge ganz locker im Mund liegen. Keine Angst, Ihr Unterkiefer muss dazu nicht runterhängen. Probieren Sie es einfach mal aus: Zunge oben unter den Gaumen drücken und dann mal ganz locker im geschlossenen Mund liegen lassen. Spüren Sie einen Unterschied? Wenn Sie also im Stress sind, achten Sie auf Ihre Zunge! Lassen Sie sie immer wieder bewusst locker. Damit Sie auch immer wieder daran denken, kann eine Notiz oder ein Hinweis auf dem Handy eine gute Hilfe sein.

3. Wer schreibt, der bleibt — gelassen!

Der Tag war einfach nicht Ihrer oder ein Problem lässt Sie einfach nicht los? Dann nutzen Sie die Kraft des Schreibens. Wissenschaftliche Studien belegen, dass das Aufschreiben stressender Situationen die Stresssymptome reduziert. Durch das Schreiben bekommen Sie mehr Distanz zu dem, was Sie beschäftigt. Sie schreiben sich alles von der Seele und das Schöne daran: Sie haben recht. Wenn Sie Ihren Freunden von Ihrem Problem erzählen, dann spielen die das, wenn auch mit guter Absicht, oft herunter oder zeigen uns, dass wir überreagiert haben. Das macht uns dann noch wütender. Wenn wir aber alles einfach nur aufschreiben, dann widerspricht uns niemand und wir können den Frust so richtig gut loswerden. Und wenn wir etwas schwarz auf weiß vor uns sehen, dann fällt es viel leichter, eine Lösung zu finden. Manchmal ist es gut, nach dem Schreiben eine Nacht darüber zu schlafen und dann noch einmal draufzuschauen. Oft relativiert sich das Ganze dann schon durch den zeitlichen Abstand und Sie spüren wieder mehr innere Ruhe und Gelassenheit.

Erfolgsfaktor Gelassenheit — das Fazit

Egal was Ihr Ziel ist, auf dem Weg dahin ist Gelassenheit ein wichtiger Faktor. Nicht nur, um schneller erfolgreich zu werden, sondern auch, um den Weg dorthin und den Erfolg an sich viel mehr genießen zu können. Mehr Lebenszufriedenheit ist der größte Gewinn, wenn Sie mehr Gelassenheit haben. Hier die fünf wichtigsten Punkte für Sie zusammengefasst:

Sehen Sie Stress als Ihren Freund, der Sie beschützt und Sie Herausforderungen meistern lässt. Aber weisen Sie ihn auch in seine Schranken, wenn es zu viel wird.

Achten Sie auf eine gute Balance in Ihrem Leben. Stress und Entspannung sollten sich die Waage halten. Passen Sie gut auf sich auf!

Sorgen Sie für genügend Stressabbau durch Bewegung und denken Sie daran: Es müssen keine sportlichen Höchstleistungen sein. Ein Spaziergang tut es auch.

Finden Sie eine Entspannungsmethode, die gut in Ihr Leben passt — und nutzen Sie diese, wann immer es Ihnen gut tut.

Nutzen Sie Sofortmaßnahmen im Alltag, die Ihnen schnell und einfach dabei helfen, wieder ruhiger und gelassener zu werden.

Auf Ihrem Weg zum Erfolg wünsche ich Ihnen so viel Stress, wie Ihnen gut tut und so viel Gelassenheit, wie Sie sich wünschen. Vor allem aber viel Freude und Zufriedenheit.

Herzlichst,

Ihre Nina Herrmann.

Jambo, Deutschland!

Harriet Delanie

Zahlen sind mächtig, denn sie können sowohl Jubel auslösen, als auch Angst und Schrecken verbreiten. Hier ist eine ganz besondere Zahl der zweiten Kategorie, die uns allen Sorgen bereiten sollte: Weltweit waren im Jahr 2014 laut Flüchtlingshilfswerk der Vereinten Nationen 59,5 Millionen Menschen auf der Flucht. Nicht vor Naturkatastrophen, sondern vor anderen Menschen, größtenteils sogar vor ihren eigenen Mitbürgern. Ihr eigenes Land konnte oder wollte sie nicht mehr beschützen.

Offiziell werden Flüchtlinge unterteilt in Binnenvertriebene, Asylsuchende und Staatenlose, doch eins verbindet sie alle: Sie müssen den Ort verlassen, der ihnen auf der Welt am meisten bedeutet. Sie müssen ihrem Wohnort, manchmal sogar ihrem Land und ihrer Kultur, aber in jedem Fall ihrer Heimat, für lange Zeit oder sogar für immer den Rücken kehren. Und damit oftmals auch ihre Familien, Freunde, ihre gesamten sozialen Strukturen und last but not least ihre über viele Jahre hart erarbeiteten, wenn auch oftmals kargen Besitztümer verlassen. Die Erinnerung ist das Einzige, das sie mitnehmen dürfen. Ich glaube, dass die Menschen, von denen sie vertrieben wurden, ihnen diese Erinnerung auch noch nehmen würden, wenn sie nur die Macht dazu hätten.

Wie auch immer jeder Einzelne den Begriff Heimat für sich definieren mag: Heimweh ist ein Schmerz, der ein Leben lang brennen kann. Jahr für Jahr müssen immer mehr Menschen diesen heißen Schmerz in ihren Herzen und Seelen spüren, denn Jahr für Jahr wird die Zahl der Vertriebenen größer.

Jedes Jahr sorgen Menschen und technologischer Fortschritt dafür, dass die Welt sich immer mehr vernetzt; die Bevölkerung wird immer aufgeklärter; parallel dazu steigt die Zahl der Flüchtlinge ständig an. Gibt es einen Zusammenhang? Ich weiß es nicht. Ich bin keine Expertin für Flüchtlingsfragen. Ich weiß nur das, was alle wissen, weil wir es alle Tag für Tag in den Nachrichten sehen: Verzweifelte Menschen, die versuchen, mithilfe von Schleppern Grenzkontrollen zu überwinden. Menschen, die von einem neuen, einem besseren Leben träumen, doch bereits der Weg in dieses Leben bedeutet für viele den Tod: Sie ersticken qualvoll in Containern oder ertrinken irgendwo im Mittelmeer. Kennen Sie die Bilder, wo Mütter ihre kleinen Kinder voller Verzweiflung über Zäune von Flüchtlingslagern werfen – in der Hoffnung, dass drüben ein besseres Leben auf sie wartet? Ihr Winken meint nicht „Leb wohl", sondern „Komm zurück zu mir!" Doch tief im Innern wissen sie genau, dass sie einander niemals wiedersehen werden. In ihren Augen ist das Behalten des nackten Lebens diese Gewissheit wert.

Viele dieser Szenen spielen sich in Afrika und im Nahen Osten ab, denn hier sind Konflikte und Kriege Teil des politischen, ethnischen und religiösen Miteinanders – oder besser gesagt: Auseinanders. Die Welt draußen schaut zu und spendet ein bisschen, um das quälende Gewissen zu beruhigen und das Gefühl des Mitleids zu lindern. Geld als Balsam für die eigene Seele. Zuschauen ist in den Augen vieler eine neutrale Haltung. Ich sehe das anders, denn für mich heißt zuschauen billigen. Zuschauen ist für mich nicht Passivität, sondern insbesondere in diesem Fall ein Synonym für Wegschauen. Europa hat weggeschaut, als der Kosovo brannte, als das Land namens Jugoslawien aufhörte zu existieren. In Syrien lodert die nackte Gewalt seit vier Jahren. Chemische Kampfstoffe fallen vom Himmel – Deutschland (und auch der Rest der Welt) 'hilft' mit politischen Informationssendungen und mahnenden Appellen der Entrüstung. Der Völkermord in Ruanda hat uns allen klar gemacht, wozu Menschen im Blutrausch fähig sind: Nach 100 Tagen des Zuschauens und Wegschauens waren eine Million Menschen tot, 500.000 Mädchen und Frauen vergewaltigt und 160.000 Haushalte ohne Erwachsenenvorstand.

Meine Heimat ist Kenia. Ein wunderbares und auf den ersten Blick stabiles Land – aber nur eines von unzähligen Ländern, die einst unter der Herrschaft des britischen Empires standen. Vor 60 Jahren lehnte sich hier die Bevölkerungsgruppe der Kikuyu gegen die Kolonialherren auf, die mit kompromissloser Härte zurückschlugen: Im 'Mau-Mau-Krieg' genannten Konflikt führten die Briten Ende der 50er-Jahre den blutigsten Kampf ihres gesamten Entkolonialisierungsprozesses. Dabei verbündeten sie sich mit vielen der 40 Bevölkerungsgruppen Kenias, die fortan an der Seite des Feindes gegen die Kikuyu, die eigene Bevölkerung, kämpften.

Den Krieg haben die Kikuyu verloren, doch die Unabhängigkeit gewannen sie bereits 1963. Was ebenfalls folgte, war ein politisches System, das in vielen Ländern südlich der Sahara heute mehr denn je floriert: Machthungrige Präsidenten, die einen loyalen Clan um sich scharen, der mit eiserner Faust den Rest der Bevölkerung am Boden hält, während die Entwicklungshilfe in dunklen Kanälen versickert und auf den Schweizer Konten der Machthaber weißgewaschen wieder auftaucht. Es sind dieselben Konten, auf denen die abgeschöpften Gewinne aus dem Ausverkauf von Bodenschätzen, Blutdiamanten und anderen Rohstoffen landen. Machthunger führt zu Gewalt: Unruhen, Überfälle und Tote sind gerade in unseren Großstädten an der Tagesordnung. Besonders heftig sind die Ausschreitungen vor, während und nach Wahlen. Wenn es um Macht geht, die für viele Jahre verteilt wird, verlieren viele Menschen jegliche Menschlichkeit.

Mit der so genannten Unabhängigkeit begann in Afrika die Herrschaft der Despoten, Diktatoren, Usurpatoren und Tyrannen. Einer von ihnen war Jomo Kenyatta, der erste Ministerpräsident Kenias.

Mit der 'Landreform' wurde aus dem ehemaligen Aushilfsschreiner und Landarbeiter der reichste Großgrundbesitzer des Landes. Damit war er auf einen Schlag der vermögendste Kenianer, der jemals gelebt hat. Unser zweiter Präsident, Daniel arap Moi, führte die Politik der Unterdrückung ebenso fort wie sein Nachfolger Mwai Kibaki. Uhuru Kenyatta, Sohn des ersten Präsidenten und amtierender Regierungschef, macht dort weiter, wo seine Vorgänger aufgehört haben. Sie alle haben sich Ländereien in unvorstellbarem Ausmaß einverleibt und Millionen andere ausgestoßen. Reichtum macht mächtig; Reichtum in Verbindung mit Macht macht noch mächtiger. Und gleichzeitig skrupelloser. Wer die Autorität einer kenianischen Regierung anzweifelt, wird inhaftiert, gefoltert oder sogar getötet. Korruption in all ihren Farben bestimmt unser Tagesgeschäft, und es werden mehr arme Menschen durch Polizisten getötet, von denen sie eigentlich beschützt werden sollten, als durch Kriminelle. Ein kenianisches Sprichwort sagt: „In Kenia bist du schuldig, bis Dein Reichtum bewiesen ist." In einem Land, wo die Masse von weniger als zwei Dollar am Tag leben muss, ist das Leben selbst das einzig Wertvolle, was die Menschen besitzen. Doch Armut – und das werden viele Menschen, die Armut noch nie kennengelernt haben, niemals verstehen – ist kein Synonym für Elend, und das Schönste an

Armut ist, dass es ihr nicht gelingt, die Menschen davon abzuhalten, glücklich zu sein. Das Lebensmotto der Kenianer lautet: „Ein Tag, an dem Du nicht gelacht hast, ist ein Tag, an dem Du nicht gelebt hast." Glück findet man vor allem in der Familie, die in Kenia und bei all unseren Nachbarn einen ganz besonderen Stellenwert hat, denn in der Familie ist man immer füreinander da: Die Eltern zeigen bei uns, den Kindern, wie man es durch den großen Sturm schafft – die Kinder zeigen im Gegenzug den Eltern, wie man im Regen tanzt.

Rund 50 Sprachen kann man in Kenia hören. Amtssprachen sind Suaheli und Englisch, doch diese beiden Sprachen werden fast nur in den Großstädten gesprochen. Wer ein besseres Leben sucht, versucht mithilfe seiner Englischkenntnisse, in der englischsprachigen Welt außerhalb Afrikas Fuß zu fassen. Die USA, Großbritannien, Australien, Kanada oder Neuseeland: Die Liste der Wunschländer ist lang. Ich tanze bei dieser Tradition aus persönlichen Gründen meinen eigenen Tanz: Seit ich ein Kind war, träumte ich von einem Leben in Deutschland. Dass ich für die Erfüllung dieses Traums eine weitere Sprache lernen musste, noch dazu eine sehr schwierige, hinderte mich nicht daran, im Alter von 20 Jahren meine Heimat zu verlassen, um meinem persönlichen Glück in Deutschland eine neue Heimat zu geben.

LAND IST HEIMAT – FAMILIE AUCH

Ein Staat verfügt über dieselben Strukturen wie eine Familie, und die funktioniert nur mit Eltern, die das Wohl ihrer Kinder im Auge haben. Durch die Kolonialisierung wurde den Kindern, dem Volk Kenias, eine Zukunft versprochen, die nicht eingehalten werden konnte. Jomo Kenyatta hatte unser Land 1963 von den Briten adoptiert, doch schon im Laufe seiner ersten Regierungsperiode war allen bewusst, dass er unserem Volk ein schlechter Vater war. Das

Schlimmste, was er und seine Nachfolger uns angetan haben, ist die Hoffnungslosigkeit, die sie in unsere Köpfe gepflanzt haben. Die meisten glauben nicht mehr, dass es einen Weg aus dem Hamsterrad der Armut gibt, und ein Blick aus der Vogelperspektive gibt ihnen Recht. Wie sieht Kenia heute aus, zumindest außerhalb der Touristenzentren? Bildung und Gesundheitswesen existieren kaum; es herrschen Gesetze, die nicht zu den Bürgern passen. Defizite, wohin man nur schaut. Und wer schaut, der schweigt, wenn er klug ist. Wer wegschaut, der überlebt, denn ein Feigling kann am Abend zu seiner Familie zurückkehren. Wer aufsteht und anklagt, riskiert nicht nur sein Leben, sondern auch das seiner Familie. Familie macht erpressbar. Meinungsfreiheit ist bei uns unbekannt. Und wer sie doch kennt, den hindert die Angst, sie zu nutzen.

Welche Zukunft hat ein solches Land? Werden wir wie Tunesien und Ägypten Revolution und Tod erfahren? Oder gibt es für unsere Familie eine friedliche Lösung? Bekommen wir irgendwann die Eltern, von denen wir glauben, dass wir sie verdient haben?

EINES MORGENS, IRGENDWO IN KENIA

Wer an Kenia denkt, denkt an die Massai. Unsere berühmten Nomaden leben von der Viehzucht und ziehen von Ort zu Ort, damit ihre Schafe, Ziegen und vor allem die Rinder, die Statussymbole dieser patriarchalischen Gesellschaft, Nahrung finden. Sie bauen sich Hütten aus Kuhdung, lassen sich eine Weile nieder und ziehen weiter, wenn sie und die Rinder es für richtig halten. Ihr Hauptnahrungsmittel ist das Blut dieser Tiere, das sie mit Milch mischen und dann „Saroi" nennen. Das Volk der Massai lebt nach uralten Riten, Zeremonien und Traditionen. Eine davon fordert das Töten eines Löwen, um Mut und Männlichkeit zu beweisen. Eine andere verbietet schwangeren Frauen, während der Geburt zu schreien. Dasselbe Verbot gilt für junge Männer während der Beschneidung. Eine mehr als bizarre Form der Gleichberechtigung, doch nicht alle Traditionen muss man verstehen.

Eines Morgens, vor vielen Jahren, wurde ein Dorf der Massai von Regierungstruppen umstellt. Mit vorgehaltener Waffe wurden die Familien 'gebeten', je ein Kind in die Schule eines amerikanischen Missionars zu schicken. Der 7-jährige Joseph Lekuton folgte dieser Aufforderung. Er lernte Lesen und Schreiben und entpuppte sich auch in allen anderen Fächern als guter und lernhungriger Schüler. Jedes Jahr durfte er in den Ferien zu seiner Familie zurückkehren; ob diese jedoch gerade acht oder achtzig Kilometer entfernt ihre Hütten aufgebaut hatte,

wusste er nicht. Er zog jedes Mal ein paar Tage und Nächte mutterseelenallein durch Busch und Savanne, bis er sie endlich gefunden hatte – und half dann ein paar Wochen beim Versorgen der Rinder.

Seine guten Leistungen brachten ihn schließlich auf die High School, wo er ebenfalls mit herausragenden Leistungen zu glänzen wusste. Ein Stipendium für die St. Lawrence University in New York folgte ebenso wie ein Abschluss in Harvard. Das Leben war schön. Doch eines Tages entschloss sich Joseph, nach Kenia zurückzukehren, um seinem Volk zu helfen. Seit 2007 ist er Mitglied des Parlaments in Nairobi. Seine erste Vision: Sauberes Trinkwasser für jeden Nomaden – innerhalb von fünf Jahren. Seine zweite Vision: Verbesserung des Gesundheitswesens. Ein unglaubliches Unterfangen in einem Land, in dem Menschen von ihren Angehörigen in Schubkarren 30 Kilometer zum nächsten Krankenhaus transportiert werden, in denen im Verlaufe eines Kaiserschnitts oder einer anderen Operation gelegentlich der Strom ausfällt.

Joseph Lekuton hat sich viel vorgenommen. Er ist Parlamentarier und zählt somit zu den Führern unseres Landes, zu den Hoffnungsträgern einer ganzen Nation, die die Hoffnung auf Veränderung eigentlich schon längst begraben hatte. Aufgeklärte Führer sind es, die Großes in ganz Afrika bewegen können. Menschen, die für ihre Kinder nicht nur ausführen, sondern auch denken und analysieren, ganz so wie gute Eltern es tun sollten. Erziehung und Ausbildung sind die Schlüssel für unsere Zukunft. Ein Land braucht keine Entwicklungshilfe, um zu überleben. Wer wirklich überleben will, kann das aus eigener Kraft schaffen.

Deine Firma ist dein Kind – und dein Volk

Land, Familie oder Unternehmen: Erfolg basiert überall, in jeder sozialen Struktur, auf Harmonie, und Harmonie basiert immer auf Führungsqualitäten. Wer es gut mit seinen Mitarbeitern meint, der behandelt sie so, wie er seine Kinder behandelt, denn Liebe und Respekt sind auch hier die Schlüssel, die Türen öffnen können, die sonst für immer verschlossen bleiben. Führen heißt immer fordern, aber niemals dominieren. So wie ein politischer Führer das Wohl seines Volkes vor Augen hat, wenn er Straßen baut, um die Menschen zu vernetzen, so ist es auch für Führungskräfte wichtig, den Mitarbeitern eine optimale Infrastruktur für die täglichen Prozesse zur Verfügung zu stellen. Ein Geschäftsführer hat im Unternehmen dieselbe Funktion wie ein Familienoberhaupt in der Familie. Definieren Sie den Begriff Familienunternehmen unter diesen metaphorischen Aspekten völlig neu, um die Zusammenhänge zwischen Erziehung, Gemeinschaft und Zukunft zu erkennen. Vermeiden Sie in Führungsfragen stets, Grenzen zu überschreiten, denn Geduld ist auf der ganzen Welt begrenzt. Wenn Mitarbeiter Führungsmängel ausbaden sollen, ist ihr letztes Gegenmittel Passivität. Oder der Streik, die offensivste Form der Passivität und des aktiven Widerstands. Sie reagieren so wie ein Volk, das eine Rebellion anzettelt. Natürlich wird es dabei in einem Unternehmen nicht zur Machtübernahme kommen; das Tischtuch des Vertrauens ist aber vorerst zerschnitten, und das vielleicht langfristig, und das wirkt sich immer auch auf das Ergebnis aus. Die Hürden sind hoch: Wer seine Mitarbeiter wie seine Kinder behandeln möchte, muss aufhören, in Quartalen zu denken. Langfristiges Generationendenken ist zwar kurzfristig gesehen kostenintensiver, sorgt aber auf Dauer für eine neue Form der Loyalität. Denken Sie daran: Zufriedene Mitarbeiter sind die besten Botschafter Ihres Unternehmens.

Ein Unternehmen namens Afrika

Zahlen sind mächtig, denn sie können sowohl Jubel auslösen als auch Angst und Schrecken verbreiten. Hier ist eine ganz besondere Zahl der ersten Kategorie: Kenia wird 2015 laut einer Bloomberg-Studie ein wirtschaftliches Wachstum von rund 6 % erreichen. Damit liegt das afrikanische Land hinter China und den Philippinen auf Platz 3 der Bestenliste. Auf Platz 6 bereits das zweite Land des schwarzen Kontinents: Nigeria. Die gleiche Sprache sprechen seit Jahren die Statistiken des Internationalen Währungsfonds: Das Bruttosozialprodukt der afrikanischen Länder steigt stärker als das der asiatischen. Im Zeitraum zwischen 2001 und 2010 führte Angola die Liste mit einem Wachstum von 11,1 % an. In den Top Ten dieser Statistik sind afrikanische Länder reichlich vertreten: Nigeria, Äthiopien, der Tschad, Mosambik und das 'Schlusslicht' Ruanda – mit immerhin noch 7,6 % Wachstum. Diese Zahlen machen jeden Afrikaner stolz – bis sie hinter die Kulissen der Zahlenschieber schauen, denn trotz dieser Zahlen leben mehr als 40 % aller Kenianer unterhalb der Armutsgrenze. Die Wahrheit sieht nicht nur mathematisch anders aus: Wer aus 'nahezu nichts' 11,1 % mehr macht, hat immer noch sehr, sehr wenig. Zu wenig, um das Volk teilhaben zu lassen, denn das Wachstum wandert auch weiterhin in die Taschen der Mächtigen.

Das Bild, das die Medien in den Geberländern über Afrika vermitteln, muss an die Realität angepasst werden. Seit Jahren wird der Kontinent mit einem einzigen Satz charakterisiert: Bürgerkriege, Hungersnöte und Armut bestimmen einen Kreislauf, aus dem kein Ausbrechen jemals möglich sein wird. Friedenstruppen und Entwicklungshilfe seien folglich notwendig, um immer wieder aufs Neue die gravierendsten Probleme zu lösen oder zumindest deren Folgen zu lindern. Die Fakten sind aber andere: Es gibt 54 Länder in Afrika. Nur in den wenigsten Subsahara-Ländern herrscht tatsächlich Krieg. Angesichts der ethnischen Vielfalt durchaus beachtenswert. Wer in Afrika wirklich etwas ändern möchte, wer den Kreislauf aus Armut und Hoffnungslosigkeit für immer unterbrechen will, muss den Blickwinkel ändern – und darauf ab sofort sein Handeln ausrichten.

Hier sind einige dieser neuen Blickwinkel: Die Vereinten Nationen zahlen seit den 60er-Jahren Entwicklungshilfe. Bisher sind rund eine Billion Dollar – das sind 1000 Milliarden – geflossen. Dennoch ist Afrika heute ärmer als jemals zuvor. Es liegt sogar der Verdacht nahe, dass Entwicklungshilfe Armut erhöht. Warum tut man das? Warum geht man weiterhin einen Weg, der kein Ende hat und keinen Wendepunkt? Warum wird Jahr für Jahr mit Milliarden die Armut bekämpft – mit Geldern, die in Staatshaushalten versickern, sodass bei den Bedürftigen gar nichts ankommt? Warum wird stattdessen nicht Wachstum, ja sogar Wohlstand erzeugt? Die Antwort ist erschreckend einfach: Weil von außen die Symptome der afrikanischen Krankheit behandelt werden, statt von innen die Ursachen zu bekämpfen. Wohlstand entsteht in jeder

Gesellschaft durch Unabhängigkeit, durch Freiheit und in der Folge durch Einkommen. Was uns die Geschichte gelehrt hat, kann man auf eine einfache Formel bringen: Unabhängigkeit ist nicht gleich Freiheit. Bodenschätze haben für eine neue Form der Abhängigkeit gesorgt. Waren es früher die Kolonialmächte, sind es heute die mächtigen Wirtschaftskonzerne, die diese Rolle übernommen haben und das Level des afrikanischen Wohlstands bestimmen. Ein Wirtschaftskreislauf, der uns von Entwicklungshilfe unabhängig macht, kann nicht aufgebaut werden. Die logische Konsequenz: Der Durchschnittsafrikaner lebt weiterhin von Tag zu Tag. Er weiß heute noch nicht, was er morgen essen wird und was seine Kinder essen werden. Keiner kauft eine Packung oder gar ein Stange Zigaretten. Die Mehrheit kauft Einzelstücke. Wir müssen endlich neue Wege finden, die aus der Misere herausführen. Ich bin der Meinung, dass die Welt noch niemals so viel Potenzial hatte wie heute, diese Wege auch tatsächlich zu finden.

Der andere Blickwinkel, der den Wandel in Afrika ins Rollen bringen kann, ist folgender: Wenn eine Regierung keine Entwicklungshilfe erhält, die immerhin zwischen 10 und 15 % des Bruttoinlandsprodukts ausmacht, muss sie sich andere Geldquellen erschließen, um die Ausgaben des Staatshaushalts begleichen zu können – und um sich selbst zu finanzieren. Wo soll dieses Geld herkommen? Es gibt nur zwei Quellen. Die eine sind die internationalen Kapitalmärkte. Die andere Quelle sind die Bevölkerung und die Unternehmen: Steuern heißt das Zauberwort, denn Steuern lassen auch in Deutschland die erforderlichen Gelder sprudeln. Steuern können allerdings nur die Unternehmen zahlen, die mit Gewinn produzieren. Wachstum erzeugt Wachstum. Die Regierung muss ein Interesse daran haben, dass die Bevölkerung die benötigten Abgaben auch tatsächlich leisten kann. Deshalb muss sie Rahmenbedingungen für Wachstumsmöglichkeiten zur Verfügung stellen: ein stabiles politisches System, ein faires Rechtssystem, Infrastruktur, alles, was auch in anderen Ländern für solche Prozesse benötigt wurde, um den Weg vom Entwicklungsland zum Wohlstandsland erfolgreich gehen zu können. Es müssen Strukturen geschaffen werden, die endlich so stabil sind, dass sie auch Investoren anlocken. Demokratie ist dabei sicherlich nicht die schlechteste Idee.

Wer jeden Tag von einem oder zwei Dollar zwischen fünf und zehn Kindern ernähren soll, hat allerdings keine Zeit, sich um das Implementieren demokratischer Strukturen zu kümmern. Außer in Ghana, Botswana und Mauritius gibt es im Afrika südlich der Sahara keine demokratischen Regierungen, die dieses Attribut auch nur annähernd verdient hätten. Wenn es darum geht, sich über die politische und wirtschaftliche Zukunft des schwarzen Kontinents Gedanken zu machen, sind weiße Experten traditionell ganz vorn dabei. Eine Vision, die aufhorchen ließ, hatte der amerikanische Ökonom Jeffrey Sachs, die er 2005 in seinem Buch „Das Ende der Armut" verbreitete: Halbierung der Armut innerhalb von zehn Jahren. Sachs schlug vor, das Gießkannenprinzip der Entwicklungshilfe auslaufen zu lassen und stattdessen mit zunächst 30 Milliarden Dollar jährlich die spezifischen Probleme der einzelnen Länder zu lösen. Zu diesem Zweck sollten die Industrieländer ihren Beitrag zur Entwicklungshilfe von 0,14 % des Bruttoinlandsprodukts auf 0,7 % anheben. Deutschlands Beitrag zu seiner Problemlösung ließe sich beispielsweise schon mit einer Senkung der Eigenheimzulage um 30 % realisieren. Seine Kalkulation: Wachstum wird von Menschen gemacht. Ihr Überleben muss deshalb gewährleistet sein, weshalb Aids, Malaria und Tuberkulose mit allen Mitteln zu bekämpfen seien. Das Gesundheitssystem in nahezu allen afrikanischen Ländern benötigt dafür die Basics: Straßen, die zu Krankenhäusern führen, müssen ebenso gebaut werden wie Kraftwerke, die den für einen reibungslosen Krankenhausbetrieb notwendigen Strom erzeugen. Nur wer weiß oder die Hoffnung hat, dass er morgen noch lebt, hat heute auch den Antrieb, etwas zu bewegen und somit zu ändern.

Eine andere Meinung weckt ebenfalls Hoffnung auf Veränderung, denn sie stammt von einer klugen Frau, die zudem afrikanische Wurzeln hat: Dambisa Moyo, geboren in Sambia, kann Abschlüsse aus Oxford und Harvard vorweisen und arbeitete für die Weltbank in Washington und beim New Yorker Investmentbanker Goldman Sachs im Bereich Weltwirtschaft. Sie stellte bei der Präsentation ihres Bestsellers „End Aid" eine einfache Frage, die noch niemand gestellt hat: Wie lange soll Afrika noch von Entwicklungshilfe abhängig bleiben? Nennen Sie eine Zahl: fünf Jahre, 10 Jahre, 20 Jahre oder bis in alle Ewigkeit? Sie plädiert für eine möglichst schnelle Abschaffung der Geldgeschenke, denn die Zeit hat bewiesen, dass sie nicht funktionieren und wohl auch niemals funktionieren werden. Ihre einfache Gleichung lautete: Nur wer Geld hat oder es verdienen und sparen kann, kann in der Folge auch investieren und infolgedessen Wachstum erzeugen. Wenn sich eine Regierung mehr mit Geldgebern aus den Industrieländern als mit der eigenen Bevölkerung auseinandersetzt, dann stimmt etwas nicht in den Verhältnissen. Die Geberstaaten behandeln Afrika wie ein unmündiges Kind, dem man die eigene Lebensfähigkeit nicht zutraut. Gerade in diesem Aspekt unterscheidet sich die geleistete Hilfe in Afrika von der, die auf allen anderen Kontinenten geleistet wurde. Damit greift man logischerweise die Würde eines ganzen Kontinents an. Moyos weitere Logik: Erst die Entwicklungshilfe macht Korruption in den bestehenden Ausmaßen möglich, und außerdem ist Entwicklungshilfe nichts anderes als die Fortsetzung des einst abgeschafften Kolonialstatus. Entwicklungshilfe finanziert nicht die Bekämpfung der Armut, sondern einen Großteil der Staatsausgaben der einzelnen Empfängerländer – teilweise bis zu 70 %, in Einzelfällen sogar bis zu 90 %. „Wenn andere es bezahlen, ist es nicht so schlimm." Afrika leistet sich unter diesem Motto eine Bürokratie, die weltweit ihresgleichen sucht.

Hilfsgelder sprudeln zusätzlich aus einer zweiten Quelle: Spenden aus der Bevölkerung der Geberländer. In diesem Zusammenhang prangert Moyo die zahlreichen Hilfsorganisationen an, die sich zu einer Industrie gemausert haben, für die Helfen zu einem Selbstzweck geworden ist, der nur die Erhaltung der eigenen Art vor Augen hat. Durch die Einmischung von Prominenten wie Bob Geldof und Bono mit Projekten wie Band Aid und Aktionen wie den Live-Aid-Konzerten sei das Helfen zu einem Teil der Unterhaltungsindustrie geworden. Geld sollte Afrika aufbauen und Wachstum erzeugen. Nach einer Billion Dollar zeigt sich plötzlich: Das Gegenteil ist passiert, denn die Armen wurden noch ärmer. Nur durch Umleitung der Geldströme und marktwirtschaftliche Reformen sei eine Lösung überhaupt möglich. Warum nicht denselben Staatskapitalismus einführen, der auch China in eine blühende Industrienation verwandelt und innerhalb von 30 Jahren 300 Millionen Menschen aus den Fängen der Armut befreit hat? Chinesen investieren viel in den afrikanischen Kontinent. Sie wollen dort niemandem eine Religion aufzwingen oder ein politisches System installieren, sondern haben nur wirtschaftliche Interessen. Das imponiert den Afrikanern. Imposant ist auch, dass China für die Leistung im eigenen Land keinerlei Entwicklungshilfe in Anspruch genommen hat. Indien ist ein anderes Beispiel mit Vorbildpotenzial: Hier hat selbst erschaffenes Wachstum sogar dafür gesorgt, dass die Mittelschicht heute größer ist als die des Wirtschaftsriesen China.

Ein System, das neue Perspektiven versprach, war das System der Mikrokredite. Eine gute Idee, die nur einen Haken hat: Die meisten Afrikaner sind arme Bauern, fast jeder zweite ist Analphabet, und nicht in jedem von ihnen fließt Gründerblut. Afrikaner wollen in erster Linie nicht die Welt erobern, sie wollen lediglich Jobs, die ihr Überleben sichern, die ihnen einen Hauch von Perspektive vermitteln. Erst dann kann die nächste Stufe der Bedürfnispyramide anvisiert werden. Ziele sind viele vorhanden, aber auch mindestens ebenso viele selbst installierte Hindernisse. Wenn man für eine erfolgreiche Wirtschaft aufrüsten will, muss man sich vor Augen halten, dass eine Gesellschaft, in der Frauen mehr

Handelsware als Menschen sind, sich um 50 % des Humankapitals selbst beschneidet.

Viel Theorie, wenig Praxis. Gesamt gesehen glauben die Afrikaner selbst nicht, dass die Zukunft besser wird. Schon die Statistik spricht gegen sie: In der Liste der 50 Länder mit den geringsten Lebenserwartungen finden sich 45 afrikanische. Trauriger Spitzenreiter ist Swasiland mit 32,1 Jahren. Alle sind sich einig, dass die Bekämpfung von Seuchen und Epidemien wie Ebola, Aids, Malaria und Tuberkulose der erste Schritt aus dem Dilemma ist. Um diesen ersten Schritt allerdings gehen zu können, ist meiner Meinung nach nicht zuerst die Spritze eines Arztes notwendig, sondern das Umdenken in den Köpfen der afrikanischen Führer, die die ethnische Vielfalt in ihren Ländern unter einen Hut bringen müssen, also das Umdenken in den Köpfen ihrer Kinder bewirken muss. Kultur und Traditionen sind prima. Wenn Sie Wachstum verhindern, sollte man allerdings noch einmal darüber nachdenken, ob nicht einige dieser Traditionen aufgegeben werden sollten.

Die Politik der Geberstaaten, Entwicklungshilfe und Spenden basieren in meinen Augen einzig und allein auf dem Prinzip „Schuld und Sühne". Das hat jedoch – oder gerade deshalb – in 50 Jahren nichts Positives bewirkt. Patenschaften sind ein weiterer Aspekt, der diesen Bereich betrifft. Mögen sie den Einzelnen in einem Teil seines Lebens durchaus unterstützen: Für das Wachstum des Kontinents bringt es absolut nichts, denn die Mehrheit der gut Ausgebildeten verlässt das Schiff, das doch eigentlich gar nicht mehr tiefer sinken kann.

Kolonialismus hat das heutige Afrika erst möglich gemacht. Das einzig Gute, das uns die britische Kolonialmacht hinterlassen hat, ist nicht die Pseudo-Freiheit, sondern ihre Sprache. Sie ist in meinen Augen die einzige Plattform, auf der Wirtschaft in Afrika gedeihen kann. Auf einem Kontinent, auf dem 2.000 Sprachen gesprochen werden, ist Kommunikation als Basis nicht nur für länderübergreifenden Handel schwer möglich. Sie selbst kennen vielleicht meine Muttersprache Suaheli, vielleicht auch noch Hausa. Aber kennen Sie auch Fulfulde und Igbo? Vermutlich nicht. Dabei zählen sie zu den Hauptsprachen Afrikas. Igbo sprechen beispielsweise 25 Millionen Menschen; Serbisch bringt es im Vergleich lediglich auf 9 Millionen aktive Sprecher weltweit. Auf der anderen Seite werden viele afrikanische Sprachen nur von ein paar Tausend Menschen gesprochen. Sprache ist wunderbar, aber sie hat auch isolierende Funktion. Hier allen dieselbe Kommunikationsbasis zu bieten, ist nach meiner

Ansicht eine Priorität im Kampf um wahre Unabhängigkeit. Das alles funktioniert nur über Bildung, die wiederum die Basis für Aufklärung ist. Afrika muss das Rad dafür nicht neu erfinden, sondern nur aus der Geschichte lernen. Doch Geschichte ist nicht allein verantwortlich für die Probleme des Kontinents. Die Umstände, die Wachstum und Erfolg verhindern, beruhen auch auf eigenen Fehlern. Der größte Fehler war, sich von Entwicklungshilfe abhängig zu machen. Heute wissen wir: Hilfe hilft nicht immer.

Was deutsche Firmen von Afrika lernen können

Seit vielen Jahren gibt es diese Form der Diskussion, und viele gute Ideen sind daraus erwachsen. Umgesetzt wurde bis heute nichts – Afrika tritt weiterhin auf der Stelle. Nenne ich das etwa „Erfolg – the African way"? Nein, natürlich nicht. Erfolg ist etwas Positives, und der Status quo im Unternehmen Afrika, in Bezug auf Wirtschaft und Wachstum, hat nicht sehr viele Höhepunkte. Wer Erfolg haben möchte, muss nicht nur von seiner Idee, sondern auch von sich selbst überzeugt sein. Mit Entwicklungshilfe erzeugt man allerdings kein Selbstbewusstsein. Man betäubt es damit.

Ein afrikanisches Sprichwort sagt: „Die Europäer haben die Uhr. Wir haben die Zeit." Nehmen Sie sich von uns Afrikanern ein bisschen Zeit und schauen Sie, was Sie und Ihr Unternehmen aus den Ereignissen rund um Afrika lernen können. Erkennen Sie Parallelen zwischen der Geschichte Afrikas und den Prozessen in Ihrem Unternehmen. Beginnen wir gleich mit dem Erfolg: Erfolg braucht Führungskraft und erwächst aus der richtigen Führungsmentalität. Schwache Führer müssen ausgetauscht werden, wenn man das Ausbleiben des Erfolgs rechtzeitig verhindern möchte. Das afrikanische Volk ist nicht länger gewillt, korrupte Führer zu

akzeptieren. Mitarbeiter verhalten sich deshalb wie Bürger: Sie folgen nicht der lautesten Stimme, sondern dem Enthusiasmus des charismatischen Visionärs. Der amerikanische Kaufmann Harry Gordon Selfridge hat es vor rund 100 Jahren auf den Punkt gebracht: „The boss says GO; the leader says LET'S GO!" Eine gute Führungskraft muss dabei nicht nur die Mitarbeiter, sondern auch sich selbst führen können. Führung durch Erniedrigung funktioniert in Ansätzen nur in „Full Metal Jacket", nicht auf Ihrem Büroflur oder in Ihren Produktionshallen. Die Gesetzmäßigkeiten in Unternehmen sind deshalb immer dieselben: Am Ende erhält jeder Chef das Team, das er verdient. Andersrum gesehen entscheidet die Erziehung darüber, wie sich ihre Kinder in der Zukunft entwickeln. Deshalb brauchen auch Mitarbeiter Regeln, damit sie wissen, welche Grenzen im Unternehmen nicht überschritten werden dürfen. Erst wenn auf dieser Basis alle gemeinsam an einem Strang ziehen, ist auch der gemeinsame Erfolg möglich.

Wirtschaft und Erfolg basieren auf dem Nutzen von Chancen und dem Erkennen von Möglichkeiten. Afrika und Ihr Unternehmen haben von beidem eine ganze Menge. Und genau das ist es, was Gründer auf der ganzen Welt dazu bewegt, es mit der eigenen Idee zu versuchen: die Chance, die eigene Vision wahr werden zu lassen. Damit der Gründer sich entwickeln kann, müssen Rahmenbedingungen geschaffen werden, die dafür sorgen, dass er in die Zukunft planen kann. Planbarkeit und Sicherheit sind eben auch zwei Formen von Motivation – nicht nur in Afrika.

DIVERSITY LEBT VON DEN UNTERSCHIEDEN

Die genetische Vielfalt ist in Afrika größer, als im gesamten Rest der Welt, denn hier ist vor rund 50.000 Jahren die Menschheit entstanden. Die Wahrscheinlichkeit ist deshalb hoch, dass ein Chinese und ein Deutscher genetisch mehr gemeinsam haben als zwei Afrikaner. In der ethnischen Vielfalt Afrikas gründet der größte Fehler, den die Kolonialmächte begangen haben: Sie erschufen Länder, indem sie Grenzen nicht durch Regionen, sondern durch Völker zogen – und diese dadurch trennten. Wenn man aus rund 3.000 Bevölkerungsgruppen Staaten formt, entstehen zwangsläufig überall zahlreiche Minderheiten. Vielvölkerstaaten können wenig Konsens erzeugen, insbesondere Staaten, denen demokratische Strukturen völlig fremd sind. In solchen Staaten kann sich traditionell das Militär als politischer Akteur etablieren. Rund 20 Staaten in Afrika werden heute noch von Machthabern mit militärischem Hintergrund kontrolliert. Militär erfüllt Staatsaufgaben und ist auf der ganzen Welt deshalb eine Partei, keine Hilfsorganisation. Diese Basis für Konflikte war somit früh gelegt. Um diesen Konflikten und ihren Folgen zu entkommen, gab und gibt es für die Menschen oftmals nur einen Ausweg: die Flucht in die Anonymität der Großstädte, die irgendwann aus ihren Nähten platzen.

Diese Entwicklung hat auch eine interessante Seite: Aus Diversity – und hier meine ich die ethnische Vielfalt – entstanden durch Kolonialisierung Diskriminierung und Rassismus. Heute ist Diversity im kulturellen Sinne wiedergeboren. Man hat plötzlich erkannt, dass es sich für die Gesamtheit wie auch für jeden Einzelnen lohnt, von den anderen zu lernen. Wer die gleichen Probleme hat und dieselben Freuden teilt, kann doch so viel anders gar nicht sein, auch wenn sein Äußeres zunächst das Gegenteil vermuten lässt. „Bei uns werden Positionen nicht nach Herkunft, Geschlecht oder Religion, sondern nach Leistung besetzt", versprechen immer mehr Diversity Manager großer Konzerne. Dass das Spektrum der Fähigkeiten auf der Vielfalt selbst beruht, scheinen die meisten von ihnen zu übersehen. Wer viele Fähigkeiten und Blickwinkel aus aller Welt in seinem Unternehmen versammelt, erhöht also die Wahrscheinlichkeit, neue oder frei werdende Positionen optimal besetzen zu können. Am Ende dürfen wir erkennen, dass Diversity Menschen nicht mehr trennt, sondern vereint.

EINES ABENDS, IRGENDWO IN KENIA

Jedes Jahr flog der Massai Joseph Lekuton zurück in seine Heimat, um seine Familie wiederzusehen, die ihm sehr am Herzen lag. Er hörte sich bei seinen Aufenthalten in Kenia die zahlreichen Probleme der Menschen an und diskutierte mit jedem Einzelnen über mögliche Lösungswege. Zurück in Amerika nagten die Gespräche an seiner Seele, denn er wollte einerseits helfen, andererseits sein Leben in seiner neuen Heimat fortführen, denn dafür hatte er schließlich sein Leben lang gelernt. Hin- und hergerissen zwischen den Kulturen und Kontinenten war es ihm selbst nicht möglich, einen Entschluss zu fassen. Ausschlaggebend für seine Entscheidung, nach Kenia zurückzukehren, war schließlich eine Geschichte, die ihm ein Mitglied des Ältestenrats eines Abends am Lagerfeuer erzählte: Vor vielen Jahren gab es einen großen Krieg zwischen den Stämmen. Der eine Stamm sandte ständig Späher aus, damit die Feinde keinen Überraschungsangriff landen konnten. Eines Tages kam, was kommen musste – die Späher eilten ins Dorf riefen: „Sie kommen! Es sind viele Krieger! In einer halben Stunde sind sie hier! Wir müssen fliehen!" Alle packten in Windeseile das Nötigste zusammen und machten sich bereit zum Aufbruch. Doch zwei Männer blieben auf dem Dorfplatz zurück – sie machten keinerlei Anstalten, ihr Hab und Gut zusammenzusuchen: ein Blinder und ein Mann, der

ohne Beine geboren wurde. Der Führer des Stammes kam zu ihnen und erklärte ihnen, was sie längst wussten: „Wir müssen laufen. Wir müssen schnell sein, um mit unseren Frauen und Kindern zu überleben. Wir müssen euch zurücklassen."

Der Stamm brach auf, und die beiden warteten auf den sicheren Tod. Doch nach ein paar Minuten bemerkte der Blinde: „Ich bin ein sehr starker Mann, aber ich kann nicht sehen." Der andere erwiderte: „Ich kann bis ans Ende der Welt schauen, aber das hilft mir nicht, wenn ich den Feinden ins Auge blicke." Daraufhin ging der Blinde in die Knie und forderte den Mann ohne Beine auf, auf seine Schultern zu klettern. Sie liefen gemeinsam los und folgten den Fußspuren der Dorfbewohner, und als sie sie gefunden hatten, zogen sie an ihnen vorbei. Der Stammesälteste schwieg einen Moment, dann fuhr er fort: „Joseph, du hast eine amerikanische Ausbildung und ein gutes Leben, und dein Leben gehört dir allein. Wir möchten, dass du unsere Augen bist. Wir geben dir die Beine. Wir laufen los – und du führst uns. Wie wirst du dich entscheiden?"

Der Löwe wohnt in deinem Herzen

Den Alltag seines jungen Lebens hat der Massai Joseph Lekuton in seinem Buch „Facing the Lion" eindrucksvoll beschrieben. Wenn Sie es lesen, werden Sie nach dem Zuklappen feststellen, dass es auch in Ihrem Leben, in Ihrem Unternehmen und in Ihrer Familie Momente und Situationen gab, wo Sie einem Löwen gegenüberstanden. Auch Sie mussten in solchen Momenten Entscheidungen treffen, die die Weichen für Ihre Zukunft gestellt haben. Auf der Straße des Erfolgs müssen wir alle tagtäglich Hürden überwinden. Unser Selbstbewusstsein lässt uns dabei den nötigen Anlauf nehmen. Der Gedanke an

das, was wir nicht für uns, sondern für andere leisten, gibt uns die Kraft für den Absprung. Laufen Sie los – und halten Sie die Augen offen, damit Sie Chancen nicht verpassen. Bewahren Sie sich die Fähigkeit, Zeichen zu erkennen und dadurch auch die nicht so offensichtlichen Lösungen zu finden. Auch wenn andere das gleiche Ziel haben wie Sie: Bündeln Sie Kräfte und seien Sie schneller. Seien Sie mutig. Und seien Sie vor allem gut zu Ihren Kindern: Sie zeigen Ihnen nicht nur, wie man im Regen tanzt. Sie zeigen Ihnen auch, wie wunderschön Wachstum sein kann.

Willkommen im Abenteuerland oder: Wie alles begann

Ein deutsches Sprichwort sagt: „Wenn einer eine Reise tut, so kann er was erzählen." Einige Anekdoten aus meinem Reisetagebuch möchte ich zum Abschluss mit Ihnen teilen. So können Sie die Gefühle mit mir teilen, die mich in den ersten Wochen in der neuen Welt heimgesucht haben.

Das erste Mal vergisst du nie

Als ich Deutschland zum ersten Mal sah, saß ich in einem Flugzeug und blickte während des Landeanflugs aus dem Fenster. Dass ich in einer fremden Welt landen würde, war mir erst wirklich bewusst, als ich die Bäume, Häuser und Straßen unter mir sah: Dort standen sie, in Reih und Glied, organisiert wie Soldaten beim Morgenappell. Exakte Abstände und Winkel wie im Kubismus offenbarten einen Blick in das Herz des Perfektionismus. Das Fremde machte mir damals auch ein wenig Angst, doch eins war mir in dem Moment klar: Das Flugzeug wird dort unten irgendwo landen. Es gibt kein Zurück.

Guten Appetit!

Zurück wollte ich auch gar nicht. Dieser Entschluss stand für mich fest, als ich am nächsten Morgen am Frühstückstisch meiner Gastfamilie saß. Ich blickte minutenlang erwartungsvoll aus dem Fenster und wartete artig auf die vielen Gäste. Doch es kam niemand: Der reich gedeckte Tisch war für uns fünf allein!

Selbst Busse sind anders

Als ich ein paar Tage später auf den Bus wartete, wartete auf mich bereits die nächste Überraschung: Winken und Lächeln bewegten keinen einzigen Busfahrer zum Anhalten. Irgendwann standen mir die Tränen in den Augen. Merkwürdig, dachte ich, zuhause in Kenia funktioniert das immer prima. Doch hier musste ich erst lernen, dass Bushaltestellen die einzigen Orte sind, wo das Ein- und Aussteigen möglich ist. Ein kenianisches Matatu, ein Sammeltaxi für 15 Personen, ist zwar in der Theorie ebenfalls an die offiziellen Haltestellen gebunden – es hält in der Praxis aber überall dort, wo es für den Passagier Sinn macht und kein Ordnungshüter in Sichtweite ist, der dem Busfahrer gern die Wahl lässt zwischen hoher Strafe und etwas günstigerem Bestechungsgeld. Service und Ordnung sind in Kenia zwei Paar Schuhe. Bei uns werden zudem auf den Bildschirmen in den Bussen nicht Werbung, Nachrichten oder die nächste Haltestelle angezeigt, sondern laute Musikvideos. Discolicht und bunte Dekorationen untermalen das Ganze.

Vertrauen ist wundervoll

Am nächsten Sonntag konnte ich meinen Augen nicht trauen. Wir fuhren zu einem Bauernhof, um Erdbeeren zu kaufen. Ich blickte mich verwirrt um, doch einen Verkäufer suchte ich vergeblich. Das Einzige, was ich fand, war ein Schild mit den Preisen – und eine kleine, offene Schatulle, in die jeder Kunde brav den geforderten Betrag einzahlte und aus der niemand etwas herausnahm. Dass Menschen einander so viel Vertrauen schenkten, war für mich in diesem Moment einfach überwältigend.

Die guten Seiten von Trennung

Dass die Deutschen tatsächlich verrückt sind, offenbarte sich mir nur wenig später: Sie trennen ihren Müll! Kartoffelschalen in die braune Tonne, Kartoffelsack in die schwarze. Sie sehen einander nie mehr wieder. Die Krankheit ist übrigens ansteckend: Heute bin ich genauso verrückt. Manchmal sortiere ich die Kartoffelschalen schon nach Größe. Wer weiß, vielleicht ist das ja irgendwann die nächste Stufe.

Reisen bildet

Einen wahren Schock erlebte ich bei meiner ersten Zugfahrt: „Schwarzfahren ist verboten!", mahnte ein Schild in großen Buchstaben. Ich blickte mich ängstlich im Großraumwagen um, und tatsächlich: Ich war die einzige Schwarze. Meine Nervosität war mir wohl deutlich anzusehen, denn alle Blicke waren auf mich gerichtet, als der Schaffner sich vor mir aufbaute und fragte: „Hier noch jemand zugestiegen?" Ich zog mein Ticket aus der Tasche. Ein Raunen ging durch die Menge, und ich war wieder Herr über die Situation.

Die Europäer haben die Uhr – Teil 2

In Deutschland sind nicht nur die Busse pünktlich, sondern auch die Menschen. Eine echte Zeitumstellung für jemanden, der aus einem Hakuna-matata-keine-Sorge-Land stammt. Ein Sprichwort bei uns lautet „Haraka haraka haina baraka". Übersetzt heißt das „Hurry, hurry has no blessing" oder auch „Eile bringt keinen Segen". Meine erste Verabredung musste lange auf mich warten. Ich entschuldigte mich mit den Worten: „Nächstes Mal verlasse ich das Haus bereits am Abend vorher." Beruflich habe ich mir Pünktlichkeit ins Pflichtenheft geschrieben; privat behält manchmal leider immer noch der Afrikaner in mir die Oberhand.

AUF DEN PUNKT

In Deutschland kommt man im Gespräch schnell zur Sache. In Kenia erkundigt man sich erst einmal gegenseitig nach dem Wohlbefinden der Familie. Das schließt alle ein: Großeltern, Urgroßeltern, Cousins und Cousinen, alle Onkel und Tanten. Selbst Hunde und Katzen finden Erwähnung. Auf den Punkt kommt man hier im täglichen Miteinander überall. Fragt man in Kenia nach dem Weg, zeigt der Gefragte in die grobe Richtung und lächelt. Hier in Deutschland wird metergenau erklärt, wo man abbiegen muss und welche Orientierungspunkte sich fürs Einprägen des Streckenverlaufs anbieten. Die Präzision erstreckt sich auch auf die Regeltreue: Erwachsene halten an roten Ampeln, um ihren Kindern Vorbild zu sein. Die Leute gehen auf dem Bürgersteig, die Fahrräder fahren auf dem Radweg. Niemand verlässt dabei sein gesetzlich zugewiesenes Revier. Abfall sucht man auf den Straßen vergeblich. Mülleimer bis zum Horizont, soweit das Auge blicken kann. Deutschland glänzt.

ESSEN IST ARBEIT

Zwei Tage Weihnachten in Kenia sind schon anstrengend. Hier muss ich drei Tage feiern, die sechs Wochen Vorfreude in den Schaufenstern nicht mitgerechnet. Doch der Gipfel des Genusses erwartete mich bei einem Fest auf einem Bauernhof: Nichts gegen leckeres Grillgut, aber Spanferkel, ein ganzes Schwein am Spieß, war für mich eine eher bizarre Erfahrung, von der ich meinen Blick stundenlang nicht lösen konnte. Das Highlight auf meiner bisherigen kulinarischen Reise.

RASSISMUS STECKT NOCH IN DEN KINDERSCHUHEN

Rassismus und Diskriminierung gibt es in vielen Formen: direkt und indirekt, latent und heftig. In ihnen allen schon einmal begegnet. Zwischen Weghören und Protest bewegen sich meine Reaktionen. Meistens bin ich aber „Hakuna matata". Ich bin schwarz und empfinde das Wort nicht als Herabwürdigung. Als Adjektiv mit Tiernamen hat es in meinen Ohren allerdings eine andere Bedeutung. Dummheit kann ich entschuldigen, aber wenn Kinder mich beleidigen und Eltern nicht einschreiten, platzt mir der Kragen, denn Kinder können noch lernen. Sonst sind es die Steine- und Brandbombenwerfer von morgen. Ich fordere keine Sonderbehandlung. Wie jeder andere möchte ich nur mit Respekt behandelt werden. Auch wenn ich eine schwarze Frau und keine rote Ampel bin.

Diskriminierung ist kein deutsches Problem, auch wenn Hakenkreuzschmierereien das suggerieren mögen. Diskriminierung gibt es überall, auch in Kenia. Wo 40 Stämme miteinander konkurrieren, ist das Zusammenleben nicht selten ein Ritt auf der Rasierklinge. Hoffen wir in beiden meiner Heimatländer auf Besserung.

Ein Thor ist,
wer nicht gut verkauft!

Thore Friedrichs

In völliger Dunkelheit stehe ich auf der Bühne. Nichts ist zu sehen, kein Laut ist zu hören. Ich bin mir meiner selbst bewusster denn je. Meine Hände schwitzen leicht, doch nicht sehr. Tiefe Atemzüge dehnen meinen Brustkorb. Ich stehe gerade und aufrecht. Vor mir im Saal, noch unsichtbar, beinahe 1.000 Menschen. Hinter mir Daniela Ben Said. Alle warten darauf zu hören, was ich zu sagen habe. Ein unbeschreibliches Gefühl! Adrenalin durchströmt mich, ich bin aufgeregt. Und gleichzeitig so selbstsicher, so stark, ich fühle mich wohl. Ich bin genau dort, wo ich immer sein wollte.
Spotlight an! Der Lichtkegel des Scheinwerfers erfasst mich und lässt mich für die Augen des Publikums strahlen. Applaus brandet auf, Applaus von 1.000 Menschen. Gänsehaut. Dann beginne ich zu sprechen. Eine Stunde wird mein Vortrag dauern. Das Thema: Verkauf und Kommunikation. Genau mein Thema, genau mein Ding.

Thore Friedrichs ist ein Ausnahmetalent. Mit seinen 27 Jahren und 1,97 Metern Körpergröße steht er heute mitten im Leben. Er hat sich einen Platz erkämpft, den zu erreichen ihm niemand zugetraut hätte. Und das zu Recht.

Denn früher besuchte Thore eine Sprachschule, weil er sich nicht ausdrücken konnte. Einfache Satzbildungen überforderten ihn. Heute hält er selbst Schulungen über Kommunikation. Er arbeitet für die erfolgreiche Unternehmensberaterin und Psychologin Daniela Ben Said. Sie ist Coach für Kommunikation und wurde zur Best Female Speaker 2014 gewählt.

Wie ist das möglich? Wie kann jemand, der nur knapp einen Hauptschulabschluss erlangt hat, heute vor 1.000 Zuhörern stehen und Vorträge halten, die begeistern, die mitreißen? Thore selbst sagt dazu, dass wir Menschen immer wieder vor der Entscheidung stehen: Aufgeben oder kämpfen? Oft machen wir uns diese Momente gar nicht bewusst, das Leben nimmt uns einfach mit, wie ein Stöckchen, das von einem Fluss davon getragen wird. Wir folgen dem Strom, denken nicht viel über unsere Taten nach, geschweige denn reflektieren unser Verhalten. Uns fehlt ganz einfach die Motivation. Doch wie der Lügenbaron Münchhausen, der sich selbst an den Haaren aus einem Sumpf gezogen hat, hat Thore sich selbst motiviert. Er hat sich Ziele gesetzt und dafür gekämpft. Er hat nicht aufgegeben. Auch nicht, als das Leben scheinbar zu viel von ihm verlangte.

SCHICKSALSSCHLÄGE

Geboren ist Thore Friedrichs in Oldenburg, Niedersachsen, 1988. Als Jüngster von drei Geschwistern wuchs er in einer Siedlung am Stadtrand auf. Der Vater war selbstständig als Druckermeister, die Mutter Hausfrau. Bereits in der Grundschule begann die Sprachschule. Am Ende der Orientierungsstufe, also nach sechs Schuljahren, erhielt Thore von seinen Lehrern und Lehrerinnen nur eine eingeschränkte Hauptschulempfehlung. Mit drei Fünfen auf dem Abschlusszeugnis der neunten Klasse sah seine Zukunft nicht gerade rosig aus. Doch irgendetwas musste der damals 16-Jährige mit seiner Zeit schließlich anfangen und bewarb sich auf einer berufsbildenden Schule. Schwerpunkt Sozialpflege. Interessierter wäre er an einer wirtschaftlichen Schule gewesen, doch von dort kam natürlich eine Absage. Die zehnte Klasse musste er wegen nicht ausreichender Leistung und vieler Fehltage direkt wiederholen. Soviel zu seiner Schulbildung. Bis dahin war Thores Karriere nicht gerade vorbildlich.

2003 kam der mit Gewalt dröhnende Hammerschlag, der Thore endgültig aus der Bahn warf: Montagmittag, Schulschluss. Wann sind endlich Ferien? Erst mal ab nach Hause. Wenn Joschis

Praktikum doch noch eine Woche länger dauern würde, dann wäre mein bester Kumpel gleich auch da. Witzig, dass er sich grade Papas Druckerei als Betrieb ausgesucht hat. Jetzt werden nur Sören und Mama da sein, meine Schwester macht ihre Ausbildung, Papa ist auf der Arbeit. Langweilig. Papa... Das war echt kross, gestern. Ich habe versucht, nicht weiter drüber nachzudenken, aber jetzt schwirren mir die Bilder wieder im Kopf herum. Dieses Geräusch. Dieses ekelerregende Geräusch einer knisternden Plastiktüte. Was, wenn ich nicht zufällig an seinem Schlafzimmer vorbei gegangen wäre? Nur weil ich auf einmal Durst hatte... Und dann sitzt er da, einfach so die Tüte über dem Kopf, will sie gerade zukleben. Was denkt er sich eigentlich dabei? Hätte er sie alleine wieder abbekommen? Man muss doch Panik kriegen ohne Luft. Er hat drei Kinder, verdammt. Mama geht es sowieso schon nicht gut, was hat er sich nur dabei gedacht? Ich kann es nicht glauben!

Es war richtig, dass ich ihn angeschrien habe. Papa, spinnst du? Was machst du denn da? Ich habe sie ihm abgenommen, dabei mit meinen Fingern sein ergrautes Haar berührt. Und er saß nur da... Dann diese scheinheilige Entschuldigung gestern Abend. Mama hat geweint, als ich zu ihr gegangen bin. Und dann hat sie wohl mit ihm geredet. Er kam ins Wohnzimmer, stand an der Tür. Meinte, das wäre blöd von ihm gewesen. Das war es auch schon. Das war alles, mehr hat er nicht gesagt. Wollte er sich wirklich umbringen? Wieso musste ich ihm hinterhergucken, als er ging? Da war so ein Drang in mir, ich sehe es vor mir, wie er auf den Flur verschwand. Sören hat gar nicht reagiert. Mein großer Bruder war wie versteinert. Mama hat die ganze Zeit nur auf ihre Hände gestarrt. Hat kein Wort gesagt.

Noch zwei Straßen, dann bin ich da. Ich hab Hunger. Hoffentlich gibt es Nudeln. Es wird langsam wärmer. Noch ein paar Wochen, dann sind Ferien. Hoffentlich ist am Wochenende irgendwo Party. Eine ganze Woche Schule jetzt, verdammt, kein Bock. Morgen Doppelstunde Mathe.

Was ist da denn los? Fünf Autos stehen vor unserem Haus. Das ist nicht richtig. Scheiße. Ich weiß es sofort. Ich habe keinen Vater mehr.

Am liebsten würde ich wegrennen. Einfach umdrehen. Nie mehr nach Hause gehen. Aber meine Beine bewegen sich vorwärts. Gehen einfach weiter. Ich komme dem Haus immer näher.

Mein Finger drückt wie von selbst auf den Klingelknopf. Ich kann es nicht mehr verhindern, es ist zu spät, laut hallt das schneidende Geräusch drinnen durch die Wohnung. Mama macht die Tür auf. Sie weint. Ich wusste es. So habe ich sie noch nie weinen sehen, in ihrem Gesicht ist ein Ausdruck... Ich kann ihn nicht beschreiben. Schock, Entsetzen, Trauer, Unverständnis, Unglaube. Sie sagt zu mir: „Papa ist von der Huntebrücke gesprungen."

Es reißt mir den Boden unter den Füßen weg. Papa, mein Papa. Gesprungen? Tot? Selbstmord? Für immer? Und ich? Ich sehe ihn vor mir. Sehe, wie er gestern durch die Tür gegangen ist, wie er im Flur verschwand. Das war das letzte Mal, dass ich ihn

gesehen habe. Wie kann das sein? Wir haben uns doch immer so gut verstanden. Er hat mit mir Handball gespielt, stundenlang. Er hat mich immer voll unterstützt. Wir haben im Garten Fußball gespielt. Werden wir das jetzt nie wieder? Ich glaube es nicht, das übersteigt alles, das übersteigt meine Vorstellungskraft. Ich kann das nicht. Wie oft habe ich in seiner Band geholfen, ich durfte Tamburin spielen. Wie stolz ich war! Wie stolz er war. Oder nicht? War das alles nur gespielt? Nur eine vorgeschobene Fassade? Wie konnte er nur? Ist das heute wirklich passiert? Ein Albtraum vielleicht? Aber ich weiß, dass es stimmt. Ich sehe ihn vor mir mit der Plastiktüte über dem Kopf. Was passiert, wenn man von einer Brücke springt? Das Wasser ist hart, oder? Sehr hart, glaube ich.

Ich stehe immer noch in der Tür. Ein Ruf holt mich in die Realität zurück. Realität? Mama dreht sich um. Da sind Leute in unserer Wohnung. Viele Leute. Oh nein, die Verwandtschaft. Ich werfe einen kurzen Blick ins Wohnzimmer, alle sind da, Onkel, Tanten, alle. Da will ich nicht hin, soviel weiß ich. Ich renne die Treppe auf, renne ich? Gehe ich? Ich kann es nicht einmal genau sagen. Auf einmal bin ich oben. Klopfe an Sörens Tür, gehe in sein Zimmer, auch er hält den Trubel jetzt nicht aus.

Aber er sagt nicht viel. Redet nicht, sitzt am Computer. Versteinert, so wie gestern. Ich muss hier raus. Ich laufe nach unten, schnappe mir mein Rad und fahre zu einem Kumpel. Auch er sitzt am Computer. Spielt Ballerspiele. Ich sage zu seinem Rücken: „Mein Vater hat sich umgebracht." „Oh. Verdammt." Das ist alles. Was erwarte ich auch, er ist erst 15. So wie ich. Was soll er schon tun oder sagen, dass alles ungeschehen macht? Es wird nie mehr so werden wie früher. Nach einer Weile fahre ich wieder.

Die nächsten Tage vergehen, irgendwie. Auf einmal sind sie rum. Was habe ich gemacht, was habe ich gedacht? Ich war wie in dicke Watte gepackt. Dann kam die Beerdigung. Eigentlich wollte ich nicht hin.

Was soll ich da? Wo mich alle mitleidig angucken? Und weinen, weil Papa nicht mehr da ist. Danke nochmal. Danke, Papa. Lass mich ruhig allein, lass mich im Stich. Macht ja nichts.

Blöde Beerdigung. Wir durften Papa nicht noch einmal sehen, bevor er in den Sarg kam. Es war kein schöner Anblick, sagten sie. Ja, eine Wasseroberfläche ist wirklich hart, das weiß ich jetzt. Hart wie Stein.

Geweint habe ich nicht. Ich konnte nicht, ich wollte nicht. Ich habe es jedenfalls nicht. Mehr gibt es dazu auch nicht zu sagen.

Zwei Wochen war ich nicht in der Schule. Morgen muss ich wieder hin. Ich will nicht. Ich schäme mich so. Wie soll ich den Leuten unter die Augen treten? Wenn ich auf dem Fahrrad durch die Straßen fahre, merke ich schon, wie sich alle nach mir umdrehen. Siehst du, das ist der Junge, dessen Vater sich umgebracht hat. Es ist mir wirklich peinlich. Klar, ich kann nichts dafür, aber kann ich wirklich nichts dafür? Hätte er nicht wegen mir noch einen Sinn im Leben sehen müssen? Und morgen werden mich alle anstarren, die Mädchen heulen vielleicht sogar. Bloß nicht. Und auf blöde Sprüche habe ich auch keinen Bock. Aber nützt ja alles nichts, da muss ich durch.

Am nächsten Tag komme ich absichtlich zu spät, damit ich mich vor dem Unterricht nicht noch ausfragen lassen muss. Ich platze mitten in einen Mathetest. Meine Lehrerin bietet mir an, ich könne jederzeit gehen, wenn es mir zu viel wird, alle sind sehr nett. Aber das will ich nicht. Ich lächle und sage: „Alles ist gut. Alles ist gut." Das sollte in den nächsten Tagen mein Leitsatz werden. Jedem lächle ich ins Gesicht, will das Thema nicht vertiefen, will es vergessen. Ich packe alles in eine große Truhe, mache den Deckel zu und verschließe sie mit einem riesigen Vorhängeschloss. Ich könnte vor Scham im Boden versinken. Alle Jungs haben meinen Vater bewundert, er war ihr Vorbild, genauso wie meins. Jetzt habe ich keins mehr. Vaterfigur? Jemand, dem man nacheifern kann? Kenne ich nicht mehr. Ich bin allein, kann mit niemandem reden. Mama kommt nicht damit klar, ich bin so ziemlich auf mich allein gestellt zuhause. Mit meinen Freunden spreche ich nicht darüber. Ich versuche sogar, nicht mehr daran zu denken.

Das sollte auch noch einige Jahre so bleiben. Die Scham war überwältigend. Dann erst kam die Wut dazu. Ganz oft habe ich mit dem Finger in den Himmel gezeigt und gesagt „Danke Papa. Wärst du jetzt noch hier, wäre das alles nicht passiert. Wärst du bei mir geblieben, was hätte ich dann bis jetzt alles schon erreichen können?"

Viele Male habe ich nach oben geschaut und gesagt: „Wegen dir habe ich nichts erreicht!"

Das war damals. Und heute?

THORES PERSÖNLICHER TIPP

Wenn man Thore heute fragt, was er aus den Ereignissen im Frühling 2003 gelernt hat, antwortet er:

Zeig nie mit dem Finger auf andere Menschen, denn jeder Mensch ist für sein Leben selbst verantwortlich. Es bringt nichts, immer nur Anderen die Schuld dafür zu geben, wenn nicht alles so läuft, wie man es sich wünscht. Jeder Mensch muss sein Schicksal selbst in die Hand nehmen.

Schicksalsschläge tief in seinem Inneren zu vergraben, hat keinen Sinn. Man muss schlimme Situationen direkt angehen, um sie zu bewältigen. Von alleine lösen sie sich nicht. So sehr man es auch hoffen mag. Also setze Folgendes um:

1. Sprich Themen, die Dich beschäftigen an. Im Zweifel suche Dir einen Coach!

2. Erkenne, dass der Mensch, den DU im Spiegel siehst, der ist, der Dein Leben verändern kann!

3. Du hast alle Ressourcen in Dir. Frage Dich immer: Wofür war dieses Ereignis jetzt gut für mich? – Egal wie schwer es ist: ich habe aus der Situation damals gelernt, wie stark ich bin und das ich mich auf meine Stärken verlassen kann!

DER WEG NACH OBEN

Als sein Vater starb, war Thore schon lange Handballer mit Leib und Seele. Unter anderem war es dieser Sport, der ihn rettete. Das Team hielt zusammen und erreichte einiges. Die Mannschaft wurde zur Mannschaft des Jahres im Landkreis Weser-Ems gewählt und spielte in der höchsten Liga des Jugendbereichs. Dreimal in der Woche trainierten sie für mehrere Stunden. Und ernteten den Erfolg für ihre Mühen. Erfolg war etwas, das Thore bis dahin gar nicht kannte. Durch seine sprachlichen Defizite war seine Ausdrucksmöglichkeit gehemmt. Seine Freude an Partys und Freizeit mit Freunden überstieg in der Pubertät stets sein Interesse für schulische Belange. Schlechte Noten häuften sich, das Gefühl des Versagens prägte sich ein. Abhängen ist doch so viel leichter, als kämpfen. Lange sah es so aus, als wäre Thore ein Aufgeber und kein Kämpfer. Wenn für beide Seiten ein Stein in einer Waagschale gelegen hätte, hätte das Kämpfen nicht viel Gewicht gehabt.

Doch dann hatte Thore eines Tages ein wahres Schlüsselerlebnis, als sein Trainer wieder einmal unzufrieden mit seinem Einsatz war. Er sagte zu ihm: „Thore, ich sehe dich schon in ein paar Jahren Pfandflaschen im Park einsammeln." Das hat gesessen. Ob es das Bild war, von sich selbst als verlorene Existenz im Dämmerlicht eines schwach be-

leuchteten Stadtparks, oder die Intensität und Enttäuschung in der Stimme des Trainers. Auf jeden Fall wachte Thore auf. Das wollte er nicht. So sollte seine Zukunft nicht aussehen! Und er musste sich eingestehen, viele Möglichkeiten zeigte sein Leben ihm zu diesem Zeitpunkt in der Tat nicht auf. Da war dieser vorgezeichnete Weg vor ihm, der immer nur weiter in dieselbe Richtung führte. Bergab. Doch was war das, gabelte sich der Weg nicht dahinten? Hatte er nicht vielleicht doch die Wahl, sich anders zu entscheiden? Neu zu überlegen?

Die zehnte Klasse der BBS für Sozialpflege hatte er nicht geschafft, man ließ ihn nicht wiederholen, weil es statistisch ganze 95% der wiederholenden Schüler und Schülerinnen auch beim zweiten Versuch nicht schafften. Die Sommerferien neigten sich dem Ende zu und ein Freund fragte Thore: „Was machst du denn jetzt so? Bist du jetzt Beschäftigungsloser oder wie man das so schön sagt?" Diese Aussage bewegte Thore dazu, bei seinem Schulleiter anzurufen und das erste Mal in seinem Leben richtig Werbung für sich zu machen. Er überzeugte ihn, ihm eine Chance zu geben und durfte wiederholen. Zwei Jahre Kochen und Backen, Basteln und ein paar Schulfächer wie Deutsch, Politik und Sport standen auf dem Programm. Und Thore bestand. Er erlangte seinen Realschulabschluss und hatte tatsächlich gute Noten!

Auf die richtige Motivation kam es an. In ihm selbst musste ein Same zu einer Pflanze wachsen, die stärker und kräftiger wird und den Widrigkeiten des Lebens standhält. Die Idee, dass er doch zu etwas taugte, keimte in ihm heran und blühte auf. Schön waren sie nicht diese zwei Jahre, doch es hat sich gelohnt, nicht aufzugeben und sich durchzubeißen.

Im Jahr 2007 wurde Thore ein Ausbildungsplatz als Sport- und Fitnesskaufmann angeboten und der Grundstein für seine Karriere war gesetzt. Doch das allein hätte nicht ausgereicht, um aus dem jungen Mann von damals den heute so standfesten, erfolgreichen Redner und Verkäufer zu machen. Hätte er nie mehr als nur gerade eben die erwartete Leistung gebracht, sich nicht so in die Arbeit hineingekniet, wäre er niemals so weit gekommen. Aber eine Kraft ist in ihm erwacht, die ihn zu Höchstleistungen anspornte. Jetzt wollte er es wissen. Wie weit kann ich gehen, wie weit kann ich kommen? Sogar an den Wochenenden arbeitete Thore und gab alles. Sein Chef erkannte sein Potenzial und stärkte ihm den Rücken. Er durfte sich im Verkauf ausprobieren und erkannte dort schnell selbst seine Stärken. Nach erstaunlich kurzer Zeit absolvierte er den Trainerschein und ergriff Chance um Chance.

Nach der Ausbildung - niemand brauchte zu diesem Zeitpunkt noch zu erwähnen, dass er sie mit Bravour abschloss, denn von dem alten unmotivierten Thore war nicht mehr viel zu erkennen - wurde ihm im Ausbildungsbetrieb eine Stelle angeboten. Doch Thore war nun auf der Überholspur und nicht mehr zu bremsen! Er wollte mehr.

Er bewarb sich bei einem europaweit erfolgreichen Verkaufstrainer. Das Schicksal war ihm wohlgesonnen, wieder traf Thore auf einen Mann, der sein Potenzial erkannte und ihm etwas zutraute.

Noch am Tag seines Vorstellungsgespräches unterschrieb Thore seinen ersten Arbeitsvertrag als Berater und Trainer in einem der erfolgreichsten Fitnessclubs Deutschlands. Dort arbeitete er mehrere Jahre, präsentierte sich sehr gut und durchlief einige Schulungen. Unter anderem in Rhetorik. Was als Kind unmöglich schien, wurde nun zu einer seiner größten Kompetenzen. Das Spielen mit Sprache wurde zu seinem Beruf, obwohl ihm doch früher schon die einfachsten Satzbauten Schwierigkeiten bereiteten. Ein Hauptbereich war das Verkaufsgespräch. Der Umgang mit Kunden gelang Thore spielerisch, er überzeugte und verkaufte wie ein Weltmeister. Es war als wäre ein Schalter in seinem Inneren umgelegt worden! Auf einmal wurde aus dem Sorgenkind von früher ein Vorbild für andere.

THORES PERSÖNLICHER TIPP

Wenn Du etwas erreichen willst, dann musst Du alles geben! Lass Dir von niemandem einreden, dass Du etwas nicht kannst. Du musst für Deine Ziele kämpfen. Mit der richtigen Motivation kann jeder erfolgreich sein! Sogar, wenn er nicht die besten Voraussetzungen hat. Also setze Folgendes um:

1. Schreibe Dir auf, was Du erreichen willst.

2. Notiere, warum Du es erreiche willst, woran Du erkennst, dass Du es erreicht hast und wie Du Dich fühlst, wenn Du Dein Ziel erreicht hast.

3. Halte Dir Dein Ziel jeden Tag vor Augen und wenn Plan A nicht funktioniert – dann ändere nicht Dein Ziel in Ziel B, sondern ändere Plan A in Plan B!

BEGEISTERUNG VERKAUFT

Das Leben im Fitnesscenter gefiel Thore. Es bereitete ihm beruflich viel Spaß und auch privat knüpfte er viele Kontakte. Dennoch hatte er nach drei Jahren das Gefühl, dass es noch weiter gehen könnte. Er könnte doch noch mehr erreichen und in seinem jungen Alter den Bereich auch noch einmal wechseln. Warum sollte es ewig so weitergehen?

Er ging nach Nürnberg, um dort für eine große Firma aus der Unternehmensberatungsbranche zu arbeiten. Er wollte sein Gelerntes auch an andere weitergeben, statt es Tag für Tag einfach nur anzuwenden. So zog er also erstmals viele hundert Kilometer von seinem Heimatort entfernt in eine Großstadt. Er war mutig, er war frei, er war erwachsen geworden. Und die Entscheidung hatte sich gelohnt: Nach nur einer Woche wurde er zum Schulungsreferenten und hielt nun Vorträge vor bis zu 60 Personen. Der Junge, der beinahe keinen Schulabschluss geschafft hätte, erhielt nun Feedbacks von „sehr gut" bis „phänomenal". Niemand hatte ihm damals so viel zugetraut!

Geschafft hatte er es wohl auch aus dem Grund, dass er seine Arbeit liebte. Er brannte für das, was er tat. Seine Motivation war enorm. Und genau das ist es, was er weitergeben will: Begeisterung! Er sagt selbst von sich, dass er in den Menschen aus kleinen Flämmchen wahre Feuerwerke der Begeisterung entfachen will. Er reißt die Leute mit, seine Power ist ansteckend. Und er weiß wie es ist, all diese positiven Gefühle nicht spüren zu können. Häufig musste er an eine Zeile eines bestimmten Liedes von Kool Savas denken, in der es heißt: „Wär' ich unten nicht gewesen, wär' ich heut' nicht, wer ich bin." Durch diese Empathie, die er seinen Zuhörern entgegen bringen kann, gewinnt er zu Recht ihre Aufmerksamkeit und ihr Vertrauen. Innerhalb eines Jahres begeisterte Thore Friedrichs über 50 Fitnessclubs in Deutschland, Österreich und

der Schweiz. Dafür fuhr er weit mehr als 100.000 Kilometer, kein Weg war ihm zu weit.

Es zeigte sich schnell, Begeisterung verkauft sich. Thore war erfolgreich: Die Abschlussquoten der von ihm geschulten Verkäufer lagen vor seiner Arbeit mit ihnen im Durchschnitt etwa bei 30-40%. Nach den Schulungen konnten sie im Höchstfall auf bis zu 90% klettern. Mindestens waren es 70%. Inhalt seiner Arbeit waren Themen wie die Bedarfsanalyse. Z.B. referierte er darüber, welche Fragen Verkäufer ihren Kunden stellen sollten, die unterschiedliche Wünsche haben, wie Abnehmen oder die Rückenmuskulatur zu stärken. Am häufigsten setzt Thore bei der Angebotspräsentation ein, denn er sagt, dass die meisten Verkäufer bis zu diesem Punkt alles richtig machen und dann schwächeln, wenn es um den Preis geht. Sie stünden nicht hinter dem, was sie verkaufen, fangen an, schneller zu sprechen und versäumen es, eine Abschlussfrage zu stellen. Diese könnte lauten: „Mit welcher Laufzeit möchten sie starten? Zwölf oder doch lieber 24 Monate?" Wird eine solche Frage nicht gestellt, nachdem das Angebot präsentiert wurde, antworten die Interessenten häufig mit: „Ich muss mir das noch einmal überlegen. Ich melde mich wieder bei Ihnen." In diesem Fall kommt es selten zu einem Verkaufserfolg.

Fehlende Begeisterung sieht Thore häufig bei Verkäufern, die nicht hinter dem Produkt stehen, das sie verkaufen wollen oder selbst unglaubwürdig in ihrem Auftreten sind. Ein übergewichtiger Mensch wirkt wenig überzeugend, wenn er für ein Abnehmprogramm wirbt. Jemand, der einen Mercedes fährt, kann nicht gut für BMW verkaufen. Findet der Verkäufer das von ihm angebotene Produkt zu teuer, wird es ihm schwer fallen, guten Gewissens dafür zu propagieren. Thores Begeisterung für seine eigene Arbeit stieg, als er die gesteigerte Kundenzufriedenheit bemerkte, wenn sie erfolgreich ihr

Trainingsprogramm durchlaufen hatten und sich danach glücklich im Spiegel betrachteten.

Doch die wohl größte Gefahr für einen Verkäufer lauert in seinem Gedankengut. Geht er nämlich schon pessimistisch an den Verkauf heran und denkt im Stillen: „Der Kunde wird heute sowieso nicht kaufen. Bestimmte Gründe sprechen dagegen, er wird es nicht tun." Dann sinkt in diesem Moment automatisch sein Enthusiasmus und seine Über-

zeugung bröckelt dahin. Bitte DENKEN SIE NIEMALS FÜR DEN KUNDEN! Auch, wenn Sie meinen, bestimmte Anzeichen im Verhalten des Kunden zu erkennen, ein leichtes Zögern beispielsweise, ein schräg gelegter Kopf. Bleiben Sie am Ball. Geben Sie nicht auf, Sie könnten sich täuschen. Setzen Sie sich stets bis zum Schluss für den Erfolg Ihres Verkaufsgesprächs ein. Sie werden erstaunt sein wie viel Ihre Haltung ausmacht.

THORES PERSÖNLICHER TIPP

Man muss hinter dem Produkt stehen, das man verkauft. Dann fällt es ungemein leichter, den Kunden schnell und gezielt zu einer Entscheidung zu führen. Auf die Angebotspräsentation sollte unbedingt eine Abschlussfrage folgen. Also setze Folgendes um:

1. Wenn Dein Produkt nicht 100% für Dich in Ordnung ist, sprich Deinen Chef oder Kollegen an und lass Dich von ihnen überzeugen. Du wirst sonst eh nicht verkaufen können!

2. Erfolg macht erfolgreich. Erfolgreiches Auftreten macht erfolgreich. Denke also nie für den Kunden und gehe an jeden Verkauf positiv heran.

3. Notiere Dir nach jedem Kundengespräch Fragen und Informationen, die Du erhalten hast.

4. Schreibe Dir jeden Tag Deine Erfolgserlebnisse im Verkauf auf. Mache Dir ein eigenes Verkaufs-Erfolgs-Journal!

VERKAUFSERFOLGE

Im Wald herrscht große Aufregung! Es geht das Gerücht herum, dass der Bär eine Todesliste geschrieben hat. Doch niemand weiß, wessen Namen dort stehen. Als er die Spannung nicht mehr aushält, geht der Hirsch zum Bären und fragt: „Du Bär, stehe ich auf deiner Todesliste?" „Ja, das tust du."

Zwei Tage später war der Hirsch tot. Die Angst im Wald wird immer größer. Wer steht noch auf der Liste? Schließlich hält es der Keiler nicht mehr aus und geht zu dem Bären, um ihn zu fragen: „Du Bär, stehe ich auf deiner Todesliste?" „Ja, das tust du."

Zwei Tage später war der Keiler tot. Die Angst im Wald schlug in Panik um. Da lief der schlaue Hase zum Bär und fragte ihn. „Du Bär, stehe ich auf deiner Todesliste?" „Ja, das tust du." „Kannst du mich vielleicht streichen?" „Klar, kein Problem."

In dieser deutschen Fabel wird deutlich, wie wichtig das richtige Fragenstellen ist. Ähnlich erging es Thore einmal in seiner Ausbildung, als er mit einer Interessentin arbeitete, die ca. 110 Kilogramm wog. Sie haben sich gut verstanden, alles lief gut, doch zum Schluss fragte er sie: „Und, können Sie sich vorstellen, mit dieser Methode abzunehmen?" Sie sah ihn empört an und erwiderte: „Ich will doch gar nicht abnehmen, bloß meine Rückenmuskulatur stärken." Dieser Fehler ist Thore nur einmal passiert, seither ist ihm klar, wie essentiell es ist, Fragen zu stellen und individuell auf die Antworten einzugehen. Darum folgen einige Tipps, die in beinahe jeder Verkaufsbranche angewendet werden können:

Fachidiot schlägt Käufer tot

Ein erfolgreicher Verkäufer glänzt zu 15% mit Fachwissen, ganze 85% seines Erfolgs machen jedoch nicht seine fachlichen, sondern seine persönlichen Kompetenzen aus. Ein Kunde setzt das Fachwissen des Verkäufers voraus, er möchte es nicht geballt vorgetragen bekommen, schließlich ist er nicht auf einer Museumsführung. Auf zu viele Informationen folgt meistens der Einwand: „Ich muss mir das alles noch einmal überlegen."

Grenzen Sie Ihr Angebot möglichst zugeschnitten auf die Wünsche des Kunden ein. Fragen Sie einen kaufbereiten Interessenten vor Ihrer Angebotspräsentation nach essentiellen Vorgaben. Stellen Sie beispielsweise bei dem Verkauf eines Fernsehers nur diese drei Fragen: „Wieviel Zoll soll der Fernseher haben?", „Soll der Fernseher stehen oder an der Wand befestigt werden?" und „Benötigen Sie einen USB- oder Skat-Anschluss?" – „Dann kann ich Ihnen diese beiden Modelle empfehlen. Ich persönlich würde Ihnen zu diesem raten, weil ich bei diesem Gerät immer nur positive Resonanzen bekommen habe."

Alltagssituation Brötchenkauf

Ohne großartige Erwartungen geht der Kunde morgens zum Bäcker, um für seine Familie ein Frühstück zu kaufen. Er bestellt, bekommt das Gewünschte. Häufig folgt dann die Frage des Verkäu-

fers: „Sonst noch einen Wunsch?" Nein, der Kunde hat keinen weiteren Wunsch.

Bieten Sie ihm von sich aus eine weitere Leckerei an: „Wir haben heute Erdbeertorte im Angebot. Besonders lecker für den Nachmittag. Soll ich Ihnen mal zwei Stücke einpacken?"

Zwei von zehn Kunden werden die Torte kaufen. Nicht, weil sie vorher welche haben wollten, sondern weil die richtige Kommunikation sie überzeugte. Werden Sie zu einer anziehenden Persönlichkeit, machen Sie Ihrem Kunden Ihr Produkt schmackhaft, überzeugen sie mit Sympathiepunkten.

Motivierende Bilder malen

Fragen Sie den Kunden, welche positive Veränderung er durch den Kauf des Produktes erwartet. So kommt er selbst ins Überlegen und spricht sich die Vorteile des Produktes mit seinen eigenen Worten vor. „Blicken wir mal ein Jahr in die Zukunft. Was wird sich denn in Ihrem Leben positiv verändern, wenn Sie dieses Produkt kaufen?"

Je nach Art der Branche und des Produktes kann man einen Hinweis geben: „Werden sie dadurch gesünder?" „Steigt Ihr Selbstbewusstsein dadurch?" „Werden Sie anderen Menschen dadurch helfen?" „Werden Sie dadurch glücklicher?" „Werden Sie dadurch ausgeglichener?" „Werden Sie und Ihre Firma dadurch mehr Geld verdienen?"

Die Antwort sollte in jedem Fall positiv ausfallen, ein „JA" aus ihrem eigenen Mund überzeugt Menschen am meisten.

Wenn es von der Bedarfsanalyse zur Angebotspräsentation übergeht, ist es je nach Produkt und Branche sinnvoll, eine vorläufige Zusage zum Kauf zu bekommen. Passend dazu kann z.B. im Bereich des Fitnessclubs die Frage gestellt werden: „Ich werde Ihnen jetzt die Lösung zeigen, wie Sie Ihr Ziel erreichen. Wenn Sie davon überzeugt und begeistert sind, starten Sie dann?" In diesem Moment brauchen Sie ein „JA" vom Kunden und gehen dann in eine kurze Angebotspräsentation über.

Hier wird nun ein Beispiel für den Abschluss einer Mitgliedschaft in einem Fitnessclub dargestellt: „Was passiert, wenn man ein Haus baut und das Fundament steht nicht?" „Es stürzt ein." „Und genauso ist es beim Training. Aus diesem Grund ist es sehr wichtig, dass wir vor Ihrem ersten Training drei Tests mit Ihnen machen. Zum einen werden wir Ihre Körperwerte ermitteln, zum anderen werden wir sehen wie belastbar Ihr Herz ist. Und jetzt das wichtigste für Sie: Wir werden eine Fett-Stoffwechsel-Messung mit Ihnen machen. Anhand dieser Messung können wir feststellen, mit welchem Trainingspuls Sie bei jeder Trainingseinheit trainieren sollten, um maximal fett zu verbrennen. Denn Sie wollen ja Fett verbrennen, richtig?" „Richtig." „Dafür nehmen wir einmalig 190 Euro." Während dieses Satzes schauen Sie den Kunden nicht an, um auf eine Reaktion zu warten, sondern machen einfach weiter mit der Präsentation! „Diese Tests werden wir alle drei Monate wiederholen, um zu sehen wie Ihre Entwicklung ist. Nach Bedarf werden wir Ihren Trainingsplan optimal anpassen. Dafür nehmen wir im Quartal 24 Euro. Jetzt gibt es zwei Laufzeiten: Einmal zwölf Monate, einmal 24 Monate. Die Mitgliedschaft liegt bei zwölf Monaten bei 74,99 Euro und bei 24 Monaten bei 54,99 Euro. Und jetzt ist meine Frage an Sie: Für welche Laufzeit möchten Sie sich entscheiden? Zwölf oder doch lieber 24 Monate?"

Nur für Profis: Ein leichtes Nicken beim Aussprechen der zweiten Option verstärkt die Entscheidung des Kunden für ebendiese Option.

Nachdem der Verkäufer sein Angebot ausgesprochen hat: Schweigen! Rechtfertigen Sie nichts, lenken Sie nicht ab. Die eigentliche Frage nach der Laufzeit ist nun gestellt, der Kunde bereitet sich auf seine Antwort vor. Sie können nun nichts mehr tun, als abzuwarten.

EINWÄNDE

Für viele Verkäufer das allergrößte Hindernis. Diese Einwände kennen wir alle: „Ich muss mir das noch einmal überlegen." „Ich muss das noch einmal mit meinem Partner besprechen." „Das ist mir zu viel Geld." „Ich möchte mir noch woanders Angebote geben lassen."

Ist der Kunde sich noch nicht sicher und möchte noch eine Nacht über seine Entscheidung schlafen, dann könnte folgender Einwand von Ihnen kommen: „Dass Sie noch überlegen möchten, zeigt mir, dass wir noch nicht alles besprochen haben. Was genau ist es, wo drückt der Schuh?" Nun kommt der wirkliche Einwand des Kunden. Z.B.: „Naja, das ist doch ganz schön teuer..." „Ok. Gibt es sonst noch weitere Einwände?" „Nein, eigentlich nicht." „Werfen wir das Thema Geld mal für einen Moment über Bord. Aus welchem Grund sollten Sie das Produkt kaufen?" Dann kommt der Kunde ins Erzählen und sagt sich selbst, warum er das Produkt kaufen sollte. Zudem fühlt er sich besonders sicher, ernst genommen und gut beraten.

„Sehen Sie, genau deswegen sollten Sie heute dieses Produkt kaufen.' Auf das Thema Geld wird in dieser Einwandbehandlung nicht weiter eingegangen.

Auch wenn der Kunde angibt, noch mit seinem Partner sprechen zu müssen, bevor er sich entscheidet, geht der Verkäufer wie folgt vor: „Ist das der einzige Grund, der Sie davon abhält oder gibt es noch weitere?" Dadurch wird herausgefunden, ob dies der einzige ist oder noch mehr Einwände zu behandeln sind. Angenommen es ist der einzige, sagen Sie: „Was glauben Sie denn, was Ihr Partner sagen wird, wenn Sie nach Hause kommen und sagen: „Schatz, wir haben ab jetzt mehr Zeit für uns." (z.B. Staubsauger gekauft, der schneller saugt) oder „Schatz, ich tue jetzt etwas gegen meine Rückenprobleme." (Fitnesscenter) oder „Schatz, ab jetzt sparen wir jeden Monat Geld." (z.B. neuer Telefonvertrag) ... Situationsbedingt kann ein Profi einschätzen, ob es Sinn macht, dem Kunden ein Telefon zu reichen, um seinen Partner anzurufen.

Wenn der einzige Grund, der den Kunden vom Kauf abhält, derjenige ist, dass er noch zur Konkurrenz gehen möchte, um weitere Angebote zu bekommen, kommt häufig heraus: „Was genau möchten Sie denn beim Mitbewerber?" „Vielleicht ist es dort noch günstiger." „Ah, ok, also ist es der Preis." In diesem Fall kann vorgegangen werden wie oben beschrieben, jedoch ist dieser Einwand stets ein Zeichen dafür, dass bei der Bedarfsanalyse nicht lösungsorientiert genug gearbeitet wurde.

Ganz grundsätzlich geht es also beim Verkauf immer um Kommunikation. Kleine Wörter können einen großen Unterschied machen. Jeder kennt die Frage beim Fleischer: „Darf es ein bisschen mehr sein?" Niemand möchte ein bisschen weniger verkaufen, daher werden Fragen in diese Richtung gar nicht erst gestellt. Mit einem kleinen Nebensatz hat Thore Friedrichs im Fitnessclub schon Mitglieder

geworben, indem er seine Kunden fragte: „Kommen Sie allein oder bringen Sie noch jemanden mit?"

Im Grunde kommt es nur auf die richtigen Worte, die richtige Betonung, die richtige Körpersprache an. Trainieren Sie diese.

Ein diszipliniertes Training ist enorm wichtig. Das gilt für jeden einzelnen von uns, aber auch für ganze Firmen. Setzen Sie als Verkäufer in einer leitenden Funktion also regelmäßig Verkaufstrainings für Ihr Unternehmen an. Machen Sie nicht den Fehler, zu glauben, ein solches Training könne nicht viel bringen, man lerne ja nichts Neues mehr dazu, alles würde sich nur wiederholen. Richtig, vieles wiederholt sich tatsächlich, aber was denken Sie, wie erfolgreiche Fußballvereine trainieren? Durch stetiges Wiederholen! Perfektionieren. Ähnlich verhält es sich mit Erste-Hilfe-Kursen. Jeder weiß wie schnell einzelne Handgriffe, Tricks und Merksätze wieder vergessen werden. Nur ständiges Wiederholen schleift sicheres Wissen endgültig ein. Je mehr Sie trainieren, desto erfolgreicher sind Sie.

THORES PERSÖNLICHER TIPP

Kreieren Sie sich einen eigenen Leitfaden für Ihr Verkaufsgespräch. Finden Sie Ihre eigenen Wörter und trainieren Sie sie. Lernen Sie den Leitfaden auswendig. Auf diese Weise werden die Erfolge kommen. Wollen Sie in die Kreisklasse oder in die Champions League des Verkaufs? Wenn Sie ganz nach oben wollen, trainieren Sie jeden Tag. Gehen Sie spielerisch verschiedene Situationen durch. Verlassen Sie Ihre eigene Komfortzone. Also setze Folgendes um:

1. Ja! Schreibe Dein Verkaufsgespräch einmal komplett herunter. Wie willst Du Dich präsentieren? Einleitung? Fragen in der Bedarfsanalyse? Wie reagierst Du auf welche Einwände?

2. Lerne den Leitfaden auswendig und trainieren ihn JEDEN Tag! Ein Profisportler trainiert auch jeden Tag!

3. Überlege Dir mindesten eine Kleinigkeit, mit der Du den Kunden überraschen kannst!

Nicht aufgeben

Jeder kennt das Gefühl, wenn endlich alles gut läuft, man denkt, man hätte es geschafft. Und dann aus heiterem Himmel: Die Entlassung! Oder auch ein anderer Tiefschlag. So erging es - ohne eigenes Verschulden – vor einem Jahr Thore Friedrichs. 70% der Belegschaft seiner Firma wurde aus wirtschaftlichen Gründen gekündigt, darunter auch ihm. Plötzlich stand er wieder da, wo er vorher gewesen war. Die schillernde Medaille des Erfolgs hatte sich erneut umgekehrt und zeigte ihm nun ihr dumpfes Gesicht. Obwohl er wusste, dass er nichts falsch gemacht hatte, begannen die Zweifel heimlich an ihm zu nagen. Hatte er sich genug angestrengt? Hatte er auch wirklich immer alles gegeben?

Er zog wieder zurück nach Oldenburg. Aber aufgeben? Nein. Es musste weitergehen. Er bewarb sich in verschiedenen Städten bei unterschiedlichen Firmen seiner Branche. Schlussendlich entschied er sich für einen Premium Fitnessclub in Berlin. Er suchte sich eine Wohngemeinschaft in Steglitz und zog wenig später dort ein. Am 01.08.2014 ging es los. Thore arbeitete als Sales Manager, stürzte sich regelrecht in die Arbeit. Er war mit Abstand der jüngste Mitarbeiter auf diesem Posten. Dieses Mal sollte alles noch besser werden! Keine Rückschläge mehr!

Sein Alltag sollte in den nächsten Wochen aus nichts anderem bestehen. Sein Zimmer war auch nach Monaten noch nicht richtig eingeräumt, zum Einleben keine Zeit. Seine Mahlzeiten bestanden hauptsächlich aus Toastbrot, zum Kochen keine Zeit. Seine Gedanken bestanden nur aus Arbeit, zum Entspannen keine Zeit. Die Erfolge ließen nicht lange auf sich warten. Thore brach alle Rekorde im Verkauf von Mitgliedschaften, wurde Mitarbeiter des Monats. Stets war er der Erste, der morgens in den Betrieb kam und der Letzte, der ihn abends

wieder verließ. Auch an freien Tagen verbrachte er mitunter bis zu acht Stunden in der Firma. Doch der Preis war hoch. Sein Körper baute ab. Seine Stimmung sank.

Wie das Leben oft so spielt, fiel genau auf diesen Zeitpunkt die Trennung von seiner langjährigen Freundin. Sie war in Oldenburg geblieben, über 400 Kilometer entfernt von der Hauptstadt. Irgendwie gelang es Thore nicht, sich in seinem neuen Leben einzurichten. Eines Tages kam es, wie es kommen musste: Mitten auf der Straße erlitt er einen Kreislaufzusammenbruch. Im Krankenhaus bekam er den dringenden Hinweis, sein Lebensstil sofort drastisch zu ändern. So würde es nicht mehr lange gut gehen mit ihm. Er hatte in zu kurzer Zeit zu viel Körpergewicht verloren, sein Gesicht war eingefallen. Teilweise sprachen sogar Kunden ihn darauf an, doch Thore war nicht in der Lage sich aufzuraffen. Am Tag nach dem Krankenhausaufenthalt ging er wieder zur Arbeit. Zwar merkte er, wie schwach er wurde, doch er machte weiter.

Zwei Wochen später passierte das gleiche noch einmal. Zusammenbruch. Nun musste Thore endgültig die Reißleine ziehen. Ohne weiter zu überlegen, ohne sich irgendwo abzumelden fuhr er mit dem Taxi direkt zum Hauptbahnhof und setzte sich in den nächsten Zug nach Hause. Doch dort wurde es auch nicht besser. Im Gegenteil. Seine Familie und Freunde waren entsetzt, als sie sahen wie blass und dünn er war. Er war nicht einmal mehr in der Lage, allein zum Arzt zu gehen. Entweder mussten Freunde ihn bringen oder der Arzt kam selbst und versorgte Thore mit Hausbesuchen. Thore war absolut am Ende, ganz unten. Konnte nicht essen, keine Motivation finden. Zunächst war er krankgeschrieben, doch wenige Wochen später folgte die Kündigung. Arbeitslos. Ausgebrannt.

Aufgeben?

Nein. Das nicht. Ganz langsam, Schritt für Schritt ging es wieder bergauf. Es hat viele Wochen gedauert, aufbauende Gespräche und Unterstützung benötigt und sehr viel Ruhe. Allmählich erwachte der Kämpfer in Thore wieder zum Leben. Es musste weitergehen. Zunächst gönnte er sich selbst die Zeit, die er brauchte und setzte sich nicht unter Druck. Dann begann er damit, ganz konsequent regelmäßige Mahlzeiten einzunehmen. Schließlich erstellte er sich selbst sogar einen Trainingsplan und setzte sich Ziele. Er nahm wieder zu, baute Muskeln und Lebensmut auf. Kämpfen!

Thores persönlicher Tipp

Hören Sie immer auf Ihren Körper, hören Sie auf Ihre Seele. Erfolg ist gut, Erfolg ist wichtig. Aber er ist nicht alles, wenn Sie darüber sich selbst verlieren. Achten Sie auf Ihr Gleichgewicht, geben Sie alles, aber geben Sie nicht mehr als Sie leisten können. Also setze Folgendes um:

1. Ernähre Dich gesund. Mache mindestens 1x pro Woche einen perfekten Tag, d.h. ein Tag, an welchem Du Dich perfekt um Deinen Körper kümmerst: Sport, gesunde Ernährung, keine Süßigkeiten und kein Alkohol! Nur 1x/Woche ist schon ein Start!

2. Denke immer an das Prinzip Pareteo und frage Dich bei jeder Aufgabe: Setze ich wirklich nur 20% ein um 80% zu erreichen? Oder reibe ich mich gerade auf mit 80% Einsatz für ein viel zu kleines Ergebnis?

3. Nur wenn alle Lebenssäulen Deines Lebens (Beruf, Gesundheit, Familie, Freizeit) stark sind, kannst Du Bestleistungen geben. Wenn Du Dich nur auf eine Säule (z.B. Beruf) fokussierst, kannst Du nicht stabil leben!

Weitermachen

Thore war wieder da. Und er hatte etwas gelernt. Schlussendlich hatte diese schlimme Zeit ihm auch etwas Gutes gebracht. Er wusste nun, dass er selbstständig arbeiten wollte. Und er hatte Zeit gehabt, sich mit seiner persönlichen Geschichte auseinanderzusetzen. Und er wollte sie erzählen! Also schrieb er an viele Firmen aus der Region und bot ihnen an, kostenlose Seminare zu halten. Er wollte seine Geschichte an andere weitergeben, um sie zu motivieren, um ihnen zu zeigen, dass man nie aufgeben sollte. Es lohnt sich zu kämpfen, auch wenn es gerade nicht gut aussieht.

Gerade jüngere Menschen wollte Thore erreichen und an Schulen Vorträge halten. Er versprach sich dadurch, anderen Schülern Mut zu machen, deren Noten nicht sonderlich gut waren. Sie sollten sehen, dass auch sie einen erfolgreichen Lebensweg vor sich haben können, wenn sie es nur wollen und dafür kämpfen. Große Unterstützung fand Thore bei dem Bürgermeister seiner Gemeinde, der ebenfalls erkannte, dass es häufig die richtige Motivation ist, die den jungen Menschen fehlt. Schließlich hielt Thore tatsächlich sein erstes Seminar vor der versammelten Belegschaft einer überregionalen Firma. Er erhielt ein überragendes Feedback. Seine Bühnenpräsenz, sein Vortrag überzeugten so sehr, dass er das Angebot bekam, diese Firma ein Jahr lang zu schulen. Verkauf und Kommunikation wurden zu Thores Steckenpferd.

Kurz darauf schickte er eine kurze Darstellung seines bisherigen Lebenslaufes an Daniela Ben Said, die sich direkt bei ihm zurückmeldete, um ihn kennenzulernen. Sie lud ihn zu sich ein, er überzeugte durch sein Auftreten, nur Stunden später auch mit einem Verkaufskonzept. Seither bildet sie ihn zum Fachtrainer für Business und Consulting aus. Ihre Akademie dauert zwei Jahre. Thores Ziel ist es, danach wie Daniela Ben Said Heilpraktiker für Psychotherapie zu werden – die Voraussetzung zum staatlich anerkannten Coach. Daniela inspiriert und unterstützt ihn auf seinem Weg. Schulte ihn persönlich mehrere Tage lang in NLP (Neurolinguistisches Programmieren) und will ihn erfolgreich machen. Er ist mittlerweile der Verkaufsleiter ihrer Firma quid agis

und erzielt hohe Umsätze. Erste Verkaufserfolge stellten sich ebenfalls schon ein, indem er beispielsweise einen Großauftrag für die Firma sicherte. Durch Daniela Ben Said hat Thore Bühnenerfahrung sammeln dürfen, sie nimmt ihn mit und lässt ihn sprechen. Unter anderem in München, Frankfurt, Leipzig, Potsdam und Nürnberg hat Thore schon Menschen begeistert. Und sein Weg ist noch lang. Er fängt erst an.

Beeindruckend und inspirierend, echt und dadurch erfolgreich. Ein Ausnahmetalent, wenn es ums Kämpfen geht, ums Wiederaufstehen und Weitermachen. Mit einem Zeugnis, das aussieht, als sei es zu nichts zu gebrauchen, macht Thore Werbung. Er dreht den Spieß einfach um und zeigt der Welt: Ja, ich war ganz unten, aber jetzt bin ich wieder da und klettere unermüdlich weiter nach oben. Thore weiß, dass Menschen keine Maschinen sind, sie haben Gefühle, Probleme und Schwächen. Er geht mit seiner Menschlichkeit an die Öffentlichkeit und wird somit unangreifbar für Kritiker. Jeden Tag macht er Menschen Mut und hilft ihnen, in sich selbst die Motivation zur Erfüllung ihrer Träume zu finden.

THORES PERSÖNLICHER TIPP

Orientiere Dich an den Menschen, die vorbildlich für Dich sind. Risiko ist die neue Sicherheit, löse Dich von alten Pfaden, traue Dich Neues auszuprobieren.

Gib nicht auf, sondern kämpfe! Akzeptiere, dass nicht immer alles glatt läuft, sondern lerne aus Fehlern und bleibe lösungsorientiert.

Mit einem Lacher für das Publikum beende ich meinen Vortrag. Atemlos vor Euphorie stehe ich auf der Bühne und schaue den vielen Menschen entgegen, die geschlossen anfangen, zu klatschen. Lauter diesmal, wilder als am Anfang. Voller Begeisterung schlagen sie ihre Hände aneinander, ich sehe das Lächeln in ihren Gesichtern. So viele Menschen. Sie strahlen zu mir herauf. Sie applaudieren lange, sie applaudieren herzlich! Auch ich strahle, ich bin glücklich. Ich habe es geschafft, ich bin gut! Allein für diesen Augenblick hat sich der Weg gelohnt, den ich bis hierher gehen musste. So kann es weitergehen! Ich begeistere und motiviere sie und sie feiern mit mir den Erfolg. Das ist mein Leben. Das bin ich, Thore Friedrichs. Danke.

Du bist Dein bester Lehrer

Nora Bickmann

48 – Das ist die Anzahl der Lehrer in meinem Leben, lediglich während meiner Schulzeit. Auf wie viele kommen Sie?

Vielleicht kommen Sie auf mehr oder auf weniger, doch sicher ist, egal wie viele Lehrer Sie in Ihrem Leben hatten, alle haben Ihnen auf ganz unterschiedliche Art und Weise versucht die wichtigsten Dinge für Ihr Leben beizubringen, oder etwa nicht?!

Sie erinnern sich bestimmt ebenso gut wie ich an Ihre Schulzeit – an den einen Lehrer oder die Lehrerin, die Ihre Schullaufbahn sehr positiv bestimmt haben. Den Sie immer mochten, weil er oder sie Sie gefördert hat. Und dann gibt es diesen einen oder die eine, die Sie bis heute nicht leiden können. Sie erinnern sich? Fallen Ihnen noch mehr Lehrer Ihres Lebens ein? Vielleicht ein Musik- oder Sportlehrer, der immer nur dann etwas hervorgehoben hat, wenn es falsch war. Die Tanzlehrerin, die den Jungs beim Tanzkurs den Kopf verdreht hat. Vielleicht Freunde, die Ihnen ein Kartenspiel beigebracht haben. Großeltern, Onkel, Tanten oder auch Geschwister, nicht zu vergessen die eigenen Eltern. Alle samt Lehrer Ihres Lebens. Doch einer fehlt – Sie selbst!

Das Wort 'lehren' ist etymologisch mit den Wörtern 'lernen' und 'List' verwandt, demnach der Wortgruppe 'leisten' angehörig, was zunächst 'einer Spur nachgehen' bedeutete. 'Lernen' geht auf die Gotische Bedeutung des Wortes 'lais' = „ich weiß" beziehungsweise genau übersetzt „ich habe nachgespürt" zurück. Die Herkunft des Wortes selbst also zeigt an, dass Lernen ein Prozess ist, bei dem man einer Spur nachgeht.

Die erste Definition in meinem ersten Studiensemester, die ich auswendig lernen musste, lautete (und ja, ich weiß sie tatsächlich noch heute): „Lernen ist ein mittelfristiger Veränderungsprozess, als Ergebnis individueller Erfahrungen sowie dessen Resultate." Ich versuche es einmal aufzubröseln: In der Pädagogik versteht sich Lernen als Erwerb von Fähigkeiten und Fertigkeiten wie Schreiben, Lesen, Rechnen, geographischen Kenntnissen oder geschichtlichem Wissen. Soweit ist das noch recht eindeutig.

Der psychologische Lernbegriff geht deutlich weiter. Hier bedeutet Lernen, dass alle erfahrungsbildenden Prozesse das Individuum prägen und dies dazu führt, dass wir (teils automatisch) lernen, sei es das Lernen von Ab- und Zuneigung, Gewohnheiten oder das lösungsorientierte Denken. „Unter Lernen versteht man [...] den absichtlichen oder den beiläufigen, individuellen oder kollektiven Erwerb von geistigen, körperlichen, sozialen Kenntnissen, Fähigkeiten und Fertigkeiten."

Nun haben Sie vielleicht schon gemerkt, dass dieser Teil des Buches etwas in die psychologische Schiene abrutscht. Richtig! Vielleicht fragt sich der ein oder andere, warum er jetzt überhaupt weiter lesen sollte, was können Sie schon über das Lernen lernen? Haben Sie schon einmal darüber nachgedacht, seit wie vieler Jahren Sie bereits tagtäglich lernen? JEDEN EINZELNEN TAG IHRES LEBENS!

Tatsächlich. Doch wie aktiv nutzen Sie Ihr ach so großes Wissen eigentlich?

„Tomorrow's illiterate will not be the man who can't read. He will be the man who has not learned how to learn."
Herbert Gerjuoy

Frei übersetzt: „Der Analphabet von Morgen ist nicht der, der nicht lesen kann. Es wird der sein, der nicht gelernt hat zu lernen."

In der heutigen Zeit werden wir alle darauf getrimmt, immer mehr, immer schneller, immer besser zu sein. Ich könnte Ihnen jetzt tausende Beispiele dafür aufführen und wir würden zu keinem Ende kommen. Seien es die Kinder in den Kindergärten oder Grundschulen, die Jugendlichen vor dem Abitur, die jungen Erwachsenen in der Ausbildung oder im Studium oder auch die Älteren, die sich zum Beispiel mit dem neuen Arbeitsplatz zu Recht finden müssen.

Es gibt Unmengen an 'Ratgebern' zum Lernen, Kurse werden in Universitäten angeboten mit dem Titel „Wie lerne ich richtig?" und selbst in Schulen geht es darum, auf welchem Weg ein Kind die Massen von Inhalten möglichst schnell und effektiv in sich hineinschaufelt. Vor einigen Jahren kam hierzu der Begriff 'Bulimie-Lernen' auf – heute ist er etabliert. Kurz vor der Prüfung möglichst viel Inhalt möglichst schnell in den Kopf zwängen, um ihn dann während der Klausur ... aufschreiben zu können. Traurige Wahrheit...

Doch wann haben wir eigentlich angefangen, uns über diese Dinge Gedanken zu machen?

Jedes kleine Kind lernt, nahezu automatisch. Wir alle haben schon gesehen, wie ein Kind zum Beispiel Sprechen oder Gehen lernt. Es ist kein Prozess, der sich innerhalb von wenigen Stunden entwickelt und dann einfach funktioniert, es ist ein langwieriger Prozess. Über Tage, Wochen und Monate. Und es passiert ganz automatisch!

Und was machen die Eltern währenddessen? Sie motivieren ihre Kinder. Haben Sie schon einmal beobachtet, oder vielleicht sogar selbst erlebt, mit welcher Begeisterung und Vorfreude ein Elternteil wenige Meter vom Kind hockt und es anspornt in seine Richtung die ersten Schritte zu tun? Das ist Motivation. Und das Kind, es erfreut sich über die 'Belohnung' der Eltern, das strahlende Lächeln, die herzliche Umarmung. All dies passiert vollkommen automatisch.

Bei all unserem Handeln und Verhalten spielen drei Faktoren eine maßgebliche Rolle: Emotion, Motivation und Lernen.

Ich erinnere mich noch sehr gut an meine Schulzeit... meine sogenannten 'Motivatoren'. Kennen Sie auch noch 'Fehlerlesen'? Ein Text wird ausgesucht und jeder muss laut vor der ganzen Klasse lesen. Solange, bis er oder sie einen Fehler macht. Dann ist der nächste an der Reihe. Die meisten Mädchen konnten immer sehr viel von dem Text lesen und waren mäßig beeindruckt von ihrem Können. Die Jungen haben häufig absichtlich Fehler gemacht, weil laut Vorlesen „war voll uncool"! Nun, und ich... ich wollte gerne richtig lange laut etwas vorlesen, auch ich wollte ein Lob bekommen. Doch vor lauter Nervosität machte ich an diesem einem bestimmten Tag bereits im ersten Satz einen Fehler. Ok, einen Fehler ließ uns die Lehrerin durchgehen. Nächster Satz und ZACK, der nächste Fehler... als wenn das nicht schon genug wäre, sagte Frau H. lediglich: „Nora, du bist zu blöd, um Deutsch laut vorzulesen. Du kommst in den Förderunterricht!" EMOTION: deutlich negativ! MOTIVATION: nahezu nicht mehr vorhanden! LERNEN: außer Frage! Der letzte Part ist nicht ganz korrekt. Gelernt hatte ich: Laut Lesen ist nicht mein Ding und in Zukunft vermeide ich so etwas lieber!

Bis heute klingen mir diese Worte nach, und jedes Mal, wenn ich etwas vorlesen soll, werde ich leicht panisch, sobald die ersten Fehler passieren... Aber nur noch leicht! Denn die Motivation: „DER ZEIG ICH ES!" wurde einige Jahre später so groß, dass ich, still für mich alleine in meinem Zimmer wieder anfing zu lesen. Doch die vielen Jahre, in denen dies nicht möglich war, aus Angst zu versagen, die gibt mir keiner wieder.

Nicht nur als Kind oder Jugendlicher handeln wir nach diesen drei Prinzipien. Auch im Erwachsenen Leben sind wir dadurch beeinflusst. Baumert (1993) geht noch einen Schritt weiter und unterteilt den Aspekt des Lernens in 3 Lernstrategien, denen wir unterliegen:

1. Kognitive Lernstrategien; das WIE der Informationsaufnahme.

2. Metakognitive Lernstrategien; die Kontrolle der eigenen Lernfortschritte.

3. Ressourcenbezogene Lernstrategien; Organisation und Rahmenbedingungen des Lernens, zum Beispiel auch Zeitmanagement und Arbeitsplatzgestaltung.

Was hilft Ihnen das nun in Ihrem Alltag: zum einen hilft es zu verstehen, warum es uns besonders als Erwachsenen oft so schwer fällt noch einmal anzufangen zu Lernen. Allein auf der Ebene der Lernstrategien gibt es Punkte, die schwer in einen bereits gefüllten Alltag integrierbar sind. Zum anderen fehlt uns das Verständnis wie eigentlich gutes Lernen funktioniert, obwohl wir unser ganzes Leben nichts anderes machen.

Folgende : Lernstrategien:
Quelle: Baumert, J. (1993). Lernstrategien, motivationale Orientierung und Selbstwirksamkeitsüberzeugungen im Kontext schulischen Lernens. Unterrichtswissenschaft, 21, 327-354.
Quelle: http://www.stangl-taller.at/ARBEITSBLAETTER/LERNEN/Lernstrategien.shtml © [werner stangl]s arbeitsblätter

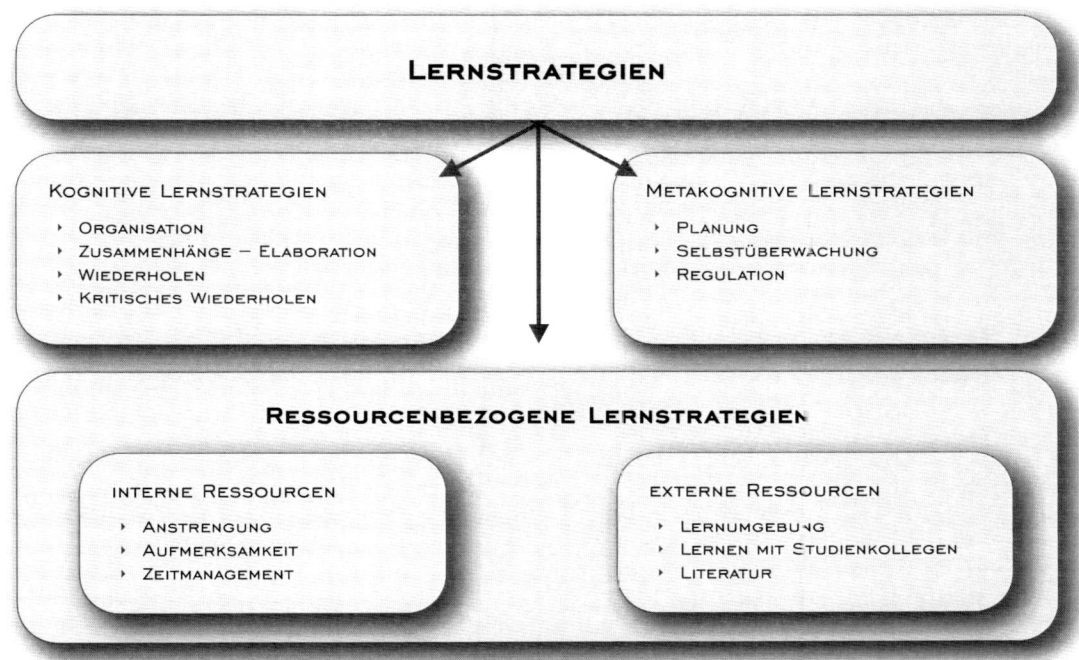

WIE HABEN SIE FRÜHER GELERNT? WIE LERNEN SIE HEUTE?

Der Englischlehrer meiner siebten Klasse war der festen Überzeugung, Karteikästen seien das einzig Wahre. So baute er mit uns (eigentlich sehr fortschrittlich da dies fächerübergreifend war) einen Karteikasten im Werkunterricht und teilte nach jeder Englischstunde Zettel aus, die wir lediglich noch zerschneiden, einzeln in den Karteikasten einordnen und lernen mussten. Denn (ebenfalls seine Ansicht): Vokabeln müsse man einzeln als Wort lernen. Zumindest im Ansatz nett gedacht. Während meines Studiums lernte ich, dass das Entscheidende war, die Bücher meiner Dozenten nahezu auswendig zu lernen – also, Buch gekauft, hingesetzt, gelesen und markiert... Ich gebe zu, viel hängen geblieben ist da meist nicht. Mein Vater sagte mir nach meiner Abi-

Entlassung: „Freu dich auf das Studium – da darfst du endlich selbständig Denken und Lernen und deine eigene Meinung äußern!" Doch die Erfahrung zeigt, dass diese Zeiten leider lange vorbei sind und auch an der Universität das stupide Auswendiglernen häufig eher verlangt wird. Freigeister? – Fehlanzeige!

Heute ist bekannt, dass die letzte Methode unter den Studenten tatsächlich nahezu die beliebteste Lernmethode ist. Gleichzeitig auch eigentlich Zeitverschwendung, wie die Studie von John Dunlosky der Kent State University herausgefunden hat. Das Ergebnis der Studie: Die beliebtesten Methoden, wie Texte zusammenzufassen, Textabschnitte zu markieren, Schlüsselwörter herauszuschreiben und stures, wiederholendes Lesen, sind zeitgleich die Schlechtesten!

Die meisten von Ihnen sind vermutlich nicht mehr in der Schule oder studieren. Können Sie sich dennoch von diesen Methoden freisprechen? Wie zum Beispiel bereiten Sie sich auf eine Präsentation vor? Oder, wenn Sie ein wichtiges Kunden- oder Mitarbeitergespräch haben, was tun Sie vorab? Ganz banal, die Geburtstagsrede beim 60. Geburtstag Ihres Nachbarn – ich möchte wetten, dass Sie eine Rede schreiben, die wichtigsten Wörter markieren und später versuchen diese auswendig zu lernen, nachdem Sie sie ja wenigstens zwei Tage zuvor geschrieben haben. Machen Sie sich nichts daraus, das ist genau das, was Ihnen vermutlich die 48 Lehrer Ihrer Schulzeit und auch die weiteren Lehrer Ihres Lebens beigebracht haben.

„Die Art, wie das Lernen in seiner untersten Stufe betrieben wird und wie das Kind sich gewöhnt, es zu betrachten, ist für das Leben häufig entscheidend."
Theodor Waitz

Bei uns auf dem Land sind die Kinder entweder im Schützen- oder Fußballverein, meist die Jungen, oder im Karnevalsverein, meist die Mädchen. So auch ich. Bereits als Dreijährige stand ich als Bienchen oder Vogel auf der Bühne und tanzte. Doch damit nicht genug, ich stand auch in der Bütt.

Ich war noch ziemlich jung, vielleicht vier oder fünf Jahre alt. Doch da war dieses Katzengedicht, von einem Kätzchen, dass sich das Frätzchen putzt. Ich wollte es unbedingt auf der Bühne vortragen, im Kätzchenkostüm. Das einzige Problem war, ich konnte noch gar nicht lesen. Also haben sich meine Eltern hingesetzt und mit mir geübt. Sie haben den Text auf eine Kassette gesprochen und so habe ich meinen Text für die Bütt gelernt. Am Tag der Galasitzung, der 'größten' Karnevalsveranstaltung, sollte ich nun also mein Katzengedicht aufsagen. Ich war so stolz, dass ich es auswendig konnte, dass es mir nichts ausmachte, dass ich eigentlich mit meinem Fieber ins Bett gehörte. Auch meine Eltern konnten mich nicht aufhalten; wollte ich doch allen zeigen, dass ich mein Gedicht gelernt hatte. So fing ich also an, und noch heute kann ich einige der Zeilen: „Es putzt sich das Kätzchen das niedliche Frätzchen, es reinigt die Katze die dreckige Tatze. Gibt Acht, wie Kätzchen es macht…"

Anfangs erwähnte ich bereits, dass kein Kind von jetzt auf gleich Sprechen lernt. Doch, wie lernt es Sprechen? Tauschen Sie einfach in der obigen Geschichte mein Gedicht gegen Sprache aus.

Zu aller erst hört ein Kind, ein Säugling, die Sprache an, die die Eltern mit ihm sprechen und nimmt genau diese auf. Es entwickelt ein Gespür für die Melodie der Stimme und Sprache und in seinem Kopf fangen Synapsen an, ein Sprachmuster zu entwickeln. Zunächst formt sich das Gehirn also nur über das Gehörte. Später, fängt das Kind an zu reden, und hier nach dem Prinzip 'Trial and Error'. Kein Kind kann von der ersten Minute an perfekt sprechen.

Ich erinnere noch einmal eine meiner allererste Definition im Studium: „Ein mittelfristiger VeränderungsPROZESS". Ohne Lernprozess gibt es keine Gedächtnisbildung. Heißt auch, alles, was wir von klein auf erlernen, prägt uns. Wir reifen durch unsere Erfahrungen.

Unser Gehirn ist dafür aufgeteilt in verschiedene 'Untergedächtnisse':

‣ Das semantische Gedächtnis für Faktenwissen

‣ Das episodische Gedächtnis für biographisches Wissen

‣ Das prozedurale Gedächtnis für Fertig- und Fähigkeiten

Das semantische Gedächtnis speichert grob gesagt das Allgemeinwissen des Menschen. Wortbedeutungen, Begriffe und deren Zusammenhänge oder Faktenwissen werden hier in semantischen Netzwerken organisiert. Die meisten Fakten werden hierbei nicht als einzelne Aspekte gespeichert, sondern gehören 'auf einmal' zum Gesamtspeicher des Menschen.

Das episodische oder auch autobiographische Gedächtnis speichert Ereignisse, die uns unmittelbar betreffen, wie zum Beispiel unsere prallgefüllte Schultüte des ersten Schultages, der immer gleiche Duft in Omas Flur und weitere persönliche Erinnerungen unseres Lebens. Auch einschneidende positive, sowie negative Ereignisse, wie der Hochzeitstag, die Geburt des Kindes oder die Beerdigung eines Verwandten, werden als komplexe Alltagserinnerung in räumlichem und zeitlichem Bezug zueinander eingeordnet und abgespeichert. Erinnern wir uns an etwas aus dem episodischen Gedächtnis, so werden gleichzeitig Bereiche des Stirn- und Schläfenlappens der rechten Gehirnhälfte und auch Teile des Limbischen Systems aktiviert, welches für die emotionale Bewertung von Erlebtem zuständig ist.

Das prozedurale oder auch implizite Gedächtnis vermerkt Fertigkeiten, die ohne Nachdenken eingesetzt werden, also Automatismen. Die Inhalte können nur in bestimmten Kontexten abgerufen werden, zum Beispiel Fahrradfahren oder Schwimmen.

Das Abrufen der Inhalte selbst aus dem jeweiligen Gedächtnis, findet natürlich vollkommen automatisch statt.

Alles nichts Revolutionäres, richtig?!

Falls Sie damit gerechnet haben, dass ich oder die derzeit so beliebten Neurowissenschaften das Rad neu erfinden, muss ich Sie leider enttäuschen. Es gibt derzeit kein Forschungsergebnis der Neurowissenschaften, das eine der klassischen psychologischen Theorien des letzten Jahrhunderts widerlegt oder bahnbrechend erneuert. Wie aber auch? Unser Gehirn verändert sich schließlich evolutionsbedingt nicht über Nacht.

Auch wenn Forscher heutzutage der Auffassung sind, vieles, das Gehirn betreffend, verstanden zu haben, so ist auch deutlich geworden, dass jedes Gehirn ein einzigartiges Unikat ist. Vergleicht man die Erfolge von Lernenden unter gleichen Lernbedingungen, so erzielen sie diese trotz dessen Unterschiede. Dies kann begründet werden mit voneinander abweichenden Vorkenntnissen, Motivation oder grundsätzlich unterschiedlichen intellektuellen Fähigkeiten.

Die Motivation spielt hierbei eine große Rolle, da langweiliges Pauken, wiederholte Misserfolge oder auch Bloßstellen eine große Gefahr der Demotivation und der negativen emotionalen Verknüpfung darstellen. Stures Wiederholen von zusammenhanglosen Vokabeln, die keinen Sinn für den Lernenden ergeben, ist vermutlich der bekannteste Demotivator der Schul- und Lernzeit.

Haben Sie eine Fremdsprache erlernt? Um Englisch kommt heute kaum jemand mehr herum, gestehen wir es uns ein. Vor allem in der Wirtschaft ist es nicht mehr wegzudenken. Firmen wissen heutzutage auch, wenn sie eine neue Firma, einen neuen Kunden im Ausland gewinnen wollen, führen sie Verhandlungen am besten in seiner Landessprache.

Das hat allerdings etwas mit dem Wohlbefinden des Gegenübers zu tun. Doch wie lernen wir seit der Schulzeit Fremdsprachen?

Zunächst ist da das Vokabeln lernen, ich erinnere an den wohlgemeinten Karteikasten meines Englischlehrers der Unterstufe. Jetzt denke Sie bitte an ein Kind, dass zum ersten Mal seine Muttersprache erlernt. Wie fangen Sie an, einem Kind das Sprechen bei zu bringen? Richtig: „Guck mal Schatz, das ist ein B-A-L-L!" Ich hake ein, das Kind lernt schon viel früher die Sprache, und jedes Elternteil glaubt auch daran. Schon in den ersten paar Tagen kommunizieren Eltern mit dem Neugeborenen als würde es sie verstehen: „Das ist deine Mama, und das ist dein Papa!" Das Kind nimmt die Melodie auf und speichert diese als 'gehörtes Wissen' ab. Das ist auch der Grund, warum Pädagogen und Psychologen vor einigen Jahren vehement gegen bestimmte Fernsehserien für Kinder, die ich hier nicht weiter betiteln werde, plädiert haben. Die 'Babysprache' wird selbstverständlich genauso vom Kind aufgenommen, wie 'richtige' Sprache. Kinder plappern schließlich in den Anfängen nicht einfach so drauf los, sie hören erst zu, nehmen es in ihr Semantisches Gedächtnis auf, verarbeiten es und sprechen später das nach, was sie schon allzu oft gehört haben. Und Um-lernen ist schwerer als Neu-lernen!

Doch warum erzähle ich Ihnen nun, wie ein Kind sprechen lernt? Weil es bei Ihnen genau so funktioniert, nicht beim Fremdsprachen lernen, dazu kommen wir gleich. Stellen Sie sich vor, Sie würden in einem neuen Betrieb anfangen. Zunächst ein Tag Probearbeiten: Sie bekommen anfangs gezeigt was wie und wo zu tun ist. Sie hören sich vielleicht ein Telefonat an, um den 'Firmenton' aufzuschnappen, bekommen mit, wie der Umgang unter den Mitarbeitern und zwischen dem Chef und seinem Mitarbeiter ist. Danach sind Sie an der Reihe, unter den wachsamen Augen und Ohren des Mitarbeiters, der Sie einzuarbeiten hat. Erst, wenn Sie das 'Firmen-Seepferdchen' mit Bravur gemeistert haben dürfen Sie selbständig arbeiten. Ziel erreicht.

Nun zurück zu unseren Fremdsprachen.

Wir fangen an mit Vokabeln, dann Grammatik, nebenbei weitere Hunderte Vokabeln, zwischendurch ein Test, Vokabeln übersetzen, im besten Fall ein Lückentext zum Einsetzen. Wir könnten diese typische Reihenfolge noch weiter fortsetzen... Vielleicht merken Sie schon, worauf es hinausläuft: Wie sollen wir so eine Sprache erlernen? Natürlich hat die Vergangenheit gezeigt, dass es bei vielen funktioniert, doch um welchen Preis? Diese Art des Spracherwerbs ist ganz eindeutig weit von dem natürlichen Lernansatz des Sprachenlernens entfernt.

Ich erinnere mich gut an meine erste Fremdsprache... fünfte Klasse, bereits nach wenigen Wochen fing ich an in mein 'Workbook' neben meine Vokabeln zu malen. Ich höre die Worte noch heute in meinem Ohr schallen: „Nora, wenn du malen willst, kann ich dich auch zurück in den Kindergarten schicken." Autsch, der saß. Davon abgesehen, dass ich danach herzlich wenig Motivation hatte, weiter Vokabeln zu lernen, habe ich auch einfach keinen Sinn darin gesehen, nur einzelne Wörter zu lernen. Auch meine Eltern, die gerne mit mir verreisten und mir zeigen wollten, wie toll es sei, andere Sprachen zu können, sagten, ich solle Vokabeln in ganzen Sätzen lernen. Aber die Lehrerin sagte doch, immer nur zehn Vokabeln pro Tag...

Mit der zweiten Fremdsprache lief es sehr ähnlich, bereits nach zwei Jahren hatte ich komplett den Anschluss verloren, zwei weitere lagen noch vor mir. Ich habe mich durchgeschlagen – zum Leid meiner Eltern nur gerade so ... Den Satz „Du bist halt nicht so sprachbegabt!" hörte ich nur allzu oft von meiner Lehrerin – aber Naturwissenschaften lagen mir weiß Gott noch weniger...

In der elften Klasse bekam ich die Chance, ein Auslandsjahr zu absolvieren. Zum großen Entsetzen meiner Mutter, zog ich das tatsächlich der elften Klasse hier in Deutschland vor.

Ich kam in Amerika an, 15 Jahre alt, viel zu klein für die große Welt und alle Leute dort wollte unbedingt mit mir sprechen. Wollten wissen.... Ja, was wollten sie wissen? Ich verstand tatsächlich nichts! Bis dahin hatte ich sechs Jahre Englischunterricht hinter mir und das ganz offensichtlich recht erfolglos! Denn bereits auf dem Airport in Chicago verstand ich kein Wort!

Es hat genau zwei Wochen gedauert, ständiges Zuhören von Dingen, die ich nicht verstand, Fragen, auf die ich nur nickte und nett lächelte, weil ich nicht zum dritten Mal nachfragen wollte. Ich erinnere mich noch sehr deutlich an meinen ersten Traum auf Englisch – ja richtig. Mein erster Schultag war vorbei und ich war abends so müde, dass ich auf dem Sofa einschlief. Mein Englischlehrer, Herr Timothy, war fasziniert von meinem Nichtkönnen und stellte mich bereits am ersten Tag vor der gesamten Klasse bloß. In meinem Traum stand ich vor ihm und berichtete ihm stolz in nahezu perfektem Englisch, dass ich meine ersten Hausaufgaben gerne zur Benotung abgeben wollte. Ende des Traums. Dazu sei gesagt, alle Gedanken und alles weitere Gesagte im Traum war ebenfalls auf Englisch. Ich gebe zu, das so aufgeschrieben zu sehen, ist ein wenig peinlich; der Traum hat aber seinen Zweck erfüllt: Ich ging am darauffolgenden Tag tatsächlich zu ihm, mein Englisch war weder perfekt, noch hatte ich meine Hausaufgaben vollständig erledigt. Aber ich ging zu ihm und bat ihn, mir noch einen Tag Zeit zu geben, damit ich die Aufgabe mit Hilfe meiner Gastmutter fertigstellen konnte. Er gewährte mir diese Zeit. Ab dem Tag vermied ich nahezu jedes Deutsche Wort für die kommenden 333 Tage bis zu meiner Abreise.

Schöne Geschichte, denken Sie vielleicht. Es ist wahr. Wenn mich jemand fragte, wieso ich so gut Englisch sprach, konnte ich lediglich sagen, dass ich viel zuhörte und einfach drauflos gesprochen habe. Ich habe bestimmt tausende Fehler gemacht. Wenige wurden mir von meinen Gesprächspartnern angekreidet.

Besonders Erwachsenen tun sich schwer, wenn es darum geht, Jahre nach ihrem Schulabschluss, wieder etwas Neues zu lernen. Ihnen fällt es meist schwer, die Zeit und Motivation dafür aufzubringen.

Forscher haben herausgefunden, dass ein direkter Zusammenhang zwischen der aktuellen Emotion des Lernenden und dessen Lernleistung besteht. Heißt genauer, unser Gehirn erinnert sich an negative Erfahrungen, zum Beispiel in einem früheren Schulfach, und reagiert dementsprechend in später folgenden Situationen. Schlimmer noch, Ihr Gehirn schüttet schon vor der eigentlichen Situation das Stresshormon Cortisol aus.

Vielleicht gehören Sie auch, wie ich zu den Menschen, die sagen: „Hey, unter Stress kann ich sehr konstruktiv arbeiten!" Ja, aber...!!! Cortisol bewirkt, dass sich Ihr Körper auf einen Kampf oder eine Flucht vorbereitet. Also haben Sie vielleicht kurzzeitig das Gefühl, dass Sie sich zum Beispiel gut konzentrieren können, dies lässt allerdings nach bereits kurzer Zeit nach. Ebenso kommt es aufgrund der hohen Cortisol-Konzentration zu Erinnerungsverlust, was beim Lernen für einen Vortrag oder Ähnliches eher unvorteilhaft ist. Ein stetiges Sich-Wiederholen dieses Stresslevels führt zu permanenten negativen Erfahrungen, die Ihr Gehirn nicht so schnell vergisst. Zukünftig bekommen Sie schon Stress, bevor Sie überhaupt angefangen haben. Gelingt dann Ihre Aufgabe, das Lernen, nicht einmal, so prägt sich Ihr Gehirn auch das besonders ein! Sie sind sozusagen gebrandmarkt! Die Folge dessen: Zweifel an der eigenen Fähigkeit. Dies führt meist Folgendes mit sich – self-fulfilling prophecy, die sich selbst erfüllende Prophezeiung. Diesen Part können Sie übrigens auf jegliche Lebensbereiche ausweiten; ein Mitarbeitergespräch, das irgendwie nicht 'nach Plan' verlief, ein Einstellungsgespräch, dem eine Absage nachginge, im Privaten vielleicht eine Liebeserklärung, der eine Ohrfeige und eine verlorene Freundschaft folgte. All diese negativen Erfahrungen können die oben genannte self-fulfilling prophecy nach sich ziehen. Gedanken wie „Das hat sonst auch nicht funktioniert!" oder „Das konnte ich noch nie!" schweben in Ihrem Kopf herum und sorgen dafür, dass Sie die Aufgaben nicht meistern werden. Und genau so haben Sie es ja auch vorhergesagt. Die Gedanken der self-fulfilling prophecy aufzudecken und mit wohlwollenden anderen, neuen Gedanken zu ersetzen, ist ein guter Weg, um die Hürden des Lebens zu meistern. Schließlich haben Sie jeden Tag auf's Neue die Chance, etwas aus Ihrem Leben zu machen.

Bei Kindern ist dies entscheidend, denn diese haben meist die geringsten kognitiven Fähigkeiten, selbst zu erkennen, dass etwas einfach nur Pech war, und geben sich meist selbst die größte Schuld.

Für die Erwachsenen gilt also: Sei es Ihr eigener Kopf, der Sie versucht, hinter's Licht zu führen oder vielleicht der Ihrer Kinder, die von Selbstzweifeln geplagt werden, schaffen Sie diese Zweifel bei Seite! SIE SIND IHR BESTER LEHRER!

Meine Mathelehrerin der siebten und achten Klasse war sagen wir 'menschlich etwas inkompetent'. Gut 50% der Klasse bekam Nachhilfe, weil wir es im Unterricht nicht verstanden hatten und die restlichen 50% verstanden es ebenfalls nicht, nahmen aber keine Nachhilfe. Zu meinem Glück war mein Papa Mathelehrer. Wohlwollend setze er sich also mit seiner Tochter am Nachmittag hin, Stunde um Stunde, und erklärte mir meine Matheaufgabe. Zum Beispiel einen einfachen Dreisatz. Früher habe ich nicht verstanden, warum ich damit rechnen sollte, ist mir doch egal, wie viele Kilometer ein PKW mit 60 L Benzin zurücklegt, wenn er auf 100 km 9,6 l verbraucht... Der Sinn fehlte! Heute kann ich mir den Dreisatz aus dem Alltag kaum wegdenken. Nun, mein Papa brachte es mir so bei, dass ich es verstand. Ebenso wie ich eine Textaufgabe zu lesen hatte, damit ich das Wichtigste herauszufiltern konnte. Wenn unsere Hausaufgaben dann abgefragt wurden, konnte ich mich zumindest zu den 10% dazuzählen, die die Aufgaben erledigt hatten, sogar zu den 5% die sie verstanden hatten. Wenn

ich sie allerdings vortragen und erklären wollte, sagte meine Lehrerin: „Nein Nora, das machen wir jetzt nicht nach deinem 'Schema F', das du sonst wo her hast. Hier gelten meine Regeln." Mündlich bekam ich eine vier-minus. Förderung der Motivation und des selbständigen Arbeitens sieht meiner Meinung nach anders aus.

Zumal besagte Lehrerin dann eines Tages nach meiner ersten fünf in Mathe bei meinen Eltern anrief und ihnen erklären wollte, dass es lediglich eine schlechte Note sei. Meine Eltern haben sehr entspannt reagiert. O-Ton meines Papas: „Ich hab auch in Prozentrechnung in der Schule eine fünf geschrieben und später Mathematik studiert. Mir ist egal, was meine Tochter in IHRER Klausur schreibt. Ich weiß, sie kann Mathe!" Er sollte recht behalten! Meine Eltern waren die tollsten Lehrer meines Lebens, da bin ich sicher!

All die Lehrer Ihres Lebens, sie waren gute und schlechte Beispiele. Nun sind Sie an der Reihe!

Schauen Sie sich kritisch an, wie Sie an zu Lernendes herangehen. Denn Sie können noch so viele und tolle Ratgeber lesen, die Ihnen sagen, wie Sie zu lernen haben, wenn Sie sich nicht einmal mit sich selbst beschäftigen und sich selbst reflektieren.

Wie haben Sie bis jetzt gelernt, mit welchem Einsatz und mit welchem Erfolg? Führen Sie sich vor Augen, ob diese beiden, Einsatz und Erfolg in Relation stehen. Ihr Gehirn hat vermutlich über viele Jahre abgespeichert, welche Lernstrategie Sie als 'funktionierend' empfinden und mit der Sie auch Erfolg hatten. Positiv abgespeichert heißt hier für Sie, dass Sie diese Methode zukünftig wieder anwenden.

Bemerken Sie allerdings, dass die Methode zwar zum Erfolg geführt hat, dies aber nur unter großem Einsatz oder mit viel Stress, so sollten Sie Ihre Methodik überdenken. Denn Ihr Gehirn speichert dann Lernen und Stress als negative Kombination ab, was Sie später immer wieder vom Lernen abhalten könnte.

Eines der einfachsten, sowie am besten umsetzbaren als auch veränderbaren Beispiele, ist das Bewusstmachen dessen, was und wie viel des Gelernten einzig und allein aufgrund der von Ihnen gewählten Lernart im Kopf bleibt. Bestimmt ist Ihnen bekannt, dass zum Beispiel alles, was Sie lesen, weniger im Kopf bleibt, als würden Sie es jemandem erzählen. Folgend finden Sie eine Aufschlüsselung, wie viel Prozent des Gelernten bei uns hängen bleibt, abhängig von der gewählten Methode (vgl. Thalheimer, 2006).

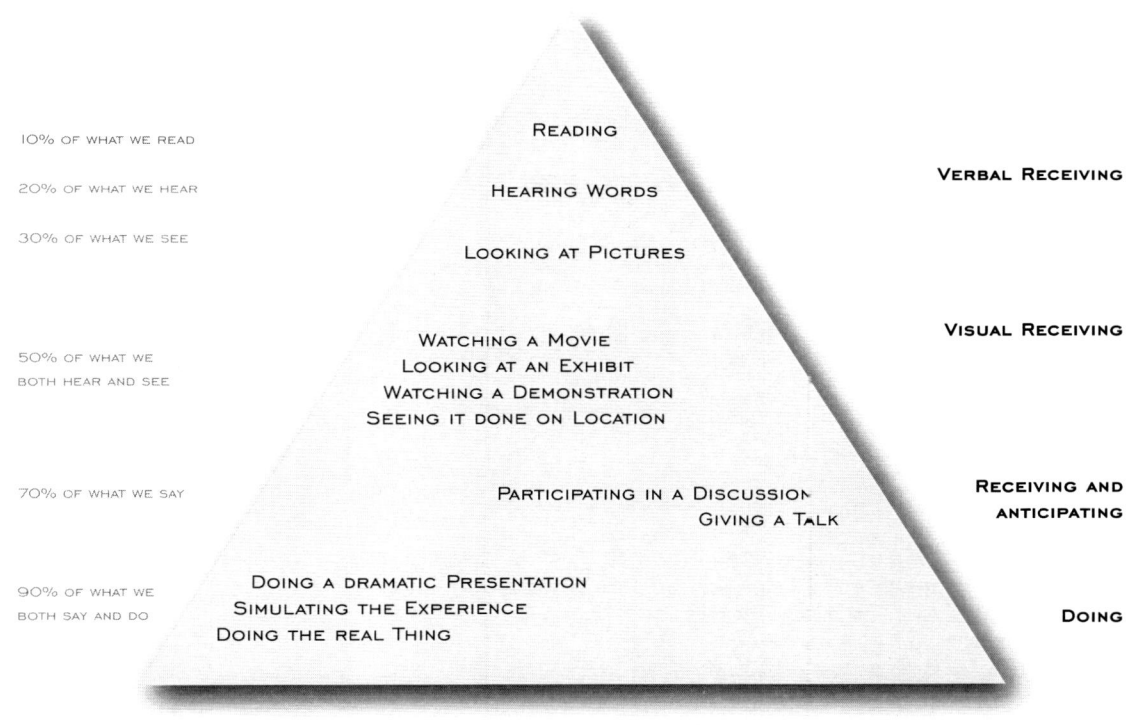

Quelle: Thalheimer, Will (2006). People remember 10%, 20%...Oh Really? http://www.willatworklearning.com/2006/05 /people_remember.html
in Quelle: http://www.stangl-taller.at/ARBEITSBLAETTER/LERNEN/Lernstrategien.shtml
© [werner stangl]s arbeitsblätter

HEISST FÜR SIE ALS LERNENDER, WERDEN SIE AKTIV!

Es ist immer gut, sich vorher in ein Thema einzulesen, und sich dabei vorangegangene Ergebnisse vorzunehmen. Vielleicht ist es zukünftig eine Möglichkeit, nicht nur Vorangegangenes zu lesen, sondern gleichzeitig oder zumindest zeitnah zu hinterfragen. Wenn etwas bereits durchgeführt wurde, fragen Sie sich, was lief dann falsch, oder was müssen Sie dann verändern. Sprechen Sie mit Kollegen darüber, oder falls dies aus welchen Gründen auch immer nicht möglich ist, fragen Sie sich – laut. Probieren Sie es einmal aus, einen Text laut und vielleicht sogar vor einem Spiegel vorzulesen. Es mag im ersten Moment befremdlich sein. Dies gibt Ihnen aber die Möglichkeit, Entfernung zum Text zu erlangen und so können sie diesen von einem anderen Winkel betrachten. Diskutieren Sie mit sich oder anderen und auf einmal werden aus 10 %, die beim Lesen hängen bleiben, bis zu 70 %. Ein netter Nebeneffekt kann im Austausch mit anderen auch sein, dass diese Sie auf neue Gedanken bringen.

Vielleicht gibt es einige Lerninhalte, die nicht so einfach diskutiert werden können oder die Sie anderen nicht erklären können. Die Pyramide soll Ihnen lediglich verdeutlichen, was es heißt, wenn Sie etwas 'nur' lesen. Sehen Sie die Relation darin. Setzen Sie sich weniger unter Druck. Manches braucht seine Zeit, um in Ihrem Gehirn abgespeichert zu werden, dann nehmen Sie dies hin und wiederholen die Inhalte zum Beispiel entsprechend häufiger. Ihnen soll lediglich verdeutlicht werden, welche Gründe es dafür gibt, dass Sie etwas ein Mal lesen und danach eventuell nicht sofort Experte auf dem Gebiet sind.

WAS HABEN SIE NOCH FÜR MÖGLICHKEITEN?

Testen Sie sich selbst. Erklären Sie anderen, was Sie gelernt haben, und lassen Sie sich Fragen stellen, viele Fragen. Sie bemerken so auch, was Sie noch nicht verstanden, oder welche Inhalte Sie nur oberflächlich abgespeichert haben.

Teilen Sie das zu Lernende in überschaubare Abschnitte und nutzen Sie die größtmögliche Vorlaufzeit, um nicht in das Bulimie-Lernen abzurutschen. Ihr Gehirn wird es Ihnen danken und haben Sie deutlich länger etwas von dem Gelernten. Insgesamt sind Sie deutlich erfolgreicher!

Gehen Sie in Selbstexplikation mit Ihrem Lerninhalt. Heißt: Hinterfragen Sie, was Sie (noch) nicht wissen. Wo haben Sie noch Lücken? Was hat all das mit Ihrem Vorwissen zu tun? Sie aktivieren dadurch Ihr 'metakognitives' Wissen. Kinder machen dies automatisch, doch meist versuchen die vom ständigen „Warum?" genervten Eltern diese Nachfragerei zu unterbinden. Wenn es um Wissenserwerb geht, ein fataler Fehler. Werden Sie ein wissbegieriges Kleinkind!

Mischen Sie all Ihre Kenntnisse und entdecken Sie die Lernvielfalt für sich! So langweilen Sie Ihr Gehirn nicht und haben den bestmöglichen Erfolg.

Eine Methode, die wir nicht außer Acht lassen dürfen, ist das Gehirn-gerechte Lernen. Gehirn-optimales Lernen beinhaltet, dass Sie sich auf die Bedürfnisse Ihres Gehirns abstimmen. Vielleicht haben Sie bemerkt, dass im ersten Teil dieses Textes viel darüber geschrieben wurde, wie das Gehirn aufgebaut ist und wie das Gehirn arbeitet. Der Grund dafür ist, dass es nicht 'die eine ultimative Lernmethode' gibt.

Jedes Gehirn ist individuell und genauso sind auch die Lernmethoden individuell erfolgreich. Dennoch gibt es bessere und schlechtere. Alle Methoden, die gehirnkompatibel sind, sind zugleich hilfreich für unser Lernen. Deshalb ist es so wichtig, dass Sie wissen, wie Ihr Gehirn funktioniert. Sie sollten wissen, wie Sie förderlich lernen können und auch, womit Sie Ihren Geist überfordern. Wenn Sie wissen, wie Sie Ihrem Gehirn gerecht werden, brauchen Sie nicht 'die eine Methode'. Sie können sich aus all Ihrem Vorwissen über das Lernen die wichtigsten Punkte heraussuchen und eine Mischung aus den verschiedenen Lernvarianten bilden. Ihr Vorteil: Es ist Ihre ganz eigene Lernmethode, individuell auf Sie zugeschnitten! Staunen Sie, was in Ihnen steckt!

„Gehirn-gerecht heißt, der Arbeitsweise des Gehirns entsprechend."
Vera F. Birkenbihl

Fakt ist, dass das menschliche Gehirn kein Computer ist, der neue Informationen einfach abspeichert oder noch einfacher via copy|paste kopiert und einfügt. Unser Gehirn nimmt neues Wissen auf, verarbeitet es, filtert nach subjektiver Relevanz (Bedürfnissen, Erfahrungen und individuellen Interessen) und erst dann geht das Gelernte in unser Langzeitgedächtnis über.

Gerade deshalb ist es so wichtig, dass wir verstehen, wie unser Gehirn genau funktioniert. Hierbei ist es irrelevant, ob Sie auf der Lehr- oder Lernseite stehen, oder beides miteinander vereinbaren müssen. Ob Sie nun nach langer Zeit eine Fortbildung machen, noch in der Ausbildung sind, überlegen, ob Sie eine neue Stelle annehmen oder vielleicht Ihre Kinder bei den Hausaufgaben unterstützen wollen. Darauf kommt es nicht an. Es kommt darauf an, wie Sie sich auf Ihr Gehirn einstellen und ob Sie mit ihm im Einklang oder dagegen arbeiten wollen.

Welche Hilfsmittel gibt es noch, die Sie für sich umwandeln und einsetzen können:

› Sie selbst kennen Ihre Vorkenntnisse, Fähigkeiten und Präferenzen am besten. Sie haben diese über die letzten Jahre wahrscheinlich zur Genüge ausgefeilt und in Ihren Alltag integriert. Schauen Sie, an welcher Stelle Sie beim Lernen Hilfe benötigen. Es ist keine Schande, etwas nachzuschlagen oder gar nachzufragen. Sehen Sie es als Ihre größte Lernmöglichkeit, wenn Sie anderen etwas erklären können. Sie wissen ja bereits, dass alles aktiv Gesagte und Gemachte zu 90 % verankert, also gelernt, ist

› Bauen Sie Brücken, wenn Sie Neues lernen. Eine Möglichkeit ist es, Brücken zu bereits vorhandenem Wissen zu bauen. Eine weitere ist es, das Neu-Erlernte gründlich zu hinterfragen und eventuell ganz banale, alltägliche Brücken zu finden, um sich die Inhalte zu merken.

› Durch das Herstellen von Verknüpfungen wird es nicht nur leichter, die Inhalte zu replizieren, die Informationen werden auch zu hochwertigeren intelligenteren Informationen zusammen strukturiert. 'Nicht nur Esel bauen Brücken.'

› Spalten Sie die Lerninhalte auf. Nehmen Sie sich Zeit für die einzelnen Aspekte und legen Sie sinnvolle Pausen ein. Ihr Gehirn braucht für Neu-Erlerntes bis zu sechs Stunden, um es zu verarbeiten und zu verstehen. Geben Sie sich diese Zeit, Sie werden sie brauchen.

› Auch benötigt unser Gehirn Wiederholungen des Gelernten, da die Inhalte sonst wieder verloren gehen. Geben Sie sich und Ihren Gedanken nach einer Pause Zeit, sich wieder neu im vorher Gelernten einzufinden. Je öfter Sie die Inhalte wiederholen, desto gefestigter sind sie in Ihrem Kopf verankert.

Wenn nun noch einfach beim Lernen Input = Output wäre, hätten wir das Feld der Lehre und des Lernens tatsächlich vollständig revolutioniert. Erschwerend hinzu kommt aber, dass Leistung, also auch Lernleistung, maßgeblich beeinflusst wird durch unsere aktuelle Emotion und Motivation.

Unser limbisches System bewertet neue Informationen zunächst immer unter dem emotionalen Aspekt. Bestimmt bemerkten Sie auch, dass irgendwelche komischen Vokabeln oder Formeln im Matheunterricht nicht so leicht zu merken waren, wie der Refrain vom neuen Lied der Lieblingsband. Lawrenz (2006) und Kieweg (2003) fanden heraus, dass sich die Synapsen im limbischen System um bis zu 30 % vermehrten, wenn der Lernstoff positiv bewertet wurde.

Das heißt für alle Lernenden: Optimal ist das Lernen dann, wenn Sie Lust und Spaß am Lernen und Freude beim Lernen haben und diese im besten Fall sogar steigern. Ein langfristiges Ziel des Lernprozesses sollte die Belohnung durch Lernfreude sein. So erhalten sich Kinder selbst auch die Freude an der Schule, und Eltern können so ihre Kinder am besten unterstützen. Selbstverständlich gilt eben dies auch im Arbeitsalltag. Wenn Sie nach einem Arbeitstag nach Hause gehen, mit dem Gefühl von Zufriedenheit in Bezug auf Ihre Tätigkeit, dann vergessen Sie häufig, wie lange Sie tatsächlich heute gearbeitet haben und vielleicht verdrängen Sie auch den nörgelnden Kunden vom Vormittag.

Für Lehrer, Ausbilder oder auch Teamchefs bedeutet dies, dass Sie erkennen müssen, wann die Stimmung in Ihrem Team | Ihrer Gruppe absackt.

Wann ist die Gefühlslage der Einzelnen so ausgelastet, dass keine Basis für das Lernen besteht. Wie fangen Sie dies auf und verändern etwas?

Franz Mechsner nannte das Lernen im „Freudemodus". Es besagt nicht, dass es sich um eine Spaßpädagogik handelt. Es geht vielmehr darum, dass Lernen Lust erzeugen soll, dass das Glückshormon Dopamin ausgeschüttet wird. Dopamin regt die Konzentration und mentale Energie an und wir erleben eher 'Aha-Erlebnisse', somit positive Emotionen.

Entgegen dem 'Freudemodus' stehen die negativen Emotionen, die in der Amygdala, dem Frontallappen und im Limbischen System, die Ausschüttung von Stresshormonen wie Cortisol bewirken. Die Folgen davon wurden bereits aufgeführt.

Auch Selbstwirksamkeits- und Erfolgserlebnisse ermöglichen die Abspeicherung von positiven Emotionen. Dazu gehört auch, dass Sie anerkennen, wann Ihr Biorhythmus eine Pause fordert. Jeder Tag hat bestimmte Leistungsspitzen sowie Täler. Im Grunde wissen Sie das, aber hören Sie darauf?

Ihre Denk- und Lernfähigkeit ist mitbestimmt durch Ihren Körper und Geist – das klingt zunächst wahnsinnig spirituell, eigentlich ist es nur logisch. Der Vorgang des Denkens und Lernens hat eine materiell-körperliche Seite sowie auch eine immateriell-geistige Seite.

Wenn Sie nun daran denken, warum Sie gerne zu Arbeit gehen, was kommt Ihnen dann in den Sinn? Haben Sie diese Punkte schon einmal aufgeschrieben, sich vielleicht laut vorgelesen. Wie belohnen Sie sich während des Tages, oder zum Beispiel nach Monatsabschluss? Alles Kleinigkeiten, die Ihnen die positiven Aspekte Ihres Alltags vor Augen führen sollen.

Doch wie lernen Sie mit und von sich selbst am besten?

Zunächst: ORGANISATION!

‣ Ein Zeitprotokoll oder ein Zeitplan hilft.
Wie viel Zeit wollen oder können Sie investieren, um ihre Work-Life-Balance in Waage zu halten? Beachten Sie dabei, dass Ihre emotionale Verfassung mit im Vordergrund steht.

‣ Falls Sie Probleme haben, einen solchen Zeitplan zu erstellen, gehen Sie rückwärts. Überlegen Sie sich am Zieltag x, wenn die Aufgabe erledigt ist, welche Rahmenbedingungen stehen? Was haben Sie am Tag, in der Woche, im Monat zuvor gemacht? Gehen Sie in realistischen Schritten zurück, bis Sie am heutigen Tag, dem Startpunkt angekommen sind.

‣ Ein O-Termin - wie Organisation oder Ordnung – hilft.
Richten Sie sich regelmäßig einen Überprüfungstermin ein. Sind Ihre Unterlagen noch vollständig? Liegen Sie im Zeitplan? Haben Sie nebenbei alle Emails bearbeitet und ist Ihr Arbeitsplatz noch aufgeräumt?
Der O-Termin hilft Ihnen Stress abzubauen, damit Sie sich die restliche Zeit auf Ihre Aufgabe konzentrieren können.

‣ Wenn Sie das Gefühl haben, den Anfang nicht zu finden, gibt es leider nur einen Tipp: Einfach machen! Hier ist 'Mut' der passende Indikator. Manchmal müssen Sie einfach beginnen! Geraten Sie nicht in die 'Aufschieberitis-Falle'!

‣ Das verhexte Wort des Multitaskings. Die Auseinandersetzung mit anspruchsvollen Arbeiten kann nicht nebenbei erfolgen. Nehmen Sie sich Zeit, in Ruhe und allein, konzentriert zu arbeiten. Fokussieren Sie Ihre Gedanken für die eingeplante Zeit, dann haben Sie danach den Rest Ihres Tages für alle anderen Dinge.

‣ Ähnliche Inhalte sollten Sie mit zeitlichem Abstand lernen. So komplex unser Gehirn auch strukturiert ist, überfordern wir es häufig.

‣ Geben Sie dem Gehirn die Zeit, die es benötigt, um das Gelernte zu verarbeiten und abzuspeichern.

‣ Erledigen Sie 5-Minuten-Tätigkeiten direkt am Anfang. So vermeiden Sie, die Arbeitsintensität zu unterschätzen und am Ende doch in Zeitnot zu geraten.

‣ Sind Sie am Ende Ihrer Tagesplanung angelangt und haben Ihr Lern-|Arbeitsziel erreicht, dann schalten Sie bildlich gesprochen die Arbeitslampe aus und entspannen Sie! Lenken Sie sich ab. Selbst nach einem eher erfolglosen Tag, den Sie gelegentlich mal haben können, sollten Sie nicht versuchen, auf Biegen und Brechen weiterzuarbeiten. Sie verbessern Ihre Leistung dadurch keineswegs. Im Gegenteil, häufig ist die 'genutzte' Zeit eher kontraproduktiv einzuordnen. Räumen Sie sich einen Feierabend ein und tanken Sie neue Kraft.

Denken Sie immer daran, dass Sie Ihr bester Lehrer sind. Wie viele Aufgaben haben Sie in Ihrem Leben schon erfolgreich gemeistert – einige, nehme ich an. Hören Sie auf sich selbst, hören Sie hin, wann Ihr Körper und Geist eine Pause brauchen. Überfordern Sie sich selbst nicht. Nehmen Sie sich Zeit.

Lernen Sie von der Vergangenheit, aus Ihren Fehlern und von Ihren Triumphen. Vergessen Sie nicht, dass Sie der Mensch sind, der die Zügel hält. Sie bestimmen, wie viel Zeit, Aufmerksamkeit und Ruhe Sie sich und Ihrem Gehirn geben, um sich auf Neues vorzubereiten.

Alles was Du dafür brauchst hast du, denn Du bist Dein bester Lehrer! Also staune, was in Dir steckt!

Erfolgsgeheimnisse für Körper & Geist

Norbert Kox

Vor einigen Jahren rief mich ein Mann an: „Ich brauche Ihre Hilfe", sagte er am Telefon. Damit machte er mich neugierig. Wir unterhielten uns kurz und vereinbarten einen Termin bei ihm zu Hause. Ein kleiner, älterer und recht fülliger Mann öffnete mir die Tür und bat mich herein. Schnell war mir klar, dass es sich um einen wohlhabenden Menschen handeln musste, dem es materiell an nichts fehlte. Sein großes Haus, die wertvolle Einrichtung, sein Schwimmbad und die teuren Sportgeräte sprachen für sich.

Wir setzten uns und er erzählte mir seine Lebensgeschichte. Er war 64 Jahre alt und 40 Jahre mit seiner Frau glücklich verheiratet gewesen, bevor sie zwei Jahre zuvor verstorben war. Bis dahin hatte er mit ihr nahezu die ganze Welt erkundet. Es gab kaum einen Fleck, den sie nicht bereist hatten. Ein überdimensionaler Globus im Eingangsbereich zeugte mit kleinen Markierungen von den gemeinsamen Erlebnissen. Dazu kam eine Leidenschaft für die Oper, die sie beide teilten und sie zu allen großen Opernhäusern dieser Welt geführt hatte. Doch nach dem Tod seiner Frau hatte er sich vollkommen zurückgezogen. Er verließ kaum noch das Haus, sein Geschäft hatte er verkauft und ein recht unsolider Lebensstil ließ ihn jetzt mit 1,63 Metern und 113 Kilogramm vor mir stehen.

Wie konnte ich ihm helfen? Wie konnte ich jemanden etwas geben, was er offensichtlich verloren hatte: die Sinnhaftigkeit des Seins? Das erfüllte und gemeinschaftlich geprägte Leben war nicht mehr da. Nichts und niemand konnte ihm das ersetzen.

Doch sein Hilferuf war der erste Schritt zur Veränderung. Er wusste: Ich muss etwas unternehmen, bevor ich mich selbst zerstöre! Für mich war es eine Herausforderung. Wie kam ich über den Körper an den Kopf? Wie konnte ich sein Alltagsverhalten beeinflussen, um in seinem Bewusstsein einen Wechsel von Traurigkeit zur Dankbarkeit zu erzeugen? Wie konnte er wieder zu einem neuen Lebenssinn finden?

Wir kramten in alten Fotos herum, um ein Bild zu finden, auf dem er so aussah, wie er wieder aussehen wollte! Wir einigten uns darauf, uns zweimal in der Woche zum Training zu treffen. Die erste Zeit nutzten wir die Möglichkeiten im Haus (Trainingsgeräte, Treppen etc.), später konnte ich ihn dazu bewegen, dass wir uns auch in einem nahegelegenen Waldstück trafen. In all den Jahren habe ich keinen Klienten erlebt, der so akribisch und detailliert über jedes Training Protokoll führte.

Es dauerte etwa anderthalb Jahre. Dann begrüßte er mich eines Tages zum Trainingstermin und berichtete mir freudig, dass er eine Reise gebucht hatte, die mit dem Besuch der Metropoliten Opera in New York enden würde.

Das war die Wende. Er suchte wieder den Kontakt zu Bekannten, schloss sich Gemeinschaften an und freute sich über sein neu gewonnenes Selbstverständnis. Er konnte dankbar zurückblicken. Mehr noch: Er hatte sich neu entdeckt und war sich über sich selbst bewusst geworden, was seinem Leben einen neuen Sinn gab.

Ein schönes Gefühl auch für mich als Coach!

Sich — seiner — selbst — bewusst werden

Sich seiner selbst bewusst zu werden ist der wichtigste Prozess zu einem harmonischen Leben. Nur ein von innen gelebtes Leben führt zur Zufriedenheit. Nicht der ständige Blick zu anderen, was sie machen, was sie tun, was sie können oder was sie haben, macht uns glücklich, sondern nur der Blick nach innen und der Abgleich zwischen unserem Kopf und unserem Bauchgefühl. Sind unsere Emotionen und unser Verstand im Einklang? Sind Denken und Fühlen kongruent? Haben wir ein gutes Gefühl im Bauch bei unseren Handlungen?

Lebe ich schon? Oder wer bestimmt mein Leben?

Bestimmen Sie selbst die Richtung in Ihrem Leben und treffen Sie Entscheidungen, für die Sie die Verantwortung übernehmen? Oder bestimmen andere, wohin Ihre Reise geht? Wenn Sie einmal Ihr Umfeld betrachten, werden Sie feststellen, dass weder Begabung, Ruhm, Macht oder Geld noch die Bewunderung von anderen ein glückliches Leben garantieren. Natürlich macht materielle Unabhängigkeit einiges einfacher – aber nicht unbedingt glücklich. Betrachten wir vor allem die Kausalität: Es gilt eben nicht, dass auf Materie Geist folgt. Richtig ist vielmehr: Materie folgt Geist!

Das erinnert mich immer an Aussprüche von Menschen, die die Gehälter von Fußballprofis im Blick haben. Für so viel Geld würde ich auch spielen, heißt es dann. Falsch, sage ich: Du musst erst einmal solch eine Begabung haben, dann die Willenskraft, Dich gegen Tausend andere durchzusetzen, und die Disziplin aufbringen, Dich und Dein Leben 24 Stunden am Tag Deiner Leidenschaft Fußball anzupassen! Erst dann folgt der finanzielle Erfolg!

„Die wichtige Sache im Leben, ist ein großes Ziel zu haben und die Eignung und das Durchhaltevermögen zu besitzen, es zu erreichen."
Johann Wolfgang von Goethe

Glücklich die, die ein harmonisches Leben führen. Meistens haben sie das Gefühl, das Leben meint es gut mit ihnen. Sie wissen die kleinen Freuden des Alltags zu genießen, sie sind dankbar für das, was sie bis jetzt erreicht haben. Sie nehmen die Schönheit der Natur wahr, sind kreativ, gestalten gern und stecken an durch ihren Optimismus. Man findet sie auf der ganzen Welt. Einige sind reich, andere nicht. Einige sind verheiratet, andere leben allein; viele haben besondere Begabungen, wieder andere sind völlig durchschnittlich. Jeder von ihnen kennt Niederlagen, Probleme, schwierige Lebensphasen. Davor ist keiner gefeit. Trotz allem scheinen diese Menschen über etwas zu verfügen, was es ihnen erlaubt, Schwieriges besser zu verarbeiten. Sie lassen Unnützes abprallen, konzentrieren sich auf das für sie Wesentliche und geben ihrem Leben einen besonderen Sinn. Sie schöpfen Energie aus der inneren Übereinstimmung ihrer Persönlichkeit mit dem, wie sie ihr Leben gestalten wollen.

Vielleicht sind sie ähnlich wie Obelix als Kind in den Topf der Glückseligkeit gefallen, der ihnen die notwendigen positiven Gene mitgegeben hat?

„Für den Optimisten ist das Leben kein Problem, sondern bereits die Lösung."
Marcel Pagnol

Oder sie haben wie ich das Glück, einen Job zu haben, der sich mit ihrer Leidenschaft deckt. Frei nach Buddha: „Suche Dir einen Job, der Dir Spaß macht, und Du brauchst nie wieder zu arbeiten".

Ganzheitlichkeit, das ist ein gutes Stichwort. Seit Tausenden von Jahren ist den Menschen ein enger Zusammenhang zwischen Körper und Geist, oder Physis und Psyche, bekannt. Beides scheint sehr stark miteinander in Wechselbeziehung zu stehen. Haben wir körperliche Gebrechen, so ist auch unser Innenleben meist davon betroffen. Innere Unzufriedenheit mit bestehenden Lebensumständen scheint sich aber auch genauso auf unser körperliches Befinden auszuwirken. Versuchen Sie einmal gute, positive Gedanken zu fassen, wenn es Ihnen körperlich schlecht geht! Es funktioniert nur schwer! Was man in früheren Zeiten nur durch Erfahrung und gute Beobachtung vermuten konnte, wird uns heute durch den Fortschritt in der Wissenschaft belegt.

'Belegt' besagt allerdings nur, dass Zusammenhänge erklärbarer werden. Frei nach dem Motto: „Wer nichts weiß, weiß alles, und wer viel weiß, stellt fest, wie wenig er weiß." Denn mit neuen Erkenntnissen werden weitere ungeklärte Fragen aufgeworfen.

Fragen zu stellen ist eine wichtige Eigenschaft des Menschen. Wenn wir Fragen stellen, befriedigen wir unsere Neugier. Das Neue, das Interessante, das Unbekannte reizt uns. Es motiviert und regt unsere Kreativität und unsere Phantasie an. Wohl dem, der darüber verfügt!

Die Beantwortung von Fragen dient allerdings auch dem Sicherheitsgefühl. Wenn wir wissen, womit wir es zu tun haben, fühlen wir uns sicherer, oder wir können uns auf neue Erkenntnisse einstellen. Das ist uns nur deshalb möglich, weil uns ein Bewusstsein gegeben ist. Sich-seiner-selbst-bewusst-sein ist das, was uns von allen anderen Lebewesen unterscheidet.

„Phantasie ist wichtiger als Wissen, denn die Phantasie ist die Realität von Morgen."
Albert Einstein

„Glück ist, wenn Deine Gedanken, Deine Worte und Dein Tun im Einklang sind."
Mahatma Gandhi

Halten wir also noch einmal fest: Körper und Geist stehen in einer sich ständig gegenseitig beeinflussenden Beziehung! Psychische Missstimmungen wirken sich auf das körperliche Befinden aus, und umgekehrt beeinflussen körperliche Einschränkungen unser seelisches Gleichgewicht.

Neue Untersuchungsmethoden, besonders in der Hirnforschung, erlauben eine differenzierte Darstellung, wie sich z.B. Bewegung auf den Stoffwechsel im Gehirn auswirkt. Ausdauertraining, Muskeltraining und koordinatives Training beeinflussen die Leistungsfähigkeit von Neuronen und Synapsen. Ständig tauscht unser Nervensystem Signale vom Kopf zum Körper und vom Körper zum Kopf aus, gleicht sie an und stimmt sie aufeinander ab.

Das heißt also für uns und besonders für mich als Coach, dass wir bei allem, was wir tun, immer den Menschen in seiner Ganzheitlichkeit betrachten müssen, da Einwirkungen von außen immer vielschichtige Anpassungsvorgänge im Inneren unseres Organismus in Gang setzen.

Warum ist das für mich als Coach so wichtig? Ganz einfach: Ich versuche bei meinen Klienten, über den Körper an den Kopf zu kommen. Anders formuliert: Ich möchte durch physische Anstrengungen psychische Veränderungsprozesse in Gang setzen. Dies gelingt nur, wenn man die Zusammenhänge kennt und über eine gute Beobachtungsfähigkeit verfügt.

„Der Mensch spielt nur, wo er in voller Bedeutung des Worts Mensch ist, und er ist nur da ganz Mensch, wo er spielt."
Friedrich von Schiller

Haben Sie einmal kleinen Kindern beim Spiel zugesehen, beim freien Spiel im Garten, beim Fußball auf der Wiese, beim Völkerball in der Schule? Sie erkennen sehr schnell die Charaktere der Mitspieler. Ab einem gewissen Intensitätsgrad verliert die Kopfsteuerung an Bedeutung. Das spielende Kind ist so, wie es ist. Es folgt seiner Emotion. Wer setzt sich besonders ein? Wer ist am meisten am Ball? Wer spielt offensichtlich Foul? Wer spielt verdeckt unfair? Welche Mittel werden angewandt, um den Gegner zu beeinflussen – Sprache oder Körpersprache? Wer zeigt, dass er uninteressiert ist? Bleibt er allein mit seiner Haltung oder versucht er, andere mitzuziehen?

Denken Sie für einen Moment an Ihre Kindheit zurück: Wie haben Sie sich verhalten? Sind diese Charaktereigenschaften verloren gegangen oder haben sich nur die Lebensumstände und Situationen verändert?

„Charakter wird nicht vererbt. Man erschafft ihn täglich durch die Art und Weise, wie man denkt und handelt, Gedanke für Gedanke, Handlung für Handlung."
Helen Gahagan Douglas

Kommen diese Eigenschaften vielleicht doch regelmäßig in modifizierter Form durch? Oder braucht es heute eine gewisse Reizschwelle, die überschritten werden muss, bis Ihr tatsächliches Naturell sich offen zeigt? Verhindert Ihr Sozialisationsprozess durch Kopfsteuerung emotionale Ausbrüche? Kontrolliert Ihr Kopf den Bauch?

Jetzt können Sie vielleicht verstehen, warum ich keck behaupte: Trainiere mit mir und ich sage dir, wer du bist. Beim körperlichen Training fallen Hemmschwellen. Aus einer Top-down-Steuerung wird eine Bottom-up-Steuerung!

Betrachten Sie eine Jungengruppe und eine Mädchengruppe, die Fußball spielen wollen. Jungen sehen einen Ball (und nur den Ball!) und beginnen mit dem Spiel. Sie laufen, dribbeln, kämpfen um den Ball, schießen ihn aufs Tor oder auch sinnlos in der Gegend herum. Bis irgendjemand es schafft, zwei Teams zu bilden, die anschließend gegeneinander spielen. Das Jagen nach dem Ball lässt die Jungs alles vergessen. Ehrgeiz, Selbstbehauptung und das Ziel, unbedingt ein Tor schießen zu wollen, treiben die Emotionen hoch. Aggressives Tackling und sogar Fouls werden in Kauf genommen. Liegt der Gegner am Boden, wendet man sich ab und versucht, weiter dem Spielfluss zu folgen.

Mädchen, zumindest dann, wenn sie keine besondere Affinität zum Fußball haben, stehen erst einmal im Kreis oder in mehreren Kreisen – und diskutieren. Selbst ein herumliegender Ball kann sie nicht davon abhalten, wichtige Themen zu besprechen. Wenn nichts Besonderes passiert, werden sie nach einiger Zeit auch über Fußball reden und Mannschaften bilden. Die Auswahlkriterien bei der Gruppenbildung unterliegen jedoch anderen Parametern als bei den Jungen. Hier spielt nicht die Leistung die herausragende Rolle, sondern die aktuelle Freundschaft.

Wenn die Mädchen es geschafft haben, Teams zu bilden, gehen wieder zwei Kreise zusammen. Es scheint, als ob das Spiel vorab durchgesprochen wird. Wenn es tatsächlich losgeht, sind alle begeistert dabei und haben ausgelassen Spaß am Spiel, das dem Fußball ähnelt. Wird jemand gefoult, stürzt man sofort auf die Gegnerin zu, hilft ihr auf, umarmt sie, herzt sie und bringt zum Ausdruck wie leid es einem tut, dass man die andere gefoult hat. Was in der Zwischenzeit auf dem Platz passiert, spielt keine Rolle. Man versteht sich eben, denn man spielt ja miteinander Fußball.

Jungen äußern Kritik meist unmittelbar – und haben sie am Ende des Spiels meist vergessen. Mädchen hingegen kritisieren erst nach dem Spiel – das kann dann auch zeitweilig zu Verstimmungen führen. Im Sozialverhalten sind sie halt anders, die Jungs und die Mädchen.

Aber nur so lassen sich Menschen lieben. Wenn Sie wissen, dass Verstand und Emotionen selten logisch miteinander reagieren, dann haben Sie Verständnis für irrationales Verhalten von Menschen. Also erwarten Sie nie das, was Sie erwarten, sondern seien Sie immer auf Überraschungen eingestellt.

Ob Sie ein Fußballspiel betrachten, eine Sozialstruktur oder ein Wirtschaftsunternehmen, beachten Sie immer: Wenn Sie ein Teil der Struktur sind, so können Sie nicht nicht mitspielen! Selbst mit einer persönlichen Entscheidung, etwas nicht zu tun, werden Sie Reaktionen in Ihrem Umfeld auslösen.

„Sie können alles tun, weil Sie denken, dass Sie es können."
Vergil

Sind Denken, Fühlen und Handeln bei Ihnen im Einklang oder tobt das Chaos?

Viele Klienten finden im Personal Training ihre Insel. Sie wollen einen Ausgleich schaffen zu einer bewegungsarmen beruflichen Tätigkeit. Aber sie möchten mit dem Personal Coach auch einen neutralen sozialen Kontakt haben, der sich als Zuhörer bestens eignet. Hier können sie sich die Seele frei reden, phantasieren, Ideen entwickeln und laut über sich nachdenken. Was mir als Personal Coach wahrscheinlich dabei zugute kommt, ist die Tatsache, dass ich mich weder im privaten noch im direkten beruflichen Umfeld meiner Klienten bewege. Vertrauen ist alles!

Nicht jeder kann alles, sondern jeder kann etwas!

Ich bin davon überzeugt, dass nicht jeder alles kann, sondern dass jeder etwas Besonderes hat oder kann. Die meisten Menschen haben allerdings das Problem, diesen Diamanten bei sich selbst zu finden. Oft ist er sehr gut versteckt, vielen fehlt aber auch der Antrieb oder die Fähigkeit, danach zu suchen. Schauen Sie in den Spitzensport, nehmen Sie berühmte Schauspieler und Musiker oder blicken Sie in die Top-Etagen der Wirtschaft: Spitzenleistung ist nur möglich, wenn sie von innen und mit vollster Überzeugung und Begeisterung geschieht.

„Ich habe die Leben großer Männer und Frauen studiert, und ich habe herausgefunden, dass Männer und Frauen, die an die Spitze gelangen, ihre Arbeit mit vollster Energie und Begeisterung tun."
Henry Truman

Wer verkrampft einem Ziel nachstrebt, wird niemals zu Top-Leistungen fähig sein. Gelangt er wider Erwarten in eine Spitzenposition, so wird sein Körper ihm nicht lange Freude daran zugestehen. Ebenso geht es nicht nur denjenigen, die sich auf der Karriereleiter nach oben abmühen, sondern auch vielen Menschen, die schon ihren Beruf bzw. ihren Arbeitsplatz falsch gewählt und die falschen Kriterien angesetzt haben.

Wie werde ich erfolgreich?

„Es gibt nur eine Art von Erfolg – sein Leben so zu führen, wie man es möchte "
Christopher Morley

Dazu allerdings ist es nötig, den Begriff 'Erfolg' zu definieren. Die meisten verbinden damit das Vorhandensein von Geld, Macht und Ruhm. Aber wir wissen ja bereits, dass dies keine Garanten für ein zufriedenes, glückliches Leben sind. Wenn Sie Ihr Leben so führen, wie es Ihnen gefällt, dann sind Sie sicherlich erfolgreich und glücklich. Voraussetzung dafür ist allerdings, dass es Ihrer innersten Überzeugung entspricht und Sie nicht einem gesellschaftlichen Vorbild nacheifern!

„Was ist schon Geld? Ein Mensch ist erfolgreich, wenn er am Morgen aufsteht und am Abend zu Bett geht und dazwischen das tut, was er tun will."
Bob Dylan

Daniel Norris besitzt ein Paar Jeans und lässt sich nur 800 Dollar im Monat überweisen. Dabei zählt der 21-Jährige bei Toronto zu den hoffnungsvollsten Werfern im Baseball. Norris lebt in seinem VW Bus in der freien Natur und hat Millionen auf dem Konto.

Sein Credo lautet: Ich kann nur dann Spitzenleistung bringen, wenn ich glücklich und zufrieden bin. Ich bin aber nur glücklich und zufrieden, wenn ich lebe wie ich es mag.

Kohärenz ist ein sehr guter Parameter, ob Sie glücklich und zufrieden sind. Bitte kontrollieren Sie folgende Faktoren: Verstehen Sie Ihre Situation, in der Sie sich befinden.

‣ Sie verstehen, warum etwas so ist, wie es ist?

‣ Hat das, was Sie tun, einen Sinn?

‣ Hinterfragen Sie die Sinnhaftigkeit Ihres Daseins und Ihrer Tätigkeiten:

‣ Ist das, was Sie tun, wichtig?

„Die wichtigste Sache über Ziele ist, welche zu haben."
Geoffrey F. Albert

„Wo Dein Interesse ist, da ist Deine Energie."
Dale Carnegie

Eine Vision zu haben, ein Ziel vor Augen zu sehen, gibt einem Anschub und Motivation. Die Phantasie beflügelt uns und wird uns stets antreiben, dem Ziel näher zu kommen. Doch nicht jeder ist sich über seine Ziele im Klaren. Dazu ist das 'persönliche

Sie werden sehen, dass Sie sehr unmotiviert sind, wenn Sie nicht den Sinn einer Tätigkeit erkennen (das gilt übrigens auch für Ihre Mitarbeiter).

‣ Haben Sie die Fähigkeiten und Fertigkeiten, Probleme zu lösen oder Ziele zu erreichen?

‣ Können Sie das realisieren?

Wenn Sie zu allem in jedem Moment „Ja!" sagen können, dann befinden Sie sich sicherlich derzeit in der Komfortzone! Dies ist erfreulich, denn Sie haben die Komfortzone schon kennen oder schätzen gelernt. Für Sie stellt sich die Frage, wie Sie sie erhalten und | oder sogar weiterentwickeln können. Viele Menschen haben diesen Status überhaupt noch nicht erlebt.

Ändern Sie Ihr Denken und Sie ändern die Welt!

Dazu müssten Sie erst einmal bereit sein, Ihr Leben neu zu denken. Oder überhaupt zu denken! „Verändere Dich und Du veränderst die Welt!" Ich empfehle jedem, sich mindestens einmal pro Woche 20 bis 30 Minuten Zeit zu nehmen und über sich nachzudenken. Was interessiert mich, was kann mich begeistern, wovon träume ich, was liebe ich?

Durchleuchten' wichtig: Was ist interessant an mir, was kann ich gut, was kritisieren andere an meiner Person, was finden sie gut oder außergewöhnlich? Was habe oder kann ich, was andere nicht haben oder können? Womit habe ich mich als Kind schon stundenlang beschäftigen können? Welche besonderen Talente, Fähigkeiten oder Fertigkeiten besitze ich?

Manchmal ist weniger mehr. Ich bewundere beispielsweise die Sportler bei den Paraolympics. Sie haben sich aufgrund ihrer körperlichen Einschränkung zu herausragenden Spezialisten entwickelt. Sie haben sich auf einen schmalen Grad von Fähigkeiten fokussiert und erbringen Höchstleistungen, von denen der Mensch ohne Behinderung meilenweit entfernt ist.

Mach' aus einem Nachteil einen Vorteil! Sicher gibt es Menschen, die es aufgrund ihrer Sozialisation schwieriger haben als andere. Aber manchen Spitzensportler hätte es gar nicht gegeben, wenn nicht

die soziale Ausweglosigkeit ihn motiviert hätte, sich durch ein Training zu quälen, um endlich aus seinem Umfeld auszubrechen.

Die Kraft der Gedanken und der Glaube an sich selbst sind grenzenlos!

Suchen und finden Sie Ihre Qualitäten. Vielleicht liegen sie in einem Studium von Sprachen oder Naturwissenschaften. Oder Sie lernen, Ihre handwerklichen oder technischen Fertigkeiten zu nutzen. Bildung und Wertigkeit eines Menschen hängen nicht vom Grad seines Studienabschlusses oder seiner Herkunft ab! Und die Wege zu Spitzenleistungen und Spitzenpositionen waren noch nie so vielfältig wie heute!

„Phantasie ist wichtiger als Wissen, denn Wissen ist begrenzt."
Albert Einstein

„Was immer Du tun kannst, oder wovon du träumst, fang damit an!"
Johann Wolfgang von Goethe

„Phantasie ist die Realität von morgen."
Albert Einstein

„Ich glaube, dass der wichtigste Schritt zu jedem großen Erfolg das Setzen eines klaren Zieles ist. Das befähigt Ihren Geist sich auf Ihr Ziel zu konzentrieren und nicht auf die vielen Hindernisse, die auftauchen werden, während Sie sich bemühen Ihr Bestes zu geben."
Kurt Thomas

Je klarer das Ziel, umso besser. So kommt auf jeden Fall ein Prozess in Gang. Auf dem Weg zum Ziel können sicherlich auch noch Anpassungen vorgenommen werden, doch das große Ganze muss immer vor Augen sein. Vor Augen sein? Nein, nicht nur vor Augen, sondern es muss sich im Unterbewusstsein festsetzen. Dort ist das Bild ständig vorhanden, auch wenn wir nicht bewusst dauernd daran denken. Es ist wie bei sportlichen Bewegungen, die Sie neu erlernen. Zuerst sucht sich eine neue Bewegung einen Pfad im Gehirn, was nur über unser Bewusstsein geschieht. Dazu benötigen wir Konzentration. Wir üben eine Bewegung immer wieder ein, perfektionieren den Ablauf, verinnerlichen den Bewegungszyklus und führen ihn zur Automatisation. Jetzt können wir ihn stets abrufen, er ist abgespeichert und jederzeit verfügbar, seine Aktivierung setzt nicht mehr das Bewusstsein voraus. So mag es auch mit unseren innersten Gedanken sein, die auf ein Ziel ausgerichtet sind. Sie verschwinden aus unserem bewussten Denken, aber lenken uns über das Unterbewusstsein.

„Warte nicht bis alles genau richtig ist. Es wird niemals perfekt sein. Es wird immer Herausforderungen, Hindernisse und nicht optimale Bedingungen geben. Na, und? Fang' jetzt an. Mit jedem Schritt, den Du unternimmst, wirst Du stärker und stärker, immer geschickter, immer selbstbewusster und immer erfolgreicher."
Mark Victor Hansen

Haben Sie Mut und beginnen Sie mit dem Handeln. Lassen Sie aus Ihren Zielen einen Handlungsplan mit kleinen Teilzielen entstehen und setzen Sie ihn in eine Planung um.

„Weißt Du, wie Du Gott zum Lachen bringen kannst? Erzähl ihm Deine Pläne."
Blaise Pascal

Dabei wird Vieles schiefgehen, gar nicht so laufen wie geplant. Hindernisse tun sich auf, von denen Sie keine Ahnung hatten, Sie begegnen Kritikern und Neidern, die Ihnen von Ihren Zielen abraten und Sie für verrückt erklären. Sie werden alles überwinden, wenn Sie glauben und zwar fest glauben: „Das ist mein Weg!" Je mehr Probleme Sie überwinden, je mehr Aufgaben Sie lösen und je mehr Entscheidungen Sie treffen, desto selbstbewusster werden Sie. Sie werden sich Ihrer Absicht und Ihrer Fähigkeiten immer bewusster und über diesen Prozess des Sich-selbst-bewusst-werdens reift in Ihnen eine Persönlichkeit.

Sie werden zu der Persönlichkeit, die Sie sich erträumt haben. Mehr Glück geht nicht!

„Die Angst vor dem Versagen ist das größte Hindernis für Erfolg im Leben eines Erwachsenen."
Brian Tracy

Es gibt zahllose Fußball-Talente in den Jugendabteilungen dieser Welt und zahlreiche Beispiele für die verkannten Begabungen. Über Jugendspieler, die man nach Hause geschickt hat, weil sie zu klein, zu unbeweglich, zu unfertig am Ball waren, die später zu den größten ihrer Zunft zählten, weil jede Niederlage sie noch stärker gemacht hat – und sie beweisen wollten, dass sie ihr Ziel erreichen können.

Nie aufgeben macht den Unterschied. Dies gilt sicherlich für jeden Einzelnen, für jede Unternehmensführung, für jedes Team. Dabei darf man nicht verblendet jeweils gleiche Fehler wiederholen. Sachliche Analyse bei sich selbst, was man hätte besser oder anders machen müssen, ist angebracht, um den richtigen Weg zum späteren Erfolg zu finden. Je stärker die Eigenverantwortung, umso größer die Frustrationstoleranz, auch mit Niederlagen oder Rückschlägen fertig zu werden!

„Wenn es offensichtlich ist, dass die Ziele nicht erreicht werden können, sollten Sie nicht die Ziele korrigieren, sondern die Handlungen."
Konfuzius

„Wer ein entferntes Ziel erreichen will, muss kleine Schritte machen."
Helmut Schmidt

Stress und Hektik sind oft eine Folge davon, dass Prioritäten nicht klar sind. Man arbeitet viel, verzettelt sich in alltäglichem Kleinkram und die wirklich wichtigen Dinge des Lebens bleiben auf der Strecke.

Nehmen Sie sich regelmäßig eine kleine Auszeit zur Reflexion. Spätestens aber dann, wenn Sie merken, dass kleine unbedeutende Situationen nerven, Sie unruhig schlafen, schnell gereizt sind oder Ihr Essverhalten sich verändert, Sie also zu viel, zu wenig, das Falsche und das auch noch zum falschen Zeitpunkt essen. Wenn Sie viel arbeiten, aber wenig schaffen, Ihre Stimmung sich einem Tiefpunkt nähert und Sie weder Lust oder Freude an der Arbeit, noch an Ihrem Leben haben. Wenn Sie sich selbst nicht mehr leiden können. Wenn Sie in diesen Zustand kommen, ist es fünf vor zwölf. Jetzt muss schnellstens eine Auszeit her, damit Sie sich sortieren und Ihren persönlichen Kompass auf die wirklich wichtigen Dinge neu ausrichten.

Diese Situation ist im Sport bekannt. Die Symptomatik eines gestressten Menschen oder eines Menschen, der kurz vor einem Burn Out steht, gleicht der Situation eines Sportlers, der sich im sogenannten Übertraining befindet.

Alle oben erwähnten Anzeichen treten auch bei ihm auf. Das deutlichste Signal ist die Tatsache, dass er trotz oder gerade weil er (zu) viel trainiert (arbeitet), in seiner Leistung immer weiter abfällt. Dies kann sich auch in messbaren Faktoren niederschlagen. So liegen seine Pulswerte für eine entsprechende Leistung unnormal hoch. Es kann allerdings auch sein, dass sich sein Puls trotz Trainingsbelastung nicht nach oben verändert.

Diese Merkmale stehen im direkten Zusammenhang zu unserem Nervensystem, das durch den Sympathikus aktiviert und durch den Parasympathikus zur Ruhe gebracht wird. Ein gestresster Sportler im Übertraining findet nicht den notwendigen Ausgleich zwischen diesen beiden Systemen. Er arbeitet im Dauerbetrieb oder ständig an der Leistungsgrenze, ohne dass er die notwendigen Regenerationszeiten bekommt.

In der Ruhe liegt die Kraft. Der menschliche Organismus kann nur in den Regenerationszeiten neue Energie gewinnen. Bekommt er diese notwendigen Zeiten nicht, geht der Organismus an seine Reserven – ein kontinuierlicher Leistungsabfall ist die Folge. Dieser Nichtausgleich der Systeme lässt sich heute durch Biofeedback-Analysen sichtbar machen.

Was macht der vom Übertraining geplagte Sportler: Er reduziert zum Beispiel die Trainingsleistungen, er verändert die Inhalte seines Trainings oder er nimmt sich eine aktive Pause, in der Regenerationsmaßnahmen seinen Tagesablauf bestimmen. Nach einiger Zeit normalisiert sich sein Organismus wieder. Die aufgetretenen unangenehmen Nebenwirkungen gehen zurück – und das Beste: Der Sportler gewinnt neue Energie, die ihn neu motiviert. Er freut sich wieder so richtig auf seinen Sport.

Dies gilt genauso für die Arbeitswelt. Wer merkt, dass es nicht mehr geht, der braucht eine Auszeit.

Wenn man selbst die eigenen Kollegen nicht mehr sehen oder ertragen konnte, so freut man sich nach der Auszeit auf ein Wiedersehen und ist bereit für neue Aufgaben! Sie denken, dass Sie dafür keine Zeit haben? Ich denke, Sie können es sich nicht leisten, es nicht zu tun! Denn sonst wird sich nichts verändern und Sie werden ihre wichtigsten Lebensziele nie erreichen.

Lebe Deine Gefühle und suche das, was Dir Freude bereitet! Hier setzt Ihre Achtsamkeit ein, die Sie zur Ruhe ruft und Sie veranlasst, über sich nachzudenken. Haben Sie ein Tief und Sie glauben, Sie schaffen es nicht, so nehmen Sie eine kleine Auszeit. Konzentrieren Sie sich auf sich selbst, spüren Sie Ihren Atem und lassen Sie innerlich los. Blicken Sie zurück auf Dinge, die Sie geschafft haben, seien Sie dankbar für Erreichtes und freuen Sie sich an dem, was Ihnen wichtig ist im Leben. Schöpfen Sie durch Meditation, Visualisierung, Entspannung oder Sport neue Energie.

‣ Glauben Sie weiter an Ihr Ziel?

‣ Sind Sie davon überzeugt?

‣ Überprüfen Sie Ihre Handlungen:

‣ Haben Sie sich verzettelt, wo liegt Ihr Fokus?

Lassen Sie sich von Ihrer Leidenschaft inspirieren und fassen Sie neue Entschlüsse. Ihr fester Glaube und die Kraft Ihrer Gedanken werden Ihnen neues Selbstvertrauen geben.

„Um klar denken zu können, muss ein Mensch regelmäßig Perioden der Einsamkeit einplanen, in denen er sich konzentrieren und ohne Störung seiner Phantasie nachgeben kann."
Thomas A. Edison

Indem Sie Veränderungen bei sich vornehmen, werden Sie auch Ihre Handlungen anpassen. Da Sie mit Ihrer Person und mit Ihren Handlungen ein Teil eines großen Ganzen sind, werden Sie mit Ihrer Veränderung auch das Ganze beeinflussen und verändern.

„Man kann nicht nicht kommunizieren."
Watzlawick

Nehmen Sie regelmäßig eine kleine Auszeit und...

‣ machen Sie Ihren Schreibtisch frei

‣ werfen Sie alles weg, was Sie nicht mehr brauchen

‣ heften Sie alle Unterlagen gut gegliedert nach Themengebieten ab

‣ machen Sie eine Liste von Ihren Aufgaben und bestimmen Sie die Prioritäten

‣ planen Sie die wichtigsten Ergebnisse für die nächste Woche

‣ legen Sie Zeiten für die verschiedenen Aufgaben fest

‣ reservieren Sie sich am Ende jedes Tages ein paar Minuten Zeit, um Ihren Arbeitsplatz aufgeräumt zu verlassen und die wichtigen Dinge für den nächsten Tag zu planen

‣ planen Sie nicht nur die Arbeit, sondern auch Ihre Freizeit.

So steigern Sie Ihren Überblick, Ihre Konzentration und damit auch Ihren Erfolg.

„Probleme kann man niemals mit derselben Denkweise lösen, durch die sie entstanden sind."
Albert Einstein

Eigenreflexion hilft Ihnen, sich besser zu erkennen. Es ist nicht nur eine Frage der Gene, wer oder was Sie sind. Meist hat das Leben Ihnen schon Hilfen und Gelegenheiten gegeben, zu erkennen, welche genetischen Veranlagungen Sie besitzen. Laufen Sie sehr schnell oder sind Sie eher der ausdauernde Typ? Bewegen Sie sich eher explosiv oder ruhig? Merken Sie, dass Ihre Muskulatur schnell reagiert und Sie rasch kräftiger werden oder liegen Ihnen Beweglichkeit und Koordination mehr? Denken Sie schnell, haben Sie eine gute Auffassungsgabe? Versuchen Sie herauszufinden, was Ihnen leicht fällt. Wo setzen sich bei Ihnen die Kalorien ab? An welcher Körperstelle nehmen Sie als Erstes zu?

Finden Sie Stärken heraus und machen Sie sie noch stärker. Auch wenn unsere Gene uns das Potenzial und damit auch eine oberste Leistungsgrenze vorgeben, so entscheidet doch Ihr Sozialisationsprozess darüber, was Sie aus Ihrem Potenzial machen. Ob Sie es brach liegen lassen, es gar nicht erst entdecken, ob Sie es sogar kennen, aber nicht fordern und fördern (wie dumm) – oder ob Sie sich über Ihr Potenzial im Klaren sind und es sich erschließen.

Gene und Sozialisationsprozess machen den Menschen. Das Salutogenese-Modell von Antonovsky verdeutlicht den Zusammenhang zwischen den Risikofaktoren und den Schutzfaktoren, die unser Leben begleiten. Eine klare Ausrichtung zu den Schutzfaktoren steht in signifikantem Zusammenhang zur Gesundheit. Sich den Risikofaktoren auszuliefern, führt geradewegs in einen Teufelskreis von Krankheitssymptomen. Prävention ist wichtiger und billiger als Rehabilitation. Eigenverantwortung zu übernehmen für seinem Körper, ist ein Gebot unserer Gesellschaft. Auch Führungskräfte und Arbeitgeber haben die Verpflichtung, sich dieser Themen anzunehmen. Ein gesundes Unternehmen hat auch gesunde Mitarbeiter. Eine Win-Win-Situation entsteht nur, wenn sich das Unternehmen der Fürsorge für seine Mitarbeiter bewusst ist und die Mitarbeiter auch Eigenverantwortung für Ihre Gesundheit übernehmen.

DIE BESTE UND BILLIGSTE MEDIZIN: BEWEGUNG!

Die beste Prävention fürs Alter beginnt in der Jugend. Die in der Jugend gelegten Grundlagen können nicht mehr nachgeholt werden. In der Jugend bauen Sie das körperliche und geistige Sparbuch fürs Alter auf. Mit den Jahren zwingt uns der Alterungsprozess, an das Ersparte zu gehen. Eine meiner wichtigsten Aufgaben in meinem Job ist es, Menschen zu befähigen, länger jung zu bleiben, indem sie gesund älter werden und bis ins hohe Alter autark bleiben.

DAS IST HÖCHSTE LEBENSQUALITÄT UND PURE FREUDE!

Auch wenn Sie es nicht wahr haben wollen, aber ab dem 30. Lebensjahr geht es bergab. Bis dahin hat der Körper Ihnen die Gelegenheit gegeben, ihn aufzubauen, was er aufgrund der biologischen Situation bestens unterstützt hat. Doch der einsetzende Alterungsprozess baut vorhandene Ressourcen in unterschiedlichem Tempo wieder ab.

Doch keine Panik: Sie können Einfluss nehmen. Durch entsprechende Interventionen schaffen Sie es, den Alterungsprozess zu verlangsamen. So kann sich ein 60-Jähriger in Teilbereichen die Leistungsfähigkeit eines 40-Jährigen erhalten! 20 Jahre länger jung zu bleiben, sind eine Herausforderung und ein erstrebenswerter Anreiz.

Wichtig dabei ist allerdings...zwischen den Ohren, denn ohne Kopf funktioniert gar nichts.

Schlafen und guter Schlaf etwa gehören zu den wichtigsten Regenerationsmaßnahmen. Dies wissen nicht nur Spitzenathleten. Jeder von uns hat sicherlich schon erlebt, dass sich unser Körper irgendwann den Schlaf nimmt, den er braucht. Unendliche Belastungen und ständiges Arbeiten an der Leistungsgrenze senken unser Leistungsvermögen. Schlaf und rechtzeitige kleine Unterbrechungen im Arbeitsprozess lassen uns frischer, produktiver und motivierter an die Arbeit gehen.

Da fällt mir das Beispiel des Iditarod ein. Dieses wahnsinnige Schlittenhunderennen führt etwa 1.850 km über das Arktikeis. In der Regel laufen die Hunde den ganzen Tag und ruhen sich nachts aus oder sie laufen die ganze Nacht und ruhen tagsüber. Dieses Rennen galt immer als Männerdomäne – bis Susan Butcher mit ihrem Gespann nicht nur das Rennen, sondern auch das Training anders einteilte. Sie ließ ihre Hunde nur vier bis sechs Stunden laufen und gab ihnen anschließend die gleiche Zeit als Ruhephase. Susan Butcher erkannte in ihrer Trainingsvorbereitung, wie sinnvoll und gleichzeitig bedeutsam die richtige Gewichtung von Belastung und Erholung ist. Anfangs belächelten die Männer ihr Vorgehen, doch sie wurden eines Besseren belehrt: Butcher gewann dieses brutale Rennen viermal. Disziplin, Willenskraft, ein Gespür für das richtige Training und konsequentes Üben zahlten sich aus.

Meine Trainingseinheiten mit meinen Klienten sind normalerweise längst nicht so schweißtreibend oder anstrengend. Oft sind sie die reinsten Fortbildungen für mich. Ein Klient, den ich seit vielen Jahren betreue, ist CEO eines weltweit tätigen Unternehmens. Seine Aussage: „Wer seine Sporttermine nicht managen kann, der kann auch keine Company führen", bringt mich jedes Mal zum Schmunzeln. Wir unterhalten uns über die verschiedensten Themen. So etwa auch über Persönlichkeiten und Buchautoren, die anderen zeigen wollen, wie sie zu Glück, Erfolg und Reichtum gelangen. Einen Denkanstoss meines Klienten fand ich beachtenswert: Er hinterfragte, aus welcher Position die Ratgeber ihre guten Tipps weitergeben. Meist ist mit vollen Hosen gut stinken, d.h. sie sind gewöhnlich in einer komfortablen Position, haben vieles erreicht und fangen an, über sich und ihren Weg nachzudenken. Wenn die meisten wahrheitsgetreu zurückblicken, sehen sie auch zahlreiche Niederlagen, Rückschläge oder auch Umwege, die sie gegangen sind. Vielfach werden sie auch zugeben, dass sie sich während ihres beruflichen Aufstiegs lange nicht so vernünftig und bewusst verhalten haben, wie sie es jetzt anderen raten. Auch sie haben Kompromisse schließen müssen, sind erst durch erfahrenen Leidensdruck klüger geworden und gestehen ein, dass sie manches oder auch vieles in ihrem Leben dem Glück, Zufall, günstigen Gelegenheiten, einem besonderen Erlebnis oder dem Schicksal verdanken. Doch allen, die sich erfolgreich und zufrieden fühlen, ist eines gemeinsam: Sie haben den Weg zu sich selbst gefunden. Der eine früher, der andere später. Zahlreiche Erfolgsgeschichten finden ihren Höhepunkt erst zwischen 50 und 60 Jahren. Dies gebe ich gerne den Menschen mit auf den Weg, die glauben, ihr Zug wäre abgefahren: Pfeift auf Demographie und erkennt, welch riesiger Schatz in Euch schlummert. Erfinder, Firmenbosse, Dichter, Musiker haben geforscht, geackert, ausprobiert über Jahre, um durch einen kleinen Moment berühmt oder erfolgreich zu werden. Sie haben das getan, was ihnen liegt, was ihnen Spaß macht. Auf diesem Weg finden sie zu sich selbst, werden durch Neugierde immer herausgefordert und entwickeln Selbstbewusstsein.

Es steckt schon im Wort: Wer sich seiner selbst bewusst ist, verfügt über Selbstbewusstsein!

Und Selbstbewusstsein und Selbstsicherheit geben ein gutes Gefühl. Ich möchte Selbstbewusstsein auf keinen Fall gleichsetzen mit Arroganz oder Selbstüberschätzung. Selbstbewusstsein ist das Charismatische einer Persönlichkeit. Mit zunehmendem

Alter wächst der Erfahrungsschatz, der ältere Mensch verfügt über ein größeres empathisches Gedankengut, ist bestens vernetzt. Technologische Entwicklungen und Anwendungen fallen häufig den Jüngeren leichter, aber zusammen sind die Generationen unschlagbar. Wer diese Komplementärbeziehungen zwischen Jung und Alt begriffen hat, ist im Vorteil. Dies wissen nicht nur Trainer von Spitzenfußballteams zu schätzen. Routine, der Blick für das Wesentliche und mitreißende neue Ideen führen zu hervorragendem Kombinationsspiel. Wenn Jung und Alt sich den Ball gegenseitig zuspielen, entsteht ein erfolgreiches Team.

Auf solche gute Ideen muss eine Führungskraft natürlich erst kommen. Wann entstehen die besten Ideen? Klar: draußen in der Natur oder im Bad. Wer sich bewegt, verschafft dem Geist Freiräume. Sie kennen die Bewegungsprogression: Walking-Talking-Jogging-Running. Wie viele gute Ideen oder Gedanken schon während meiner Trainingseinheiten entstanden sind, kann ich gar nicht mehr beziffern. Auch oder gerade weil ich meist keine besondere Ahnung von der Branche meines Trainingspartners habe, stelle ich scheinbar Fragen, auf die ein tunnelblickbegrenzter Insider nicht kommen würde. Auch hier zeigt sich: Im freien Spiel der Kräfte entwickelt der Geist seine kreativen Fähigkeiten. Wenden Sie die 'Walk the talk'-Methode einfach mal an. Probleme lösen sich besser im Gehen.

Manchmal begegnen mir Menschen, die gelassen sind, ein dickes Fell haben, die selbst darüber entscheiden, wer sie ärgern kann und wer nicht. Wer so weit ist, ist oft an der Spitze und in einem kohärenten Zustand.

Was mich immer wieder erstaunt in der Begleitung von 'außergewöhnlichen' Persönlichkeiten? Manchmal ist es die Tatsache, dass sie an der Spitze von großen Unternehmen stehen, aber nicht unbedingt im Rampenlicht der Öffentlichkeit. Sie verrichten ihre Arbeit gerne im Hintergrund und engagieren sich sehr für soziale Projekte, ohne dass es

bekannt wird. Sie sind absolute Könner auf ihrem Gebiet und haben entsprechende Erwartungen an externe Berater. Der Personal Coach ist dabei der Scout in Sachen Gesundheit, körperlicher Fitness und geistiger Entspannung. Verbindlichkeit, absolute Zuverlässigkeit und Vertrauen spielen in dieser Beziehung entscheidende Rollen. Vielleicht tut es ihnen auch gut, nach anstrengender Leistung gelobt zu werden. Denn wer an der Spitze ist, kann sich nur selbst loben und die Verantwortung für Erfolg oder Misserfolg nur bei sich suchen. Dies sind Charaktermerkmale von gestandenen Persönlichkeiten. Sie lieben ihren Job, den sie professionell ausfüllen – damit erarbeiten sie sich einen Status in ihrer Community.

Es mag banal klingen, aber es ist wahr: Sie bekommen die Kunden, die Sie verdienen bzw. die, die zu Ihnen passen.

Und das ist gut so, denn so ist für alle gesorgt. Wettbewerb setzt sich zunehmend aus Kooperation und Konkurrenz zusammen: Nur wer auf 'Coopetition' setzt, kann heute bestehen. Kritisieren Sie nie Ihren Wettbewerber! Loben Sie ihn und finden Sie Ihre Merkmale, die Sie anders und besser machen!

Ich freue mich darüber, dass ich die Klienten habe, die zu mir passen, denn sie sind erfolgreiche Persönlichkeiten!

Wissen Sie, wie sich zwei weise Philosophen begrüßen? „Es ist alles gesagt", sagen sie.

Um doch etwas zum Besten zu geben, würde mein Freund Wolfgang jetzt bemerken: „Aber längst noch nicht von jedem." Und ich ergänze keck: „Und längst noch nicht alle haben es verstanden." Deshalb melde ich mich zu Wort und schreibe diese Zeilen. Wir haben nur 24 Buchstaben in unserem Alphabet und können daraus unzählige Wörter bilden. Betrachtet man jetzt die Tatsache, dass verschiedene Menschen selbst demselben Wort unterschiedliche Bedeutungen zuordnen, so wird das Verständnis für unsere Welt nicht einfacher. Ganz zu schweigen von der Problematik einer vergleichenden Gewichtung. Ich will zum Ausdruck bringen, dass die Sprache im Land der Dichter und Denker ein sehr unzuverlässiges Mittel ist, sich mitzuteilen. Auch wenn wir von Liebe, Freiheit, Angst oder Hoffnung sprechen, glaubt jeder, es wäre klar, was gemeint ist.

Weit gefehlt: Die Interpretationen sind unendlich. Vor allem wenn ich versuche, schriftlich etwas auszudrücken, was mir in mündlicher Form viel leichter fällt, da Körpersprache und ausgedrückte Emotionen erst den Gesamtkontext einer Mitteilung für mich vervollständigen.

„Zwei Dinge sind unendlich: das Universum und die Dummheit der Menschen", sagte Einstein und ergänzte: „Beim Universum bin ich mir nicht ganz sicher."

Ein letzter Tipp: „Du sollst Dir kein Bildnis machen." (Max Frisch) ...es ist der Tod der Liebe!

Sie beurteilen Menschen aus der Beobachtung. Sie kennen sie von der Arbeit, Sie kennen sie privat. Aus ihren Handlungen schließen Sie auf besondere Eigenschaften und Charaktermerkmale. Manchmal urteilen Sie aber vielleicht auch über Menschen, die Sie nur vom Hörensagen kennen. Lassen Sie sich nicht täuschen: Jemand, der Gutes tut, ist nicht immer gut, und jemand, der Schlechtes tut, ist nicht immer schlecht. Das gilt auch für das Merkmal Erfolg!

Sie können Menschen nur zum aktuellen Zeitpunkt kennzeichnen. Auch wenn Sie glauben, aus Ihrer Erkenntnis Voraussagen treffen zu können, werden Sie feststellen, wie oft Sie enttäuscht werden und wie oft man Sie positiv überrascht. Gestehen Sie jedem zu, dass er sich ändert. Haben Sie die Weitsicht und die Einsicht, dass Sie nicht das Bild eines Menschen entwerfen und festzurren können. Jeder Versuch dazu wird scheitern mit der Konsequenz, dass Sie dem anderen die Liebe oder die Freundschaft entziehen.

Die Liebe ist die stärkste gedankliche Kraft, die wir besitzen. Lieben Sie Ihren Job, lieben Sie Ihren Partner, lieben Sie Ihre Firma und lieben Sie Ihre Mitarbeiter, so gibt es nichts, was Sie aufhalten könnte!

„Glücklich allein ist die Seele, die liebt."
Johann Wolfgang von Goethe

Das Wichtigste in Kürze: Der Motivationsregelkreis zur Persönlichkeitsentwicklung:

‣ Setzen Sie sich Ziele – realistisch, kontrollierbar, erreichbar.

‣ Analysieren Sie Ihre Voraussetzungen.

‣ Konzentrieren Sie sich auf Ihre Stärken.

‣ Planen Sie eine Strategie mit kleinen Teilzielen.

‣ Ändern Sie Ihr Verhalten.

‣ Genießen Sie Erfolge, denn Erfolge setzen neue Motivation.

‣ Ihre verändertes Verhalten erzeugt ein neues Bewusstsein und Ihr Gewinn sind

‣ pure LEBENSQUALITÄT und Kohärenz

Was hilft Ihnen, wenn Sie verzweifelt sind: Werden Sie sich-wieder-über-sich-selbst-bewusst!

‣ Dankbarkeit, Demut und der Glaube an sich selbst:

  ‣ Die Kraft der Gedanken: Sie sind der Mittelpunkt Ihrer Welt.

- Machen Sie sich bewusst, dass Sie die Macht haben, Ihr Leben zu gestalten.
- Sie ziehen an, was Sie denken.
- Leben Sie Ihre Gefühle.
- Suchen Sie das, was Ihnen Freude bereitet

Das höchste Gut: autark bis ins hohe Alter!

Nichts ist so einzigartig wie Sie selbst: Individualität

- Ganzheitlichkeit

- Das Leben zwischen Extremen (Dialektik) und der inneren Ausgeglichenheit (Harmonie)
- Sind Denken und Fühlen im Einklang oder tobt das Chaos?
- Eine Frage der Gene: Erkennen Sie sich und nutzen Sie Ihre Chancen
- Erlebnisse prägen Ihre Persönlichkeit: Glück, Zufall oder auch planbar: die Achterbahn der Sozialisation
- Lebensqualität – das Produkt aus körperlich-geistiger Fitness und dem Gefühl des Wohl-befindens
- Kohärenz

„Ob Sie denken, dass Sie können, oder ob Sie denken, dass Sie nicht können – es ist beides richtig"
Henry Ford

...jetzt entscheiden Sie!

Wachstum braucht Raum

Gaby Jansen

Zeiten ändern sich. Kulturen auch. Mit Gewohnheiten sieht das schon anders aus: Die Höhle war einst der Ort, wo wir Schutz gesucht und unsere Nahrung zubereitet haben. Aus dem Lagerfeuer der Sippe wurde die Feuerstätte der Familie, aus der sich später die Küche entwickelte. Warum? – Entwicklung brauchte immer schon Raum. Die Geschichten, die wir uns damals am Lagerfeuer erzählten, werden heute in der Küche weitergegeben. Eines ist also geblieben: Kommunikation findet immer noch in der Küche statt, die sich dieser Tradition weiterhin anpasst und sich – der Logik sei Dank – längst zur Wohnküche entwickelt hat.

Menschen mögen Traditionen. Mitarbeiter auch. Deshalb berücksichtigen moderne Bürostrukturen solche Vorlieben. War es früher eher Smalltalk, ist es heute interne Kommunikation, die mehr und mehr die Arbeits- und Entspannungsbereiche erobert. Denn Kommunikation dieser Art ist der Nährboden für neue Ideen. Was Mitarbeiter mögen, bestimmt ihr Handeln. Und das gilt heute ganz besonders für neue Mitarbeiter mit besonderen Fähigkeiten: High Potentials wählen nicht mehr den bestbezahlten Job, sondern den, der ihnen die sozialen Strukturen bietet, die sie in der Familie lieben und schätzen gelernt haben. Wo man sich täglich mindestens acht Stunden aufhält, möchte man sich wohlfühlen, denn nur an solchen Orten ist man motiviert, sein Bestes zu geben. Mit dem Wissen um die eigene Leistungsfähigkeit und den eigenen Wert steigen auch die Ansprüche. Besonders deutlich wird das durch die Beispiele aus Kalifornien, die uns die Medien in letzter Zeit unter der Überschrift 'Zukunft des Recruitings' präsentieren.

Jeder Gründer im Silicon Valley hofft, der nächste Bill Gates, Mark Zuckerberg, Steve Jobs oder Jeff Bezos zu werden. Doch es geht den jungen Leuten dabei gar nicht ums große Geld: Es geht ihnen in erster Linie darum, das eigene Projekt, den eigenen Traum, die eigene geniale Idee zu verwirklichen. Und es geht darum, zu erkennen, dass man als kleines Licht dazu fähig ist, die Welt ein bisschen zu erleuchten. Es geht um den Ruhm, der länger lebt als 15 Minuten. Und deshalb ist der Weg der erfolg-

reichen Start-Ups immer gleich: Programmieren, diskutieren, verwerfen und wieder von vorn anfangen – das und alles andere findet zunächst im elterlichen Wohnzimmer, in der Garage oder in der Studentenbude statt. Wenn das Grundgerüst nach wenigen Wochen steht, wird es den Risikokapitalgebern präsentiert. Sind diese überzeugt, fließt Geld in Strömen in die Kassen der 18- bis 25-Jährigen: Hungrige Programmierer werden verpflichtet, notwendige Hardware wird angeschafft. Porsche und Luxusyacht bleiben in den Showrooms der Händler stehen, denn der Schwerpunkt der weiteren Investitionen liegt auf einem einzigen Stichwort: Mitarbeitermotivation – in all ihren Nuancen. Denn davon brauchen alle Beteiligten eine ganze Menge, wenn sie sich 16 Stunden am Tag dem Projekt verschreiben und auch am Wochenende den Ball nicht ruhen lassen sollen.

ALLES GEBEN FÜR DIE, DIE ALLES GEBEN

Der Aufwand, der für Mitarbeiter betrieben wird, ist beachtlich. Was kleine Start-Ups in einer angemieteten Büroetage nur zum kleinen Teil umsetzen können, wird in großen Unternehmen wie Apple, Google oder Facebook perfektioniert. Wer sich im Silicon Valley umschaut, erkennt schnell, dass völlig neue Dimensionen der Begriffe Motivation, Mitarbeiterbindung und Wertschätzung erreicht werden. Dimensionen, die ihre Grenzen nur in den Köpfen kalifornischer HR-Manager finden. Da werden zum Beispiel Sterneköche durch Headhunter abgeworben und mit allem ausgerüstet, was das Herz eines Küchenchefs in den Gourmethimmel schlagen lässt. Das Verwöhnkonzept verbindet dabei maximalen Genuss mit einer ordentlichen Prise Gesundheitsförderung. Alle Zutaten möglichst natürlich – und alles natürlich kostenlos. Und weil ein gut gefüllter Bauch ruhen möchte, gibt es gleich nebenan Rückzugsmöglichkeiten unterschiedlichster Kategorien, denn die Interessen, aber auch die Bedürfnisse un-

zähliger Nationen, Kulturen, Religionen und Charaktere wollen berücksichtigt werden. Diversity ist schließlich auch hier die Basis des Erfolgs. Von der Aromalounge bis zum Flipperautomaten reicht das Spektrum, jeder soll seine Ablenkung, seine Erfüllung und ein gemütliches Plätzchen für ein kurzes Nickerchen finden, um die Akkus von Körper und Geist wieder aufzutanken.

Und die Arbeitsräume? Einrichtung und Gestaltung sind einzig und allein auf den Punkt ausgerichtet, an dem Wohlfühlen und Flexibilität sich begegnen. Warum soll ein Ort, der WLAN bietet, in der Folge nicht auch die Möglichkeit bieten, Mobilität als Teil des Arbeitsprozesses zu integrieren? Warum Käfighaltung praktizieren und jedem 15 Quadratmeter Büro zuweisen, wenn dieses doch sowieso zu 90 % der Zeit gar nicht besetzt ist, weil die Mitarbeiter ständig in Meetings Projektdiskussionen, Kundengesprächen oder gar auswärts beschäftigt sind? Es geht auch anders: Mobile Wände zum Beispiel bieten die Möglichkeit, Räume so zu gestalten, dass sie sich an die momentanen Bedürfnisse anpassen – nicht umgekehrt, so wie wir es seit den Höhlenzeiten nicht nur auf Verwaltungsebene praktizieren. Großraumbüros mit handyfreien Zonen, die konzentriertes Arbeiten ermöglichen, passen sich den unterschiedlichen Arbeitsprozessen ebenso an wie Coffee Points, wo man beim Flavored Latte zwanglos Ideen austauschen kann. Und wem der Kopf brennt, der zieht ein paar erfrischende Bahnen im Schwimmbad oder wirft mit den Kollegen vom anderen Ende der Welt ein paar Körbe in der Sporthal-le. Danach noch ein Tropicana-Becher in einer der Eisdielen auf dem firmeneigenen Campus – und weiter geht es in die nächste kreative Schicht.

Doch damit ist noch lange nicht Schluss. Wenn es darum geht, den 'war for talents' für sich zu entscheiden, fahren Google und Co. auch die schwersten Geschütze auf. So werden nicht nur die Autos der Mitarbeiter gewartet und gewaschen, auch die Kleidung wird kostenlos gereinigt. Firmeneigene Kindergärten und Ärzte stehen ebenso zur Verfügung wie Versicherungen, Rentenpakete und last but not least der vergünstigte Zahnersatz.

Was bieten Sie?

Sie sehen: Vieles ist nicht nur möglich, sondern wird auch tatsächlich praktiziert. Wovon Millionen von deutschen Arbeitnehmern träumen, ist jenseits des großen Wassers gelebter Alltag – zumindest in einigen milliardenschweren Unternehmen, denn wer nicht aufs Geld schauen muss, lässt andere gern an seinem Glück teilhaben.

Nicht alles, was wir uns vorstellen können, wird zu Lebzeiten Realität. Für das deutsche Durchschnittsunternehmen sind solche Leistungen natürlich nicht bezahlbar. Ins Paradies kommen wir vielleicht später einmal. Doch es wird Zeit, dass wir klein anfangen, dass wir uns zumindest Gedanken über die Arbeitswelt der Zukunft machen, denn mit dem digitalen Zeitalter ist eine neue Generation herangewachsen. Junge Leute haben heute völlig andere berufliche Vorstellungen als die Generation X. Die Generation Y möchte nicht mehr die Lehre in einem Unternehmen absolvieren, von dem sie 50 Jahre später eine goldene Uhr erhält. Solche feierlichen Zeremonien gelten nicht mehr als erstrebenswert. In einer globalen Welt zählen neue, globale Blickwinkel. Junge Menschen sind heute mobiler und dadurch gleichzeitig mutiger – auch und gerade in der Bewegung von Arbeitsplatz zu Arbeitsplatz. Wer fremde Länder bereist und fremde Kulturen entdeckt, möchte solche Erfahrungen auch in der Arbeitswelt machen. Ein neuer Job, neue Kollegen, eine neue Umgebung, eine neue Herausforderung, das nächste Abenteuer: Die geheimen Ängste der alten Generationen sind die Kicks der Digital Natives. „Ich bin dann mal weg!" Wer früher mit 18 Jahren für ein Jahr ins Ausland ging, war entweder ein Spinner mit Rucksack oder ein Soldat mit Panzer. Heute sind solche Roadtrips ein wichtiger Teil der Bildungskultur und der sozialen Vernetzung.

Unternehmen kämpfen deshalb heute an zwei Fronten: Auf der einen Seite müssen sie um die eigenen Mitarbeiter härter kämpfen als je zuvor, auf der anderen Seite müssen sie dem Nachwuchs die eigene Unternehmenskultur schmackhaft machen. Zudem gilt mehr denn je, teuer ausgebildete Mitarbeiter langfristig zu binden, denn die Einarbeitung neuer Mitarbeiter kostet neue Zeit, neue Energie und weiteres Geld, insbesondere dann, wenn eine Stelle immer wieder neu besetzt wird. Die wirklich guten Fachkräfte müssen immer mehr von der Konkurrenz abgeworben werden.

Längst liegt das Augenmerk der jungen Kompetenz nicht mehr auf dem schnöden Mammon; was zählt, ist das Wir-Gefühl und das Arbeiten in einem Umfeld, in dem Diversity aktiv gelebt wird. Teil eines Teams zu sein, das aus Menschen besteht, die in vielerlei Hinsicht irgendwie anders sind – die aber auf der gleichen Wellenlänge liegen und mit gebündeltem Know-how die gleichen Ziele verfolgen. Wer möchte nicht gern Teil der großen Familie sein, in der die Wertschätzung untereinander ein Gefühl der Sicherheit gibt? Lassen Sie einen 'Wir-Ort' entstehen, der stark auf Vernetzung ausgerichtet ist. Denn die sozialen Strukturen innerhalb der Unternehmen ändern sich zunehmend. Es wird also höchste Zeit, dass wir die Arbeitswelten, Managementmethoden und Raumstrukturen mit diesen neuen sozialen Strukturen in Einklang bringen.

Motivation kostet nicht die Welt

Vorbei sind die Zeiten, in denen die Chefs ihren Mitarbeitern mit stolzgeschwellter Brust verkünden konnten, dass ab sofort ein Teller mit frischem Obst oder eine mit Gummibärchen prall gefüllte Bonbonniere den Empfangstresen zieren wird. Studien belegen, dass solche Maßnahmen nach ein paar Wochen verpuffen und Geschenke somit zur neuen Selbstverständlichkeit werden. Stellt man diese Maßnahmen dann enttäuscht ein, ist der Weg für echte Motivationsbeschleuniger verbaut. Denn die Realität sieht heute anders aus. Es sind heute die vielen kleinen Dinge, die modernes Arbeiten angenehmer machen. Der Hubraum des Wunschfirmenfahrzeugs sinkt analog zu den Bemühungen, die von Firmenseite in Ergonomie und Optimierung des Arbeitsplatzes gesteckt werden, denn Mitarbeiter wissen heute, dass sie Tag für Tag nur 30 Minuten im Fahrzeug, aber 8 bis 10 Stunden im Unternehmen sitzen müssen. Geben Sie es zu: Durch zwei Weltkriege vergilbte Steckdosen und Schreibtische im Siebziger-Jahre-Volkshochschul-Look lassen keine Wohlfühlatmosphäre aufkommen. Und der Muff, den die 30 Jahre alte Tapete absondert, riecht in der Regel nicht viel besser als der Duftstein, der das alles übertünchen soll.

Aller Anfang ist leicht, denn es ist völlig egal, wo Sie mit der Optimierung beginnen. Sofortmaßnahmen sind genauso willkommen wie die Bereitstellung eines monatlichen Budgets, mit dem Kontinuität für ständige Verbesserungen signalisiert wird. Gehen Sie mit offenen Augen und Ohren, aber auch mit allen anderen Sinnen durch Ihre Abteilungen und horchen Sie – mit legalen Mitteln bitte – den Flurfunk ab. Ein Chef, der die Signale der Mitarbeiter erkennt, ohne dass diese die entsprechenden Wünsche überhaupt aussprechen müssen, punktet auf der ganzen Linie, denn er beweist, dass Wertschätzung und Empathie seine herausragenden Charaktereigenschaften sind.

Schauen wir, was heute möglich ist – und betrachten wir dann nüchtern die Punkte, die wir mit den gegebenen Mitteln tatsächlich umsetzen können. Alle Gestaltungsprozesse, die ich im Rahmen des Business Staging vorschlage, sind ständige Balanceakte zwischen der Ansprüchen der Mitarbeiter und den Zugeständnissen der Geschäftsleitung, sprich: den zur Verfügung stehenden Mitteln. Schließlich ist nicht alles überall umsetzbar, auch wenn es in den Augen aller Beteiligten wünschenswert wäre.

Im Rahmen eines meiner Beratungsaufträge in einem mittelständischen Maschinenbauunternehmen wäre eine teilweise Modernisierung von Produktionsmaschinen in den Augen der befragten Arbeiter eine sinnvolle Maßnahme gewesen. Tatsächlich hatte die Umgestaltung der Pausenräume mit

Rückzugsmöglichkeit und das Angebot von Gesundheitschecks in Zusammenhang mit Präventionsmaßnahmen einen ähnlich motivierenden Effekt erzielt, nämlich den „Hier fühle ich mich wohl"-Effekt, weil man Interesse für das Wohlbefinden und die Meinung der Mitarbeiter bewiesen hat. Im Mittelpunkt aller Überlegungen stehen immer der Mensch, seine Gesundheit und seine subjektiven Gefühle. Wir dürfen deshalb nicht mehr von Belegschaft als Gesamtheit aller Mitarbeiter sprechen, sondern wir müssen uns zuallererst angewöhnen, den Mitarbeiter als Individuum zu betrachten, denn genau das ist er – ebenso wie der Manager und der Vorstandsvorsitzende. Halten Sie sich beim Themengespann Business Staging und Wertschätzung die mögliche Konsequenz vor Augen: Wenn Sie den Arbeitsraum Ihres Mitarbeiters nicht nach seinen Ansprüchen und Bedürfnissen gestalten, macht es möglicherweise bereits am nächsten Ersten ein anderer für ihn.

Die Umgebung formt den Menschen

Das Design von Arbeitsplätzen unterliegt in den meisten Unternehmen einem einzigen Zweck: Arbeit zu beschleunigen. Arbeitsschutz und Funktionalität sind in den Augen der Firmenleitung Trumpf. Innovation in diesem Bereich bedeutet also, Geschwindigkeit und Flexibilität zu vereinen und dadurch Zufriedenheit und Motivation zu fördern. Dazu müssen Fesseln gelöst und Ketten gesprengt werden, denn nur wo Zusammenarbeit auch räumlich funktioniert, können Kreativität und Innovation auch tatsächlich gedeihen.

Alles beginnt mit dem Gebäude, in dem wir arbeiten. Neue Baustoffe und modernste Gebäudetechnologien sind nicht nur äußere Hülle – sie gestalten auch in erheblichem Umfang die inneren Arbeitsprozesse. Tageslicht dorthin steuern, wo es benötigt wird – unter Berücksichtigung von Grundstückslage, Tageszeit und jahreszeitabhängigen Einfallswinkeln – ist ebenso eine Herausforderung wie erdwärmegesteuerte Klimatisierung und automatische Belüftung.

Folgen Sie mir bitte. Betreten wir gemeinsam dieses Gebäude und schauen wir näher hin. So wie es ein Bewerber tun wird, den Sie um alles in der Welt in Ihrem Team sehen möchten und der das erste Mal in seinem Leben einen Fuß in Ihre heiligen Hallen setzt. Er öffnet die Tür und weiß sofort, dass er im richtigen Gebäude gelandet ist, denn der Empfangsbereich erstrahlt in einer Kombination aus einladendem Mobiliar und den Farben des Corporate Designs. Die Farbkombinationen, die ihm seit seinem Besuch der unternehmenseigenen Website vertraut sind, begegnen ihm fortan überall: in Konferenzräumen, in Büros und in Produktionsstätten. Kombiniert mit Farbtönen, die wohnlich gestalten, entsteht so ein gutes Bauchgefühl: Der vielzitierte und wichtige gute erste Eindruck, den es bekanntlich nur einmal gibt und der der entscheidende Faktor bei der Gewinnung von High Potentials sein kann.

Sämtliche Beschilderungen nutzen die hauseigene Typografie. Ich versichere Ihnen: Mitarbeiter mögen solche Dinge, auch wenn sie sich dessen gar nicht bewusst sind. Wenn der Arbeitsplatz aussieht wie die Visitenkarte in der Brieftasche, entsteht nicht nur im Kopf der internen Mitarbeiter ein Gefühl von Verbundenheit. Ein Unternehmen, das auf solche Kleinigkeiten achtet, ja sogar Wert legt, fühlt sich aus Sicht des Mitarbeiters 'gut' an, denn es projiziert seine Unternehmensphilosophie bis ins kleinste Detail nach außen. Konsequenz ist auch in diesem Fall eine sichtbare Stärke und solche Räume Verstärker der Unternehmenskultur.

Abweichungen von der Farbgebung sind erlaubt, um in Räumen bestimmte Stimmungen zu erzeugen, denn Farben sind mächtige psychologische Werkzeuge. Sie beeinflussen unser Verhalten. Dies nutzen Unternehmen, um uns ihre Produkte und Dienstleistungen schmackhaft zu machen: Autohäuser sind überwiegend gefüllt mit schwarzen, weißen, silbernen und grauen Fahrzeugen, denn das sind die Farben, die Kunden bevorzugen; Dunkelblau ist die erste Wahl der Designer, die Logos von Kreditinstituten entwerfen, denn Blau steht für Sicherheit und Eleganz – und erzeugt dadurch mehr Vertrauen als jede andere Farbe; Orange sorgt für Aufmerksamkeit und kann in Meetings die erforderliche Konzentration, insbesondere nach der einschläfernden Wirkung eines deftigen Mittagstischs, fördern. Wechseln Sie aktiv die Farben in den unterschiedlichen Phasen einer Verkaufsverhandlung, um Abschlüsse zu erleichtern. Nutzen Sie die unterbewusste Wirkung von farblich ausgelösten Emotionen und beeinflussen Sie Kaufentscheidungen aktiv. Farben sind außerdem ideal, um Orientierung zu bieten. Sie haben beispielsweise das Potenzial, Flure zu verkürzen, Türen zwecks Orientierung sinnvoll optisch zu markieren und mit wenig Aufwand Arbeitsbereiche abzugrenzen.

Die richtigen Farben und das richtige Licht verwöhnen das Auge, fördern das Wohlbefinden und steigern die Einsatzbereitschaft, wenn's mal länger dauert. Doch wir haben noch mehr Sinne, und wer sich am Arbeitsplatz wirklich wohlfühlen möchte, muss sie alle gleichermaßen zufriedenstellen: Unterschiedliche Lichtquellen schonen die Augen; schallschluckende Dekorationselemente wie zum Beispiel Deckensegel sorgen für hohe Konzentrationsfähigkeit und schmeicheln Ohr und Auge gleichermaßen; moderne Büromöbel, deren Design sich den Gesetzen der Arbeitsplatzergonomie unterwirft, schonen Nacken und Rücken; und last but not least sorgt konstante und angenehme Raumtemperatur für optimale Leistungsfähigkeit. Wenn dann noch der Kaffee genauso gut schmeckt wie er duftet, hat das Unternehmen alles richtig gemacht. Ab hier muss der Mitarbeiter liefern. Und das funktioniert Studien zufolge bestens.

Wer seinen Mitarbeitern Selbstbestimmungsrechte in der Arbeitsweise zugesteht, kann zusätzlich punkten. Leider spielt bei der Planung von Büroetagen ansprechendes Design und Wohlfühlatmosphäre häufig keine Rolle. Selbst Vorgesetzte, die sich für ihr Homeoffice ergonomisch perfekte Bürostühle anschaffen, weil Sie wissen, dass sie dann länger konzentrierter arbeiten können, kommen nicht auf die Idee, dass Angestellte ebenfalls bessere Arbeit leisten, wenn sie sich wohl fühlen. Die meisten Menschen begrüßen die Einteilung von Räumlichkeiten in verschiedene Arbeitsbereiche. Während im Büro konzentriert gearbeitet und telefoniert werden kann, findet der Austausch mit Kollegen vorzugsweise in offen gestalteten Aufenthaltsbereichen statt. Die dürfen durchaus bequem ausgestattet und aufgrund ihrer funktionellen Bequemlichkeit einladend sein. Das signalisiert anderen Kollegen, sich an der Diskussion zu beteiligen: Ideen entstehen und langwierige Meetings erübrigen sich quasi beim Vorübergehen. Ungeplante, keinen Weisungen folgende, Kommunikation ist häufig die Quelle kreativer Ideen. Und es wird effektiv Zeit gespart. Wer heute noch denkt, Gespräche unter Mitarbeitern seien ausschließlich privater Natur und müssten unterbunden werden, der hat nicht verstanden, wie effizient gestaltete Räumlichkeiten Geld in die Unternehmenskasse spülen. Wer dann noch den Stehtisch auf dem Flur mit moderner Technik vernetzt, lädt auch zum Arbeiten mit dem Laptop ein und spendiert der Wirbelsäule eine Erholungspause.

Wer also die Mitarbeiter bei der Gestaltung mit einbezieht, findet schnell heraus, was ihnen in Bezug auf den Arbeitsplatz wirklich wichtig ist. Für das Thema Werteermittlung sollte man sich durchaus die Zeit nehmen, tiefer zu bohren, denn wer das Gespräch mit dem Mitarbeiter intensiv führt, der löst bei ihm eine positive Erkenntnis aus: „Meine Meinung hat Gewicht!"

DAS SCHÖNSTE BÜRO DER WELT

Wenn Funktionalität, Ergonomie und Ästhetik ein Team bilden, entstehen Büroarbeitsplätze, wie sie perfekter nicht sein könnten. Möchte man wissen, wie diese aussehen, muss man nur einen Blick in ein modernes Home-Office werfen. Wer mehr als ein Drittel des Tages in den eigenen vier Wänden arbeitet, muss hier viele Wohlfühlfaktoren, die mit dem Arbeiten in der Firma einhergehen – zum Beispiel die netten Kollegen, die Weitläufigkeit und die leckeren Angebote der Kantine –, kompensieren. Das erreicht man nicht, indem man einen Schreibtisch in der freien Ecke im Schlafzimmer oder unter der Treppe platziert. Ein eigener Raum, der konzentriertes Arbeiten ermöglicht, ist die Basis jedes häuslichen Glücks. Die persönliche Note in Sachen Einrichtung und Farbwahl ist der nächste Schritt; hier kann jeder seinen Ansprüchen und seiner Kreativität freien Lauf lassen. Freiberufler, die alles aus eigener Tasche zahlen müssen, wählen ihre Möbel unter drei Gesichtspunkten aus: Ergonomie, Preis-Leistungs-Verhältnis und persönlicher Geschmack, der auch ruhig etwas teurer als der Durchschnitt sein darf, ist die Investition doch als langfristig anzusehen. Ein paar Pflanzen machen am Ende aus dem Arbeitsraum eine Wohlfühloase, denn Pflanzen sorgen nicht nur für ein besseres Raumklima und für eine bessere Akustik, sondern erhöhen dadurch gleichzeitig die Lebensqualität. Und wer alles selbst wählen darf, setzt sich natürlich auch in Sachen Bürokommunikation und IT auf den neuesten Stand, denn alles, was langsam ist, kostet am Monatsende bares Geld.

Die persönliche Note erhält der Raum durch die vielen kleinen persönlichen Dinge, die einem am Herzen liegen. Das ist das Bild an der Wand, aber auch das der Liebsten auf dem Schreibtisch; das ist das persönliche Mousepad, aber auch die selbst ausgesuchte oder gar selbst gestaltete Tapete; und das ist vor allem die persönliche Ordnung und Organisation der Ablagen und Stauräume sowie die ganz persönliche Lichtstimmung, unter der man sich am wohlsten fühlt. Wer das alles so einrichten kann, wie es seiner Auffassung von effektivem Arbeiten mit Wohlfühlgarantie entspricht, der hat es: das schönste Büro der Welt.

Sie erkennen den springenden Punkt – und gleichzeitig das Dilemma, das sich Ihnen eröffnet: Warum sollte man einem Mitarbeiter zugestehen, seine Keimzelle einzurichten, wie es seinen Vorstellungen am meisten entspricht, wenn uns doch gleichzeitig die Angst verfolgt, dass er mittel- oder gar kurzfristig gar nicht mehr für das eigene Unternehmen tätig sein wird? Gilt für den nächsten Mitarbeiter dieselbe Definition des Begriffs 'Wohlfühlen'? Man wähnt sich in einem unendlichen Kreislauf aus Fortschritt und Zögern. Aber es gibt Universallösungen für das Problem, denn es gibt viele Dinge, die allen Mitarbeitern gefallen. Und es gibt unendlich viele Werkzeuge der Mitarbeiterbindung.

Eine Analyse der 'Begehrlichkeiten mit Sinn' ist Voraussetzung für handfeste Lösungsvorschläge – und ohne Einbeziehung der Mitarbeiter nicht möglich. Sie glauben nicht, dass Ihre Mitarbeiter sich offen über Wohlfühl-Wünsche äußern oder befürchten sogar, schlafende Hunde zu wecken, die aus Budgetgründen nicht umzusetzen sind? Holen Sie sich einen Berater an Ihre Seite und lassen Sie sich im Business-Staging-Prozess begleiten. Das macht noch glaubhafter und hilft, die richtigen Maßnahmen für den alles entscheidenden Wohlfühlfaktor anzuschieben. Denn Wohlfühlen ist nicht nur eine Haltung innerhalb des Unternehmens. Die Stimmung projiziert auch vieles nach außen.

EMPLOYER BRANDING: SAG MIR, WER DU BIST

Insbesondere kleine und mittelständische Unternehmen, die heute und in Zukunft bestehen möchten, müssen sich im Kampf um die Mitarbeiter ein schlagkräftiges Image als Arbeitgeber aufbauen. Dabei verfügen diese Unternehmen über einen entscheidenden Vorteil: das familiäre Betriebsklima. Beste Voraussetzung, um sich wohlzufühlen. Die eigene Arbeitgebermarke muss sich dabei als fairer Partner mit sympathischer Unternehmensphilosophie präsentieren. Niemand kann das glaubwürdiger nach außen vermitteln als die eigenen Mitarbeiter. Nur wenn die Belegschaft im eigenen Unternehmen überdurchschnittlich zufrieden ist, erwacht auch die Bereitschaft, die nächste Stufe der Loyalität zu betreten und Werbung in eigener Sache zu machen: Der einzelne Mitarbeiter wird zum authentischen Botschafter des Unternehmens. Damit punktet man doppelt: der Mitarbeiter ist motiviert – und motiviert gleichzeitig andere, sein Glück zu teilen. Komm zu uns – hier wirst du glücklich. Diese Strategie sichert langfristig Erfolge in der Mitarbeitergewinnung und sorgt gleichzeitig für eine längere Verweildauer guter Mitarbeiter im Unternehmen.

Um das Ziel zu erreichen, müssen neue Rekrutierungsstrategien entwickelt werden, die die Bereiche Social Media und Mobile Recruiting unbedingt einschließen. Machen Sie sich darüber Gedanken, welche Emotionen Sie intern und extern als Arbeitgeber auslösen. Bin ich als Arbeitgeber attraktiv für meine Mitarbeiter – und transportiere ich das glaubwürdig nach außen? Tun Sie Ihren Mitarbeitern Gutes und sprechen Sie darüber. Schließlich ist der Arbeitsmarkt ein geschlossenes Ökosystem: Wer keine Anstrengungen unternimmt, alte Mitarbeiter zu halten, verliert gegen die Unternehmen, die Anstrengungen unternehmen, neue Mitarbeiter zu gewinnen. Denn das versucht der Wettbewerber nicht nur bei Schulabgängern und Studenten, sondern in gleichem Maße auch bei Fachkräften, die bei der Konkurrenz in Lohn und Brot stehen. Was

man für eine komplette Ausbildung sparen kann, lässt sich gut in eine Ablösesumme investieren. Dauerhaft unzufriedene Mitarbeiter, bei denen die innere Kündigung längst stattgefunden hat, sind offen für jede Form von Abwerbebemühungen. Wenn die Geschäftsführung nicht zügig reagiert, sind die kreativen Köpfe verschwunden. Denn eins ist bei diesen Prozessen nicht neu: Schon immer waren es die schlechten Mitarbeiter, die jede noch so bittere Pille geschluckt haben, um den Arbeitsplatz nicht zu verlieren. Bei ihnen funktioniert auch weiterhin im gegenseitigen Einvernehmen die altbewährte Taktik: Sie arbeiten genug, dass sie nicht gefeuert werden – und kriegen gerade so viel Geld, dass sie nicht kündigen.

Der Haken dieser uralten Vereinbarung ist offensichtlich: Kein Unternehmen kann nur mit den schlechten und den unbedingt zu fördernden mittelmäßigen Mitarbeitern am Markt bestehen. Der Untergang ist vorprogrammiert – und nur eine Frage der Zeit und der Höhe bestehender Rücklagen. Die Spitzenkräfte, die mit Geschwindigkeit, Effektivität, Know-how, Kompetenz und Ideenreichtum glänzen, sind unersetzbar, zumal der Abgang von Topleuten auch für die verbliebenen Kollegen ein Motivationskiller mit Langzeitwirkung ist.

Im Zeitalter des Fachkräftemangels werden nicht mehr nur die Besten umworben. Das Personalwesen hat endlich erkannt, dass nicht immer die Einserkandidaten im Unternehmen durchstarten, sondern mindestens genauso häufig die Bewerber mit Persönlichkeit. Längst haben sich aber auch die Ansprüche der Bewerber geändert, denn für sie zählt nicht mehr in erster Linie der monetäre Anreiz. Junge Leute, die wissen, was Sie können, suchen Entwicklungsmöglichkeiten und Positionen mit Verantwortung. Sie wollen am Erfolg nicht nur aktiv mitwirken, sondern am Ende auch daran teilhaben. Junge Start-Ups, die Stock Options ausgeben, haben deshalb trotz mangelnder Größe und trotz erhöhtem Risikopotenzial die besseren Karten. Man liegt nicht falsch, wenn man sämtliche Faktoren auf den Begriff Wertschätzung reduziert. Bewerber wissen, dass sie heute die Trümpfe in der Hand halten, denn das Thema Fachkräftemangel ist ihre beste Karte im Verhandlungspoker.

Der Wandel ist auf allen Ebenen offensichtlich. Zum demografischen Wandel gesellt sich der technologische. Höhere Innovationskraft ist deshalb überall ein Wettbewerbsvorteil, und bei den meisten Unternehmen hat sich das mittlerweile rumgesprochen. Wir sind längst auf dem Weg von der Dienstleistungs- zur Informationsgesellschaft. Globalisierung erfordert höhere Kompetenzen, und höhere intellektuelle Fähigkeiten sind folglich die Voraussetzungen, die Bewerber zu erfüllen haben. Das wissen die Unternehmen – und sind mittlerweile bereit, für diese Fähigkeiten zu bezahlen. Und sie leisten sogar noch mehr, denn Mitarbeiter wollen schließlich nicht nur eingestellt, sondern auch gehalten werden, zumal ihnen die Bemühungen von Google und Co. durchaus bekannt sind. Ein wenig haben sich diese Großzügigkeiten bereits als neue Messlatte etabliert.

Sehen wir die nüchternen Zahlen: Auf der einen Seite sinkt das zur Verfügung stehende Kontingent an Fachkräften, auf der anderen steigen die gestellten Anforderungen. Die logische Folge: Fachkräfte, die die gestiegenen Anforderungen erfüllen, sind rar gesät. Wer seinen Marktwert kennt, gehört zu den Gewinnern.

Auf Unternehmensseite gewinnen diejenigen, die sich modern präsentieren. Das sind diejenigen, die das eigene Angebot verständlich formulieren – und vor allem diejenigen, die verstanden haben, was die Generation Y wirklich sucht: ein Unternehmen, das verhandlungsbereit ist, wenn es um Arbeitszeitregelung geht, das jungen Müttern Freiräume bietet und so eine optimale Work-Life-Balance ermöglicht. Bewerber suchen Unternehmen, in denen Weiterbildung groß geschrieben wird und die sich ihrer sozialen Verantwortung gegenüber Gesellschaft und Umwelt nicht nur bewusst sind, sondern diese auch aktiv gestalten und dokumentieren. Viele Unternehmen leisten sich auf ihrer Website eine Unterseite mit der Bezeichnung CSR (Corporate Social Responsibility), doch nur die wenigsten machen aus diesem Thema auch tatsächlich ein Kernthema. Werte sind der Generation Y aber extrem wichtig, und deren konsequente Umsetzung zählt mehr als manch monetärer Vorteil. Glaubwürdigkeit und Vertrauen sind auch die Basis einer unternehmerischen Beziehung.

Früher konnte man auf all das verzichten, getreu dem Motto: Die anderen bieten das auch nicht. Und mit dieser Taktik fuhren die Unternehmen nicht schlecht, denn Nachfrage und Angebot steuern nun einmal auch den Arbeitsmarkt. Heute gelten andere Gesetze, denn heute fließen alle oben genannten Punkte in die Bewertung auf Arbeitgeber-Bewertungsportalen ein. Wer seine Unternehmensphilosophie nur auf dem Papier lebt, wird online schnell entlarvt. Ein Fehltritt bleibt nicht unentdeckt und wirkt länger, als es dem Unternehmen lieb sein kann. Zeitungspapier war hundert Jahre lang geduldig, die Allianz aus Internet und Bewerbern ist es heute nicht mehr: Wer sich in Stellenanzeigen als innovativer, zukunftsorientierter Technologieführer darstellt, der sich Nachhaltigkeit auf die Fahnen geschrieben hat, sollte das alles auch an Ort und Stelle belegen können und sichtbar präsentieren. Die leeren Floskeln, die früher alle nutzten, um sich ins positive Licht zu rücken, sind mittlerweile auch denen bekannt, die nicht über einen Highspeed-Internetanschluss verfügen. Die Spielregeln haben sich geändert, und wer nicht mitspielt, hat bereits verloren.

Unsere Zukunft. Begonnen vor 50 Jahren.

Die Baby-Boomer der 60er-Jahre des vorigen Jahrhunderts verlassen die Bühne. Die geburtenschwachen Jahrgänge rücken nach und übernehmen das Ruder. Was bedeutet das für die Zukunft? Man braucht keinen Abschluss in höherer Mathematik, um zu erkennen, dass das Gleichgewicht erheblich aus den Fugen geraten wird: Auf der einen Seite drängen immer weniger Menschen auf den Arbeitsmarkt. Will Deutschland seine Umsatzzahlen auch nur annähernd beibehalten, fehlen im Jahr 2030 rund acht Millionen Arbeitskräfte. Auf der anderen Seite wird die Welt immer technologischer, immer komplizierter. Das Dilemma, das sich für alle Unternehmen abzeichnet: Nur die wenigsten werden die Qualifikationen, die für die Jobs der Zukunft erforderlich sind, erfüllen können – aber immer mehr solcher anspruchsvollen Positionen wollen besetzt werden. Eine neue Schere entsteht. Das Einzige, was zunehmen wird, ist die Zahl der unqualifizierten Arbeitnehmer. Der Krieg um die Topleute wird an Härte zunehmen, und wer sich nicht schon heute mit emotionaler Arbeitgebermarke positioniert und etabliert, wird in den nächsten Jahren mit den Konsequenzen leben – oder vermutlich auch sterben – müssen. Jedes Unternehmen, unabhängig von Größe und Branche, beschwört auf seiner Webseite Sätze wie: „Unsere Mitarbeiter sind unser höchstes Gut". Es wird Zeit, die Unternehmenskultur auch tatsächlich auf dieser Erkenntnis-Floskel aufzubauen. Eins sollte allen klar sein: Strategien allein können kein Umsatzwachstum erzeugen. Es braucht immer auch die Mitarbeiter, die fähig sind, diese Strategien umzusetzen.

Führen Sie in Ihrem Unternehmen eine Umfrage durch. Befragen Sie jeden einzelnen Mitarbeiter – und vor allen Dingen jeden einzelnen Bewerber. Das Ergebnis wird dasselbe sein wie das der Boston Consulting Group aus dem Jahr 2014, die über 200.000 Beschäftigte in 189 Ländern in ihre Untersuchungen einbezog. Die Frage lautete: Was ist Ihnen in Bezug auf Ihren Arbeitsplatz wichtig? 26 Punkte wurden vorgegeben. Die Überraschung: Lediglich auf Platz 8 landete das Gehalt. Die Top 3 bezogen sich ausnahmslos auf die Unternehmenskultur, die zum größten Teil durch den Arbeitgeber vorgegeben wird: Work-Life-Balance (Platz 3), inspirierende Kollegen (Platz 2) und Wertschätzung (Platz 1). Wertschätzung meint dabei nicht die alljährliche Weihnachtsgratifikation, sondern tägliche Honorierung der Leistung. „Ich werde als Leistungsträger wahrgenommen", „ich bin durch meinen Beitrag Teil der Erfolgsstory": Das ist es, worauf es der Generation Y ankommt. Wir müssen umdenken – und das in vielen Bereichen

Die Zeiten in der Businesswelt ändern sich. Es wird höchste Zeit, dass auch wir uns ändern, insbesondere unsere Denkweisen. Denn nur durch Anpassung an ein Problem können Ideen und Lösungsansätze überhaupt erst entstehen.

Leben oder arbeiten?

Ein anderer Begriff, der schlechter nicht hätte formuliert werden können, ist 'Work-Life-Balance'. Er gaukelt vor, dass Arbeit und Leben zwei Gegensätze sind, die mit allen zur Verfügung stehenden Mitteln in der Waage gehalten werden müssen. Doch das Gegenteil ist der Fall: Ein erfülltes Leben kann ohne Arbeit nicht funktionieren, und andersrum ist Arbeit der bedeutendste Teil unseres Lebens und unserer Identität, denn sie bestimmt unser Leben, unser Denken und nicht zuletzt unsere gesellschaftliche Stellung. Was wir in Wirklichkeit meinen, ist die Gestaltung der Faktoren, die unsere privaten Ansprüche berücksichtigen: Arbeitszeit, Arbeitsort, Flexibilität im Allgemeinen.

Wer Arbeit und Freizeit (ist damit etwa 'Life' gemeint?) in der Waage halten möchte, fokussiert auf ein Ziel: Vermeidung von Stress, denn Stress entsteht nur durch Druck. Druck, der nicht immer von Unternehmensseite ausgelöst wird, sondern nicht selten auch von der eigenen Erwartungshaltung und den Ansprüchen der Familie. Wenn Interessen des Privatlebens mit dem Zeitmanagement der Unternehmensprojekte kollidieren, entsteht Stress.

Forschungsergebnisse der letzten Jahre belegen die ungünstigen Auswirkungen der fehlenden Balance sowohl auf die Arbeit als auch auf die Gesundheit der Beschäftigten. Sie hemmt die körperliche Aktivität und bremst die Zufriedenheit aus – von gesundheitlichen Beschwerden wie besagten Stress- und Erschöpfungssymptomen, Kopfschmerzen und Schlafstörungen ganz zu schweigen. Höchste Zeit, über Vertrauensarbeitszeit und eine offene Kultur des Verhandelns zwischen unterschiedlichen Interessen nachzudenken. Das stärkt die Bindung, reduziert Fehlzeiten und ermöglicht eine geringe Fluktuation, auch im Fachkräfte-Bereich.

FAZIT ZUM MITNEHMEN

Wer nur arbeitet, um zu leben, ist nicht wirklich motiviert. „Wer kein Eigentum erwerben kann, hat nur zwei Interessen: möglichst wenig arbeiten und möglichst viel essen." So oder ähnlich hatte es der Philosoph Adam Smith, Begründer der Freien Marktwirtschaft, bereits vor 250 Jahren formuliert. Und diese Erkenntnis gilt bei allem Wandel und Fortschritt noch heute: Wer seine Mitarbeiter wirklich motivieren möchte, muss mehr leisten als die Befriedigung von Grundbedürfnissen. Arbeit muss Sinn machen, und deshalb ist es unerlässlich, dass Arbeit Spaß macht. Arbeit macht Spaß, wenn man ein spannendes Produkt herstellen darf, wenn das Umfeld perfekt passt – mit all seinen Facetten – oder wenn der Draht nach oben dicker ist als ein Gehaltsscheck. Für jeden bedeutet Glück etwas anderes, und deshalb sucht auch jeder eine andere Form von Motivation.

Allgemein gilt allerdings: Wer Herausforderungen meistern soll, ist dazu nur bereit, wenn das Unternehmen seine volle Unterstützung anbietet. Alles, worauf man wirklich Wert legt, muss passen, und die Basis dafür ist nun einmal der Ort, an dem man seine Arbeitskraft zur Verfügung stellt, denn hier

entstehen sowohl Ideen als auch die Leistungen, die diese Ideen umsetzen und am Ende zu Wachstum und Erfolg führen. Selbstbestimmtes Handeln ist die Zauberformel, die Menschen glücklich macht. Geben Sie Ihren Mitarbeitern die Chance, glücklich zu werden. Was auch immer Sie in ihn investieren oder auch nicht investieren, glauben Sie mir: Er wird es Ihnen heim- oder zurückzahlen. Durch innere Kündigung – oder aber durch Leistung, die Ihre Investition in ihn mehr als verzehnfacht.

Eine Studie aus dem Jahr 2014 hat bestätigt, was bisher nur befürchtet wurde: Über 50 % aller Mitarbeiter sind in ihren Unternehmen wenig engagiert. Fast 20 % gaben sogar an, Dienst nach Vorschrift oder nach Möglichkeit noch weniger zu leisten. Ein trostloses Büro kann dann zum Kündigungsgrund werden. Folgen Sie mit diesen Zahlen den Gesetzen der Logik, denn das ist immer eine gute Wahl: Die optimierte Gestaltung des Arbeitsumfelds optimiert die Leistungsbereitschaft der Mitarbeiter langfristig und ermöglicht erst dann den maximal möglichen Erfolg. Attraktives Ambiente kann aber noch mehr: Es beeindruckt erst den Mitarbeiter und dann den

Bewerber, denn wer sich sein Unternehmen aussuchen darf, wählt in der Regel das mit den glücklichsten Gesichtern. Schließlich basiert Glück bei der Arbeit und im restlichen Leben immer auf Begegnungen. Zum guten Schluss ist perfekte Gestaltung sogar in der Lage, Kunden zu ködern: Wo man sich wohlfühlt, da gibt man gern eine Unterschrift. Und die andere Seite der Logik besagt: Wenn der Mitarbeiter glücklich ist, ist es auch der Kunde – nicht nur in der Abteilung Kundenberatung. Am Ende freut sich die Geschäftsführung, denn wenn alle glücklich sind, die am 'Projekt Erfolg' mitwirken, kann Stress erst gar nicht entstehen. Wachstum ist der Sinn des Lebens – doch Wachstum braucht immer Raum. Sprechen wir darüber!

Das WIR gewinnt!

Gordon Bell

Erinnern Sie sich? Am 13. Juli 2014 bediente Schürrles scharfe Flanke von der linken Seite, Götzes Brust, die den Ball auf den goldenen Fuß abtropfen ließ. In der 113. Minute war die Niederlage der Argentinier im Finale der Fußballweltmeisterschaft besiegelt. Nur fünf Tage nach dem legendären 7:1 gegen Gastgeber Brasilien, lag sich die gesamte Nation erneut in den Armen.

Wer in den darauffolgenden zwölf Monaten Vorträge über Teambildung und -leitung gehalten hat und dabei sämtliche Faktoren aufzählen sollte, die Teams wirklich erfolgreich machen, hatte leichtes Spiel. Mit einer überzeugenden Mischung aus Kompetenz und Stolz, verwies man zu diesem Zweck auf die Mutter aller Teams: die deutsche Fußballnationalmannschaft, die einen Traum, den 80 Millionen Deutsche 20 Jahre lang träumten, im Stadion von Maracanã in Rio de Janeiro wahr werden ließ.

Wie war dieser Erfolg möglich – so ganz ohne einen Messi, Ronaldo oder Neymar in den eigenen Reihen? Was war 2014 anders als bei den vier Weltmeisterschaften davor? Nun, eins wissen wir genau: Hinterher ist man immer klüger, und deshalb haben unzählige Experten uns nach dem Turnier erklärt, warum es eigentlich gar nicht anders hätte kommen können. Alle Argumente, die auch nur annähernd das Potenzial hatten, einen Hauch zum Ergebnis beizutragen, wurden angeführt, erläutert, diskutiert und fachmännisch analysiert. Am Ende war sich die Fachwelt endlich einmal einig: Deutschland wurde dieses Mal zu Recht und auch verdient Weltmeister.

Experten für Erfolg gab es bereits viele. Einer hieß Paul, war ein Krake und steuerte bei der WM 2010 in Südafrika vor allem das Schicksal des deutschen Teams. Das Land, dessen Futternapf von dem talentierten Tintenfisch bevorzugt wurde, konnte sich bereits vor Spielanpfiff des Sieges sicher sein. Ob das Orakel-Weichtier Linkshänder war, oder gar die animalische Wiedergeburt von Sepp Herberger, ist bis heute ungeklärt.

Aber Spaß beiseite, obwohl dieser im Fußball nicht zu kurz kommen sollte: Ernste Analysen haben immer auch etwas Gutes. Am Ende aller Überlegungen lagen diesmal drei Faktoren auf dem Tisch der Erkenntnis, die für den Erfolg verantwortlich zeichneten: Teamgeist, Taktik und Trainer. Das 'Wir' hatte tatsächlich gewonnen. Aber halt, so einfach kann es doch gar nicht sein – schließlich verfügten auch viele andere Nationen über brillante Mannschaften mit bedingungslosem Siegeswillen, spielerischer Fachkompetenz und mehr als ausgebufften Trainerfüchsen. Das 'Wir' war mehr oder weniger 32-fach vertreten. Es musste etwas anderes für den Erfolg verantwortlich sein.

Suchen wir gemeinsam weiter: Erfolg für den Einzelnen oder ein Team hat immer eine Menge mit Motivation zu tun. Konnte das der Schlüssel zum Erfolg gewesen sein? Motivation heißt schließlich auch im Fußball in erster Linie Geld und Ruhm. Vielleicht fand sich ja in der Mannschaft die richtige Mischung aus siegeshungrigen, jungen Wilden und erfahrenen Oldies, alten Leitwölfen, die bereit waren, ihre Kadaver noch ein letztes Mal über den Platz zu quälen, weil sie ihre letzte Chance auf den

ganz großen Titel witterten. Doch auch die gibt es immer auch bei den anderen Mannschaften – bei allen Turnieren, auch schon zu Zeiten eines Oliver Kahn. Zudem reist auch jeder Außenseiter mit Titelträumen im Gepäck zu einer Weltmeisterschaft, denn der Pokal erhöht den Marktwert jedes einzelnen Spielers – und öffnet dadurch wie von Zauberhand Türen in eine neue Welt, in eine höhere sportliche und finanzielle Dimension.

Es gibt tausend weitere potenzielle Gründe, warum Deutschland Weltmeister wurde. Vielleicht weil wir weltweit das Land mit den meisten Bundestrainern sind. Oder vielleicht auch, weil wir gerade keinen Messi, Ronaldo oder Neymar im Kader hatten. Oder weil das Wort 'Argentinien' vom lateinischen 'argentum' stammt, was in Deutschland 'Silber' bedeutet – und die Farbe Gold geduldig in unserer Flagge weht. Oder weil wir einfach nur das hatten, was man für jeden Sieg im Fußball braucht: das Quäntchen Glück. Das Glück, dass Schürrles Hereingabe nicht von einer Fußspitze, der nur Zentimeter entfernten Gegenspieler ins Aus befördert wurde; das Glück, dass Götzes Spann den Ball nicht übers Tor, sondern direkt ins Netz beförderte; das Glück, dass Manuel Neuers Foul an Higuain nicht mit Platzverweis und Elfmeter geahndet wurde; das Glück, dass Messis Kopfball Minuten später nicht unterhalb, sondern oberhalb der Latte landete. Und vor allem das Glück, dass den Argentiniern in der ersten Halbzeit keine fünf magische Tore gelangen.

Große Mannschaften brauchen im Fußball weniger Glück, um erfolgreich zu sein. Kleine Mannschaften wiederum können ohne viel Glück niemals eine große schlagen. Wir hatten Glück, als wir gegen die bärenstarken Ghanaer 2:2 spielten. Wir lagen gegen die Black Stars, die am Ende der Vorrunde den letzten Tabellenplatz belegten, immerhin 1:2 zurück. Und wir hatten Glück, als wir gegen Algerien im Achtelfinale mit 2:1 gewannen – und zwar erst in der Verlängerung.

Jede Teamsportart ist hervorragend geeignet, Parallelen zur Teamarbeit im Unternehmen aufzuzeigen. Das gilt für eine Profisportart wie Fußball, bei der Milliarden fließen, genauso wie für eine Amateursportart wie Kanupolo, bei der die Spieler selbst noch eine Menge investieren müssen. Bei allen Parallelen gibt es aber einen signifikanten Unterschied: Im Unternehmen hat Teamwork wenig mit Glück zu tun. Das einzige Glück, das Ihren Unternehmenserfolg ausmacht, ist das Glück, dass der Kunde Ihr Produkt oder Ihre Dienstleistung auch tatsächlich in Anspruch nehmen möchte. Der Teamerfolg an sich basiert einzig und allein auf den Leistungen des Teams. Die richtige Mannschaft ist vor allem ein Produkt erfolgreicher Teambildung. Das klingt im ersten Moment wie das, was ein Fuß-

balltrainer macht, aber das stimmt nur bedingt, denn Jogi Löw betreut das Team nach der Nominierung mithilfe eines Trainer- und Betreuerstabs, der zahlenmäßig mit der Mannschaft konkurrieren kann, während das Team im Unternehmen nach der Aufstellung auf sich allein gestellt ist. Natürlich gibt es einen Teamleiter; allerdings übernimmt dieser niemals die umfassenden Trainerfunktionen, denn Prozesse wie zum Beispiel Motivation erfolgen teamintern, und alle Beteiligten kommunizieren nach Möglichkeit gleichberechtigt – und das sowohl über Etappenziele als auch über die Aufgabenverteilung. Auch wenn der Teamleiter so etwas wie ein Spielertrainer ist: Im Unternehmen gelten andere Spielregeln als auf dem Platz. Und völlig andere als in der Kabine.

Was ist ein Team?

Wer sich mit Teambildung auseinandersetzen möchte, muss erst einmal definieren, was ein Team überhaupt ist. Aus dieser Definition wiederum wächst im Umkehrschluss die Erkenntnis, welche Ziele für eine erfolgreiche Teambildung ins Auge gefasst werden müssen. Denn ob man will oder nicht, alle firmeninternen Projekte haben eins gemeinsam: Ziele werden nur schnellstmöglich erreicht – und überhaupt erreicht –, wenn die richtigen Leute am Projekt beteiligt sind. Erfolgreiche Teamarbeit basiert in erster Linie auf optimiertem Koordinieren der zur Verfügung stehenden Ressourcen.

So wie Jogis Jungs heute hinter dem Ball herlaufen, um ihr Ziel zu erreichen, haben bereits die Jäger der Steinzeit ihre Beute gehetzt. Wer behauptet, Teamarbeit habe unsere Evolution überhaupt erst ermöglicht, liegt gar nicht so falsch – auch wenn Wolfs- und Löwenrudel ähnlich arbeiten. Doch Raubtiere haben eines niemals gelernt: im Verlaufe der Jagd durch irgendeine Form von Sprache miteinander zu

kommunizieren oder auch nur primitive Zeichen zu geben, um dadurch beim Rest des Teams Aktionen auszulösen. Kommunikation ist ein wesentlicher Bestandteil von Teamarbeit, denn sie ermöglicht, voneinander zu lernen und Fehler aufzudecken, zu eliminieren oder sogar ganz zu vermeiden. Und sie hilft vor allem dem Team, die nächsten Schritte auf dem Weg zum Ziel bereits in der theoretischen Phase abzustimmen. Fehlende, mangelnde oder fehlerhafte Kommunikation sind deshalb die häufigsten Ursachen für Teams, die nicht oder nur eingeschränkt funktionieren.

Teamarbeit motiviert immer zu Höchstleistungen, denn niemand möchte in einem Team Schwächen offenbaren oder gar als schwächstes Mitglied identifiziert werden. Auch Menschen sind von Natur aus Rudeltiere; in der Gruppe fühlen sie sich pudelwohl. Das Gefühl, gemeinsam Innovationen auf den Weg zu bringen, schweißt zusammen. Das Zusammengehörigkeitsgefühl, das Wir, ist deshalb nicht nur Ergebnis, sondern auch Motor eines Teams. Gemeinsam Erlebtes schweißt positiv zusammen und hat ähnliche psychologische Effekte wie das Stockholm-Syndrom, bei dem sich sogar ehemalige Gegner auf einer emotionalen Ebene verbünden. Jeder kann dabei seine spezifischen Fähigkeiten in die Gruppe einbringen: Der eine ist der geborene Leitwolf, der charismatisch das Ruder in die Hand nimmt und die Gruppe motiviert; der nächste ist ein Macher, der die Dinge ohne Zögern angeht; der Dritte ist ein Organisator, der in der Planungsphase glänzt; der Vierte ist Meister im Zusammenführen von Gedankenfäden. Erfolgreiche Teambildung setzt voraus, die Skills und Schwächen eines jeden Mitarbeiters zu kennen, denn nur so können individuelle Stärken bei der Teambildung gebündelt werden. Zwischenmenschliches wie Harmonie und Sympathie sollte ebenfalls Berücksichtigung finden, denn nur wenn man sich den Erfolg auch gegenseitig gönnt, können sich alle mit ganzer Kraft in das Projekt einbringen. Aus vielen Interessen eine – den Erfolg – zu machen, aus Individuen ein schlagkräftiges Team zu formen, ist die Kernaufgabe moderner Teambildung.

Haben Sie sich schon einmal gefragt, welche Tiere Sie in Ihrem Team haben? Welchem Mitarbeiter Sie welche Rolle in der Wildnis zuordnen würden? Und welches Tier Ihnen in Ihrem Wald, Ihrem Dschungel oder Ihrer Prärie für den Aufbau eines Spitzenteams noch fehlt? Im zweiten Schritt überlegen Sie sich, welche Eigenschaften – positive wie negative – Sie mit welchem Tier verbinden. Und jetzt fehlt Ihnen nur noch der Sprung zurück aus der Wildnis in Ihr Büro, um die Eigenschaften auf Ihre Mitarbeiter herunter zu brechen. Welche Eigenschaft oder welcher Mitarbeiter fehlt Ihnen für Ihre Erfolgsstory?

Kommunikation ist bei der Teambildung ebenso wichtig wie bei der Teamarbeit selbst. Durch Kommunikation finden Ideenaustausch und Informationsfluss statt. Noch wichtiger: Kommunikation führt zu Vernetzung. Jeder ist mit jedem anderen Teammitglied verbunden, wodurch alle zu jeder Zeit über denselben Wissensstand verfügen. Vernetzung ist deshalb so wichtig, weil sie dafür sorgt, dass für eingeschlagene Wege, die als falsch identifiziert werden, ab sofort keine weitere Energie verbraucht wird. Der Steinzeitmensch hat früher seine Beute über viele Kilometer buchstäblich zu Tode gehetzt – so wie Wölfe es heute noch tun. Erst die Kommunikation hat ihm ermöglicht, sich mit den anderen Stammesmitgliedern zu vernetzen und Jagderfolge zu erzielen, die mehr Kopf- als Laufarbeit erforderten. Das Prinzip der Effizienz war geboren.

DIE TÜCKEN DER TEAMARBEIT

Fußball ist so einfach: Vorne ein Tor mehr schießen, als man hinten kassiert – und das Spiel ist gewonnen. Der einzige Haken, der das Spiel so spannend macht: Für den Gegner gilt genau dieselbe Strategie. Im Unternehmen ist es deutlich schwieriger: Es gibt keinen klassischen Gegner, sondern nur eine Strategie. Das Ziel selbst ist der Gegner. Ein Scheitern des Teams ist ein sofortiger Misserfolg für das Gesamtprojekt – ein Fußballteam rutscht im schlimmsten Fall nur ein Stück Richtung Tabellenkeller. Es gibt im Unternehmen folglich immer nur Sieg oder Niederlage; das Unentschieden ist am runden Tisch keine Option. Es gibt zwar Kompromisse, aber die werden im Gegensatz zu manch sportlichem Unentschieden vorher nicht anvisiert. Es sind Pseudo-Unentschieden, denn sie erzeugen teaminterne Stimmungen, die schwächen.

Dafür kann der Reibungsverlust in Unternehmen deutlich größer sein, auch wenn jeder Einzelne der Überzeugung ist, Höchstleistungen zu erbringen. Die Psychologie macht uns nämlich allzu oft einen Strich durch die Rechnung: Wer im Team arbeitet, neigt irgendwann dazu, den Schalter umzulegen. Die Effektivität der Gruppe entspricht auf Dauer nie der Summe der Einzelpotenziale, denn früher oder später setzt der sogenannte Ringelmann-Effekt ein. Maximilien Ringelmann, ein französischer Agraringenieur, stellte vor rund 130 Jahren fest, dass die Leistung des Einzelnen beim Tauziehen mit steigender Mannschaftsstärke nachlässt. Man spart Kräfte, indem man sich einredet: „Ich schone meine Ressourcen – die anderen machen das schon. Mein kleiner Beitrag ist in der Summe der Kräfte eher irrelevant." Das schwächste Glied der Kette kann sich in der Masse verstecken. Wirklich verheerend wäre das nur, wenn das Team aus Bergsteigern oder Kunstfliegern bestünde. Am gewöhnlichen Arbeitsplatz hingegen sind die Folgen überschau- und sogar kalkulierbar.

Bereits die nackte Zugehörigkeit zu einem Team beeinflusst jeden Einzelnen in seinem Verhalten.

Man muss also nicht nur in Hinblick auf seine fachlichen Kompetenzen, sondern auch hinsichtlich seiner sozialen Qualitäten ins Team passen. Rationalität und Emotionalität sollten sich die Waage halten. Der forsche Macher und der ewige Bremser passen auf Dauer einfach nicht zusammen. Derjenige, der mögliche Lösungswege erst akribisch analysiert, trifft auf den, der forsch losmarschiert, um erst einmal in Bewegung zu sein, auf den, der erst einmal einen möglichen Weg ausprobieren möchte, auch wenn er im Fall des Scheiterns auf Start zurückgeworfen wird. Mit anderen Worten: Extrovertierte und Introvertierte können sich ebenso behindern, wie ergänzen. Erfolgreiche Teambildung ist deshalb besonders wichtig bei langfristigen Projekten. Wenn die Hackordnung allerdings den anvisierten Zielen im Weg steht, sollte personell nachgebessert werden. Besser als das: Neue Herausforderungen mit Lernpotenzial meistern. Doch wie könnte eine solche Herausforderung aussehen?

Schwergewicht Marshmallow

Hackordnung und interne Kommunikation offenbaren Stärken und Schwächen eines Teams. Wer eine Mannschaft unter diesen Gesichtspunkten zusammenstellen möchte, kann seit rund zehn Jahren auf ein mächtiges Werkzeug des ehemaligen Nokia-Managers Peter Skillman zurückgreifen, die Marshmallow Challenge. Sein Experiment wurde vom Software-Manager Tom Wujec auf der ganzen Welt in zahlreichen Workshops durchgeführt – und förderte überraschende Ergebnisse zutage.

Das Experiment ist wie folgt aufgebaut: Aus 20 ungekochten Spaghetti, einem Meter Klebeband, einem Meter Bindfaden und einem Marshmallow müssen die Teams in 18 Minuten einen Turm errichten. Einzige Bedingung: Der Marshmallow muss am Ende als Krone ganz oben liegen. Das Team mit dem höchsten Turm wird zum Sieger gekürt. Der

Haken bei der Sache: Nahezu alle Teams unterschätzen das luftig-fluffige Marshmallow – das Gewicht des weichen Schaums bringt die meisten Konstruktionen Sekunden vor Ablauf der Zeit zum Einsturz. Der Zeitdruck macht es doppelt spannend: Ein neu zusammengestelltes Team muss möglichst schnell zusammenfinden, um die Aufgabe zu meistern. Sieger des Wettbewerbs sind in der Regel – gut für uns alle – Teams aus dem Architektur- und Ingenieurbereich. Sie verstehen, wie Dinge stabilisiert werden und wie Dreiecke funktionieren, wie physikalische Kräfte wirken und Konstruktionen sich am Ende selbst tragen. Auf dem zweiten Platz die große Überraschung: Kindergartenkinder. Sie verschwenden keine Zeit mit der Suche nach einem Rudelführer oder einem Masterplan, sondern nutzen sie mit unkonventionellen Ideen und deren Umsetzung. Ihre Kooperation basiert auf der Freude an der Herausforderung; sie liefern vielleicht deshalb die kuriosesten und spektakulärsten Gebilde. Oftmals beginnen sie mit dem Marshmallow und experimentieren dann mit unterschiedlichen weiteren Schritten. Spaß steht bei ihnen eindeutig im Vordergrund, nicht der verbissene Siegeswille. Die größte Enttäuschung: BWL-Studenten. Sie liegen abgeschlagen am Ende der Liste, denn sie suchen naturgemäß zuerst die theoretische Lösung, bevor sie sich an den praktischen Teil heranwagen – und scheitern dann am Zeitlimit.

Was alle aus diesem Experiment lernen können, liegt auf der Hand: Kommunikation und Kooperation sind die beiden teaminternen Schlüssel zur Kreativität. Aus Kreativität wiederum erwachsen neue Blickwinkel, die das Team nach vorn bringen, denn neue Ideen führen immer zu neuem, oftmals besserem Handeln. Mit Blick auf die Marshmallow Challenge werden die Zusammenhänge deutlich: In der Sekunde, in der die Spaghettikonstruktion einknickt und in sich zusammenfällt, erhält das Team sofortiges Feedback über die bisherigen Leistungen. Wie – und vor allen Dingen, wie schnell – auf diese Erfahrung reagiert wird, sagt viel über die Kooperationsfähigkeit einer Gruppe aus.

Doch das Experiment bringt noch mehr ans Tageslicht: Wie effektiv arbeitet ein Team unter Zeitdruck? Auf der einen Seite benötigt jede Aufgabe eine Deadline, sonst würden wir für jeden Schritt ewig brauchen – das liegt nun einmal in der Natur des Menschen. Wir sind Kontrollfreaks und würden jeden Schritt am liebsten ein Dutzend Mal auf seine Auswirkungen hin überprüfen. Doch wie beim Schach wird jeder prüfende Denkschritt gnadenlos von der Uhr quittiert. Auf der anderen Seite benötigt ein Team für komplexe Aufgaben durchaus Zeit zum Experimentieren. Wir brauchen zwar Herausforderungen, und da ist ein bisschen Zeitdruck nicht der schlechteste Motivator; doch manchmal muss ein Team in die Verlängerung gehen, um ein Problem zu lösen. Eine Verlängerung kostet immer Geld. Das macht das Projekt zwar teurer, führt aber oft zu einer Lösung, ohne die der Einsatz in der regulären Spielzeit zum finanziellen Desaster geworden wäre, denn Teamarbeit ohne Ergebnis ist oftmals eine Lehrstunde, aber noch viel öfter eine sinnlose.

TEAM IST TRUMPF

Vorstandsetage, Personalabteilung, Softwareprogrammierer und GSG 9: Teams sind schon lange in. Insbesondere seit dem Jahr 1990, als eine Studie des MIT in Massachusetts wie eine Bombe einschlug, weil sie offenbarte, warum die japanischen Autobauer so effektiv sind: 70 % aller Produktionsschritte wurden dort von Teams ausgeführt, während es in der übrigen automobilen Welt noch nicht einmal 10 % waren. Die Früchte der Teamarbeit waren knackig, und man konnte sie sehen und fühlen: Das Qualitätsniveau der Fahrzeuge war deutlich höher, und auch der Eingang an Verbesserungsvorschlägen durch die Mitarbeiter übertraf die Ergebnisse im Rest der automobilen Welt um ein Vielfaches.

Teams lauern heute überall: Die einen operieren am offenen Herzen, die anderen weit hinter feindlichen Linien. Sie alle haben dabei unterschiedliche Ziele, aber eins gemeinsam: strikte Rollenverteilung. Jeder Einzelne weiß, wo sein Platz im Team ist. Platzanweiser ist der Teamleiter, aber für die Koordination der Beiträge sind alle gemeinsam verantwortlich. Diese Vorgehensweise ist effektiv, denn sie zielt voll und ganz auf die optimale Verwendung der zur Verfügung stehenden Ressourcen ab. Effektivität basiert allerdings nicht nur auf offener Kommunikation, sondern auch auf einer zweiten Säule: dem

Teamspirit, der sich aber gerade bei langfristigen Projekten ändern kann, sei es durch neue Teammitglieder oder durch einen Projektverlauf, der das Team spaltet, weil die Ergebnisse nicht alle gleichermaßen zufriedenstellen. In der Gruppe zählen nicht nur die Fähigkeiten des Einzelnen – es zählt insbesondere die Art und Weise, wie das Gesamt-Know-how zur Erreichung der Etappenziele genutzt wird. Deshalb ist es unerlässlich, dass jeder – unabhängig von der Rangordnung – offen und jederzeit seine Meinung, zu jedem erfolgten Schritt der anderen, äußern darf – und von diesem Recht auch intensiv Gebrauch macht.

Teamerfolg steht und fällt bereits mit dem ersten Schritt: der Teambildung. Die offensichtlichen Kompetenzen sorgen dafür, dass die zur Verfügung stehenden Plätze am runden Tisch optimal besetzt werden; die hidden treasures, die versteckten Kompetenzen, sorgen dafür, dass Ziele schneller erreicht werden. Oftmals helfen schlummernde Kräfte, die sich erst im Laufe der Zeit entfalten: Der eine verfügt über die Fähigkeit, unorthodox zu denken – und inspiriert dadurch den Strategen, der die neuen Möglichkeiten nüchtern auf Machbarkeit überprüft. Je mehr unterschiedliche Rollen im Team optimal besetzt werden können, desto höher ist die Gruppenleistung und die Wahrscheinlichkeit, das Ziel schneller als ursprünglich geplant zu erreichen.

Japan ist nicht überall

Schauen wir noch einmal zurück nach Japan, dem Geburtsland des modernen Teamworks. Um die Ergebnisse der MIT-Studie sowie die Funktionsweisen und den damaligen Erfolg japanischer Teams richtig bewerten zu können, muss man die japanische Kultur und die gesellschaftlichen Werte im Land der aufgehenden Sonne verstehen und berücksichtigen. Ein japanisches Sprichwort trifft es auf den Kopf: „Der vorstehende Nagel wird eingehämmert." Individualität war in Japan vor Kurzem noch verpönt – die Ehre der Familie und des Vaterlands stand über allem. Loyalität und Solidarität waren deshalb lange Zeit die Schlüssel zum Erfolg japanischer Teams. Ungeschriebene Gesetze bestimmten das alltägliche Miteinander: Firmen stellten Mitarbeiter auf Lebenszeit ein; niemand verließ abends vor dem Chef das Büro; wenn einer am Wochenende arbeiten musste, blieben auch die Kollegen. Wer abends beim Sushi mit einem Freund kommunizierte, der bei der Konkurrenz arbeitete, stellte gleichzeitig im Hinterkopf seine eigene Loyalität infrage. Alle waren absolut gleichwertig, und in der Folge hatten auch alle die gleichen Gehälter

und die gleichen Rechte: Jeder Mitarbeiter von Toyota konnte den roten Knopf drücken, der das Fließband und damit die gesamte Produktion zum Stillstand brachte, wenn er ein Qualitätsproblem ausmachte. Jeder Produktionsfehler wurde dabei nicht als Fehler eines Einzelnen, sondern als Fehler und Schande des gesamten Unternehmens betrachtet. Für jeden Toyota-Mitarbeiter war es eine persönliche Ehre und Ausdruck eines kollektiven Pflichtgefühls, privat einen Toyota zu fahren. Und es war eine Frage der Loyalität, auch sämtliche Familienmitglieder zum Kauf eines Toyota anzuhalten. Die Loyalität ging sogar so weit, dass man auf der Hausmarke bestand, wenn man telefonisch ein Taxi orderte.

Auf der anderen Seite war es Tradition, dass die Mitglieder des Vorstands regelmäßig auch auf den untersten Ebenen mitarbeiteten. Nur so war es möglich, die Bedürfnisse der Teams zu kennen und zu befriedigen. Kein Wunder, dass sich japanische Vorstandsvorsitzende deshalb selbst als Teamworker betrachteten. Aus diesem Grund waren sie unter den 20 größten Industrienationen die Genügsamsten: Sie gönnten sich lediglich das 11-fache Jahresgehalt eines durchschnittlichen Mitarbeiters. Amerikanische CEOs bevorzugten im Schnitt den 475-fachen Betrag.

Jetzt versteht man auch, warum es die Teams der westlichen Welt schwerer haben: Hier liegt der Fokus der Mitarbeiter bei aller Liebe zum Team eher auf dem persönlichen Wohl. Das Unternehmen belegt stets Rang zwei. Ziel der Teamleiter ist deshalb die Verknüpfung der persönlichen Ziele des Einzel-

nen mit den Teamzielen und mit den langfristigen Unternehmenszielen auf der einen und den Unternehmenswerten auf der anderen Seite. Keine leichte Aufgabe. Kein Team kann ewig von allein gut laufen. Es braucht kontinuierliche Motivation von außen. Und etwas anderes sollte trotz aller Euphorie klar sein: Wir können Teamarbeit nicht auf japanischem Level leisten; das ist uns in vier Jahrzehnten auch nicht gelungen. Wir müssen für erfolgreiche Teamarbeit unsere eigene Kultur zum Verbündeten machen.

SIND SIE TEAMFÄHIG?

Jede Arbeitsplatzbeschreibung fordert heute bedingungslose Teamfähigkeit. Gar nicht so einfach, denn Teamfähigkeit ist eine Eigenschaft, die weder auf der Uni noch in der Berufsschule gelehrt wird. Wir müssen sie deshalb von zuhause mitbringen. Mit dem Begriff ist nicht nur die Fähigkeit gemeint, mit anderen konstruktiv zusammenzuarbeiten und aktiv an der Kommunikation teilzunehmen, sondern auch die Begabung, andere Mitglieder des Teams zu verstehen – insbesondere im Bereich der nonverbalen Kommunikation. Wer die Emotionen der anderen richtig lesen kann, der kann auch angemessen handeln.

Diversity wird heute großgeschrieben, doch Menschen aus anderen Kulturen haben oftmals andere Vorstellungen vom Umgang mit Emotionen am Arbeitsplatz. Wer im Bewerbungsgespräch nach seinen größten Stärken und Schwächen gefragt wird,

möchte nicht immer seine Seele offenlegen. Hier ist Empathie der Schlüssel zur erfolgreichen Teambildung. Denn seien wir ehrlich: Wenn in einer Stellenausschreibung explizit Teamfähigkeit gefordert ist, wird man von einem Bewerber niemals den Satz hören: „Ich bin genau Ihr Mann, aber in Sachen Teamfähigkeit bin ich meiner Meinung nach eher schwach aufgestellt." Auf der anderen Seite wird kein Bewerber dem Personalchef ein Zeugnis über seine Teamfähigkeit präsentieren können. Teambildung setzt daher ein hohes Maß an Menschenkenntnis voraus. Eine Alternative wäre tatsächlich die Einführung einer Leistungsurkunde „Team": Wer mit einem neuen Team in kürzester Zeit ein Ziel erreicht hat, oder ein schwaches Team verstärkt und mit neuen Ideen einen aussichtslos scheinenden Erfolg doch noch erreichte, könnte einen entsprechenden Nachweis beim neuen Arbeitgeber als besondere Empfehlung einreichen.

Vom Einzelkämpfer zum Teamworker

Erfolgreiche Teambildung resultiert aus einer einzigen Frage: Welche Eigenschaften sind es, die aus einem Mitarbeiter einen Teamworker machen? Wer schon einmal ein Team zusammenstellen musste, der weiß, wie schwierig es ist, den Einzelnen bezüglich seiner Effektivität im Team schon vor dem Startschuss einzuschätzen. Dass Kommunikationsfähigkeit Voraussetzung Nummer eins ist, wurde bereits deutlich gemacht. Aber Kommunikation hat noch eine andere Seite: das Zuhören. Nur wer bereit ist, andere Meinungen zu akzeptieren und Beiträge seiner Teamkollegen fair zu bewerten, ist auch selbst ein guter Teiler. Wer sein Know-how offen weitergibt und seine Erfahrungen mit anderen teilt, wer alle anderen nach vorne schubst, statt sie durch Zurückhaltung von Informationen zu bremsen, bringt seine optimale Leistung. Hier wird deutlich, dass Zuhören, Austauschen und Bewerten die Seele der Teamarbeit bilden. Die Belohnung lockt immer am Ziel: Wer sich als Teamplayer etabliert, wird auch für das nächste spannende Projekt verpflichtet. Durch erfolgreiche Teamarbeit steigt in der Folge das Selbstbewusstsein des Einzelnen. Und genau das versucht ein guter Teambilder bereits im Vorfeld zu vermitteln: Erfolg hat nicht nur Konsequenzen für das Unternehmen, sondern generiert auch Wertschätzung für diejenigen, die aus dem gesichtslosen Team herausstechen. Denn das ist es, was uns von den Japanern unterscheidet: Wir buhlen um persönliche Wertschätzung. Das neue Team ist ein anderes – der Einzelne ist und bleibt jedoch derselbe.

Gute Teamplayer haben aber noch andere Eigenschaften: Sie sind zuallererst Problemlöser – und erst an zweiter Stelle Problemvermeider. Unvorhergesehene Zwischenfälle erzeugen bei ihnen nicht Stress, sondern die Bereitschaft, eingeschlagene Wege zu verlassen und Lösungsmöglichkeiten zu suchen. Außerdem beweisen sie Loyalität, nicht nur gegenüber dem Unternehmen, sondern auch gegenüber den anderen Teammitgliedern – schließlich ist Harmonie der fruchtbarste Boden für konstruktives Miteinander.

Und hier offenbart er sich – der kleine, aber feine Unterschied zwischen Business und Sport: In einer Mannschaft konkurrieren alle um einen Platz in dem Team, das am Wochenende vom Trainer auf den Platz geschickt wird. Jeder Einzelne steht ständig im Wettbewerb mit den anderen Spielern. In einem Businessteam wäre dieses Verhalten verheerend: Wer Informationen zurückhält, um sich einen Platz im nächsten Team zu sichern, schadet dem Erfolg und allen anderen im Team. Ein Team ist per Definition bereits verpflichtet, ein vorher festgelegtes Ziel durch konstruktive Zusammenarbeit und das persönliche Engagement jedes Einzelnen zu erreichen. Man sitzt im selben Boot und zieht an einem Strang. Wenn allerdings aus dem Boot eine Galeere wird, in der das Team zum Rudern verdammt wird, während die Geschäftsleitung sich vorbehält, auf der großen Trommel den Takt vorzugeben oder die Peitsche knallen zu lassen, kommt im Team Unmut auf. Dann wird Teamführung endgültig zur Nagelprobe. Am Ende wird immer das Team erfolgreich sein, das nicht nur von der Teamleitung, sondern auch von der Geschäftsleitung auf das Ziel eingeschworen wird. Rückendeckung stärkt bekanntlich jede Mannschaft.

Schwarmintelligenz – ein Team mit Tücken

Kommunikation ist die Schlüsselfähigkeit in jedem Business. Das gilt nicht nur teamintern, sondern auch für den Austausch zwischen den verschiedenen Teams – genauso wie zwischen Team und Geschäftsleitung. Der Teamleiter koordiniert die Aufgabenverteilung, doch die oberste Hierarchie in einem Team ist immer die Unternehmensleitung. Sie kann viel zum Teamspirit beitragen – sie kann aber auch noch viel mehr zerstören. Ständige Meetings, in denen das Team zum Rapport befohlen wird, in denen Deadlines immer weiter nach vorne gelegt und Ressourcen gekürzt werden, bremsen jedes anfänglich hochmotivierte Team aus. Die Gruppe muss fortan die Probleme lösen, die durch diese Eingriffe entstehen – die Zeit, die für das Erreichen des Ursprungsziels zur Verfügung steht, fehlt am anderen Ende. Von oben befohlenes Scheitern ist deshalb der Anfang von diesem Ende. In solchen Fällen ist das Team gefragt: Wer Kommunikation von oben fordert, muss sie auch in die andere Richtung leisten. Wer Missstände nicht anprangert, muss sich zumindest eine Teilschuld am Scheitern anrechnen lassen.

Japan lässt grüßen: Wer ein Team führen soll, muss nicht nur eine gute Führungskraft sein, sondern auch selbst ein exzellenter Teamplayer. Nur wer die Anforderungen des Teams kennt, kann auch angemessen reagieren. Auch hier gilt der Grundsatz der Wechselseitigkeit: Information ist immer auch ein gutes Stück Innovation. Soziale Kompetenz rundet die Liste der Anforderungen auch schon ab. Wer führt, geht vornweg – und muss sein Team nicht nur führen, sondern auch fordern und fördern. Und das ständig. Nur so können sich die gewünschten Synergien dann auch entfalten.

Gut zu wissen: Damit Teamführung überhaupt praktiziert werden kann, muss nicht unbedingt ein Teamleiter bestimmt werden. Es reicht aus, wenn sich im Laufe der Zeit soziale Strukturen in der Gruppe herausschälen, die eine entsprechende Rollenverteilung deutlich machen.

Über Nachsitzen, Motivation und Neuanfang

Die Themen Teamführung, Teambildung und Teamarbeit bieten viel Stoff für theoretische Reiseführer – siehe oben. Doch in der täglichen Praxis offenbaren sich die Probleme, die sich aus der Zusammenarbeit vieler Einzelkämpfer ergeben können, denn viele Solisten machen noch lange kein Orchester, und im Umkehrschluss kann man feststellen, dass die Zugehörigkeit zum selben Unternehmen noch lange kein Team macht. Gerade bei Gruppen, die langfristige Ziele verfolgen, ist irgendwann die Luft raus. Das ganz große Ziel ist aus den Augen verloren – ein Punkt, an dem sich zwei Lösungsmöglichkeiten anbieten, die frischen Wind in das Team bringen. Die erste Möglichkeit: Neue Teammitglieder, die entweder andere ersetzen oder das Team personell verstärken. Die zweite Möglichkeit: Man verpflichtet einen Außenstehenden, der für einen Motivationsschub mit Langzeitwirkung und neuen Zusammenhalt sorgt.

Ich bin ein solcher Außenstehender. Einer, der ganz schnell hineinfindet in die komplexen sozialen Strukturen bestehender Teams. Die von mir angewandten Techniken aus der Erlebnispädagogik und der Teampsychologie schweißen auseinanderfallende Teams wieder zusammen, ohne die Position des Einzelnen in der Gruppe zu schwächen. Ziel ist die erneute Vernetzung der sozialen Strukturen, damit der gegenseitige Respekt gestärkt wird. Dieselben Techniken funktionieren auch, um neu zusammengestellte Teams gleich zu Beginn zusammenzuschweißen – stärker, als es die nackte Zusammenarbeit zu leisten vermag. Wer Stärken und Schwächen der anderen kennt und diese mit Empathie berücksichtigt, kann auch auf entsprechende Reaktionen der anderen Teammitglieder zählen. Es ist wie im richtigen Leben: Wer gemeinsam Besonderes erlebt, entwickelt Affinitäten und Sympathien, die ohne ein solches Erlebnis vermutlich niemals entstanden wären. Eine Investition, die sich doppelt lohnt, denn ein gesteigertes Zusammengehörigkeitsgefühl kommt nicht nur dem Teamgeist zugute, sondern bindet gleichzeitig die Mitarbeiter langfristig an das Unternehmen – in Zeiten hoher Mitarbeiterfluktuation kein schwaches Argument.

Wenn im Team nicht mehr vorwiegend über das Projekt, sondern über die Teammitglieder selbst gesprochen wird, ist es an der Zeit, zu handeln. Wenn die neue Frisur der Abteilungsleiterin oder die Affäre des Controllers mit der Buchhalterin die Kommunikation beherrschen, leiden auf Dauer Takt und Rhythmus der Teamarbeit. Die gesamte Gruppe muss erneut auf das Ziel eingeschworen werden, was nur geschehen kann, wenn man es aus

dem Businessalltag rausreißt. Wer gemeinsam ein Abenteuer erlebt, gemeinsam ins Schwitzen kommt oder ein Ziel erreicht, dass eher weniger mit den beruflichen Anforderungen zu tun hat, sieht den Kollegen mit anderen Augen. Deshalb ist ein einfaches Instrument, wie der Betriebssport, so erfolgreich: Wer sich mit vereinten Kräften über die Ziellinie eines Marathons pusht oder das Finale im Fußballturnier für sich entscheidet, saugt langfristig neue Energie für den Alltag auf. Und wenn ein schwächeres Teammitglied das entscheidende Tor erzielt oder die Mannschaftsleistung im Marathon durch seine neue Bestzeit signifikant verbessert, erreichen Begriff wie Respekt, Selbstbewusstsein und Teamgeist ein neues Level.

Bereits einmalige Veranstaltungen können einen hohen Klebeeffekt innerhalb des Teams auslösen. Wichtig ist dabei nur, dass sich die Veranstaltung nicht als bloße Mitarbeiterbespaßung entpuppt, denn dann ist das Ziel schnell verfehlt. Outdoor-Erfahrungen bringen oftmals frische Luft in ein Team, aber erst wenn der Einzelne die Veranstaltung reflektiert und dabei auch tatsächlich erkennt, welchen Mehrwert das Erlebte für die weitere Zusammenarbeit erschaffen hat, war die Investition ihr | Ihr Geld auch wert.

Ein gutes Team ist so viel mehr

Michael Jordan hat es einst mit einem Satz formuliert, für den ich ihm mindestens drei Punkte auf der Anzeigetafel geben würde: „Talente gewinnen Spiele – aber Teamwork und Intelligenz gewinnen Meisterschaften." Und das nicht nur, weil es mehr nach Team klingt, als das Zitat von Charles de Gaulle: „Wir haben die Schlacht verloren, aber nicht den Krieg." Doch beide zielen mit ihren Würfen auf die Wahrheit: Der Unterschied zwischen Erfolg und Scheitern ist ein perfektes Team; es zählt am Ende nur das Ergebnis. Als Einzelkämpfer kann man viel

erreichen, doch gerade im Businessbereich sind die Wachstumsmöglichkeiten begrenzt. Ein Unternehmen, das wirklich wachsen will, ist auf funktionierende Teams angewiesen, und je mehr kompetente und funktionierende Teams aus den vorhandenen 'Humanressourcen' zusammengestellt werden können, desto größer ist die Chance auf multiplen Erfolg. Die Schattenseite des Wachstums: Nicht nur der Erfolg kann sich dabei vergrößern, auch die damit einhergehenden Probleme können völlig neue Dimensionen annehmen.

Beispiel Schnittstellenmanagement: In jedem Unternehmen gibt es Reibungspunkte. Wo Menschen sägen, fallen auch Späne. Gefährdete Schnittstellen finden sich zwischen Unternehmen und Kunde, zwischen Mitarbeitern und Geschäftsleitung, zwischen einzelnen Unternehmensebenen, zwischen Abteilungen und natürlich zwischen einzelnen Teams. Die Ursachen für Konflikte sind vielfältig: Unterschiedliche Ansichten zum Thema Prozesssteuerung und nicht eindeutige Zuordnung von Verantwortungen zählen ebenso dazu, wie die Qualität der zwischen den Schnittstellen fließenden Informationen. Ziel des Schnittstellenmanagements ist es, die Reibungspunkte an diesen Schnittstellen möglichst komplett zu vermeiden, denn wo keine Reibungspunkte existieren, kann Energie ungehindert fließen. Was bedeutet das für das Team selbst? Das Team kann natürlich dann am effektivsten operieren, wenn keine internen Hierarchien im Weg stehen, die Bremswirkung erzeugen. Die internen Gegner sind immer die überflüssigsten. Wenn Schnittstellen allerdings unumgänglich sind, kann auch hier ein Experte von außen Beachtliches leisten: Wenn er die Zusammenarbeit an den Schnittstellen mit den einzelnen Teams abstimmt, findet diese Lösung im Allgemeinen die höchste Akzeptanz, denn sie wurde nicht von einem inneren 'Gegner' befohlen, sondern gefühlt gemeinsam erarbeitet. Der Innovationsprozess kann mit gesteigerter Energie fortgesetzt werden.

So machen Sie Ihre Teams auf Dauer besser

Springen wir von der Theorie ins kühle Nass der Praxis: Wer bei teaminternen Problemen wirklich etwas verändern möchte, muss seine Komfortzone verlassen und bereit sein, auch einmal gegen die Strömung zu paddeln, um die nächsten Hindernisse auf dem reißenden Wildwasserbach sicher zu umfahren. Würden Sie sich hier nur entspannt mit der Strömung treiben lassen, hätte der nächste Fels katastrophale Folgen für Ihre Gesundheit. Fortschritt heißt hier genau wie in der kopflastigen Businesswelt, dass sich Veränderungen und Erfolge nur durch das Überwinden von Widerständen herbeiführen lassen. Das Wohl des einzelnen Teams ist dabei nicht entscheidend, denn jedes Unternehmen besteht schließlich aus unzähligen Teams. Diese zum Co-Working zu bewegen, ist die große Herausforderung, der wir uns heute alle stellen müssen. Legen Sie Finger in Wunden und klagen Sie nicht, wenn Sie einen fremden Finger in Ihrer eigenen Wunde spüren: Nur das gegenseitige Schreiben von Wunschzetteln kann Hindernisse auf Dauer aus dem Weg räumen. Teamübergreifende Kommunikation macht Sinn, wenn sie bewirkt, dass teamübergreifende Zusammenarbeit verbessert wird. Oftmals gehen Optimierungen von Konstellationen für das eigene Team nur mit der Beschneidung von Mitteln eines anderen Teams einher. Warum zur Lösung dieses Problems nicht die antiken Teamsitzungsmodelle überdenken? Warum nicht beide betroffene Teams an einen Tisch bitten und eine völlig neue Kommunikationskultur erschaffen? Moderne Managementmethoden und Unternehmensstrukturen machen auf vielen Ebenen der Teamarbeit Änderungsprozesse notwendig. Prozesse, die sich der geänderten Unternehmenskultur anpassen. Das Zauberwort bei diesem Prozess heißt Teamentwicklung: ein zweischneidiges Schwert, denn Teams entwickeln sich im Laufe der Zeit selbstständig weiter – allerdings nicht immer in die gewünschte Richtung. Auf der anderen Seite kann ein Team von außen aktiv gesteuert werden, damit es den gewünschten Kurs beibehält. Mit einem externen Moderator erhält ihre Teamkultur Ölwechsel und Vitaminspritze in einem einzigen Zug. Er analysiert das Betriebsklima und die Rollenverteilung und identifiziert Defizite, Konfliktherde und Schnittstellenprobleme. Er erinnert an Gemeinsamkeiten: Jedem Team wird zu Beginn eine hochkomplexe Aufgabe übertragen, die nur gemeinsam erfüllt werden kann, weil ein Einzelner dazu nicht in der Lage wäre. Er erweckt den Teamgeist wieder zum Leben und erinnert an Konsequenzen, die sich aus mangelnder Zusammenarbeit ergeben können: Eiszeiten und sogar Kündigungen, bei denen es ja meistens die Falschen trifft. Es sind selten die Kompetenzen, die Konflikte auslösen. Meistens sind es kleine Scharmützel, die ein Team deutlich schwächen.

Je komplizierter das Produkt- oder Dienstleistungsangebot eines Unternehmens ist, desto höher ist der Bedarf an funktionierenden Teams. Komplexität bestimmt die Arbeitsstruktur der Zukunft, und nur durch Bündelung von Kompetenzen lassen sich Lösungen erarbeiten. Ob man will oder nicht: Einzelkämpfer in Unternehmen sterben aus; nur im Sport können sie noch überleben, aber selbst hier weht der Wind für sie immer rauer. Teams sind die Zukunft unserer Unternehmen, und Teams müssen trainiert werden, so wie Ihr Auto regelmäßig zur Inspektion vorfahren muss, um funktionstüchtig zu bleiben. Wer Menschen dazu bringen möchte, ihre naturgegebene Individualität zu opfern, um sie im Team zu gemeinsamem Handeln zu bewegen, hat die höchste Hürde noch vor sich. Aber wie hoch diese Hürde auch immer sein mag: Nehmen Sie's sportlich, denn gemeinsam schaffen wir das.

INDERaktiv – Kundenbegeisterung

Biyon Kattilathu

Jedes Unternehmen strebt Erfolg an. Dabei stellt sich natürlich die Frage, was Erfolg eigentlich bedeutet. Ist es der rein monetäre Aspekt, der für ein Unternehmen zählt? Sind es zufriedene Mitarbeiter? Sind Innovationen maßgebend oder steht das I-mage des Unternehmens im Fokus des Erfolgs? Für den Unternehmenserfolg wird die Kundenzufriedenheit als Schlüsselvariable und strategischer Imperativ angesehen.

Sajo stammt aus einfachen Verhältnissen im wunderschönen, südindischen Bundesstaat Kerala. Er will es innerhalb eines Jahrzehnts schaffen, eine der profitabelsten Restaurantketten Keralas (und wir sprechen hier von 40 Millionen Einwohnern) namens 'Nanni' aufzubauen. Erfolg – dieser Begriff steht für ihn bisher ausschließlich im Einklang mit seinen monetären Zielen. Doch sein Fokus beginnt nun nach und nach auf dem Kunden zu liegen, so dass er die Interdependenzen zu verstehen beginnt. Seine Geschichte soll exemplarisch die im Folgenden dargestellten wissenschaftlichen Ausführungen begleiten.

„(...) Satisfied customers are often of greater value, because they tend to spend more money, exhibit higher levers of loyalty, and talk more favourable about a product to others." Die Maximierung der Kundenzufriedenheit stellt sich aufgrund dieser Erkenntnisse als eine hochpriorisierte Unternehmensstrategie dar. Es gilt also innovative Produkte und Dienstleistungen nutzerfreundlich anzubieten, um im Kampf um die Kundenkaufkraft und die Kundenbindung an das eigene Unternehmen bestehen zu können. Auch kann die Kundenpartizipation im Kontext von Marketing als zentrale Herausforderung für Unternehmen angesehen werden: Der Einfluss von Konsumenten, die in der Gestaltung und Entwicklung von Produkten, Dienstleistungen und Kommunikation aktiv mitwirken, um die Kundenzufriedenheit zu erhöhen, wird in den nächsten Jahren weiter ansteigen. Die weit entwickelten Informations- und Kommunikationstechnologien ermöglichen es Kunden untereinander, und Kunden mit Unternehmen, zunehmend vernetzt aufzutreten, Feedback zu ihrer Kundenzufriedenheit zu geben und positive wie auch negative Mund-zu-Mund-Propaganda auszulösen. Dies verdeutlicht die Macht des Kunden in der heutigen vernetzten Konsumwelt. Unzufriedene Kunden können nämlich nicht nur zur Konkurrenz wechseln, sondern erzählen Freunden, Bekannten oder auch Unbekannten im Umfeld oder im Internet von ihren schlechten Erfahrungen. Ein Zitat von Jeff Bezos, CEO von Amazon, drückt dies sehr treffend aus: „If you make customers unhappy in the physical world, they might each tell six friends. If you make customers unhappy on the Internet, they can each tell 6,000 friends with one message to a newsgroup. If you make them really happy, they can tell 6,000 people about you. You want every customer to become an evangelist for you."

Auch Sajo macht diese Erfahrung. Voller Stolz präsentiert er in den Anfangszeiten seine eigenen Social-Media-Präsenzen des ersten Restaurants 'Nanni'. Aufgrund eines unqualifizierten Kochs (und des daraus nicht wirklich überragenden Essens) werden diese Plattformen aber insbesondere dazu genutzt, anderen (potentiellen) Kunden von diesem Restaurant abzuraten. In seiner 'Hilflosigkeit' versucht er die negativen Kommentare auf diversen Plattformen stets zu löschen, so dass sie visuell nicht mehr sichtbar sind, oder zumindest zu ignorieren. Er erkennt aber nun das Potential dieser Meinungen: Kritik ist eine Chance. Und Kritik ist eine Stimme, die gehört werden möchte. Und so langsam wird diese Stimme lauter und klarer für ihn...

Eine Innovation fängt nicht mit einer guten Idee an und endet mit deren Entwicklung, vielmehr bedarf sie eines planmäßigen Marketings, um erfolgreich zu sein. Innovation trägt mit Hilfe von bestimmten Maßnahmen schon in den frühen Phasen dafür Sorge, dass tendenziell nur in zukunftsweisende Projekte investiert und die Flop-Rate minimiert wird. Im Hinblick darauf, welche Faktoren eine Relevanz für den Erfolg von Innovationen haben, können folgende Faktoren als besonders relevant herausgestellt werden: Hierunter fällt u.a. der Produktvorteil, welcher insbesondere durch 'Einzigartigkeit', 'Produktqualität' sowie 'wettbewerbsrelativer Kundennutzen' attribuiert werden kann. Weiterhin wird die Kundenorientierung als maßgebliche Einflussgröße identifiziert. Hierunter wiederum fällt die Interaktion mit den Zielkunden, welche zu einer Kenntnis der Bedürfnisse führt. Dabei muss natürlich zunächst geklärt werden, wer der Zielkunde ist. Das Scheitern vieler Innovationen rekurriert folglich oftmals auf einer fehlenden Kundenorientierung. Aus wissenschaftlichen Studien geht hervor, dass etwa 50-80% aller missglückten Innovationen auf einer mangelnden Orientierung an den Präferenzen der Kunden fundieren. Kundenorientierung verschafft zudem Wettbewerbsvorteile, indem sie dazu beiträgt, dass mögliche Entwicklungstendenzen hinsichtlich der Produkte früher als die Konkurrenz antiziert werden. Kundenzufriedenheit wird, neben dem Erreichen von Qualitätsstandards, als das wichtigste Messkriterium, im Rahmen der Messung des Innovationserfolgs, gesehen. Von daher ist ein besonderes Augenmerk auf die Erfüllung von Kundenbedürfnissen, im Hinblick auf eine effektive Innovationsaktivität, zu setzen. Letztlich entscheidet also natürlich der Konsument darüber, ob eine Produktinnovation auf dem Markt Erfolg hat oder nicht. Deshalb ist es umso wichtiger, sämtliche Innovationsprozesse, mit Hilfe des Innovationsmarketings, bezüglich der Kundenbedürfnisse auszurichten.

Das erste 'Nanni' strotzt nur so vor Selbstbewusstsein – ein großartiges Ambiente oder ein von Anfang bis Ende durchdachtes Corporate Design – scheinbar ist an alles gedacht. Aber ist es wirklich für den Kunden konzipiert? Sajo ist sich doch so sicher, dass seine Ideen auf positive Resonanz stoßen werden. Aber: Ist er auch sein eigener Kunde? Wer ist eigentlich sein Kunde? Mit seinem klassischen Marketing, seiner Preisstrategie oder auch der Lage des Restaurants 'kreiert' er sich (s)einen Kunden, ohne wirklich zu wissen, ob er genau diesen Kunden im 'Nanni' speisen sehen möchte. Positionierung heißt also auch festzulegen, mit wem ich verkehren möchte.

Aber zurück zur Kundenzufriedenheit. Wann ist ein Kunde eigentlich zufrieden?

„Zufriedenheit gehört zu den psychischen Phänomenen, von denen Individuen eine mehr oder weniger genaue, allerdings nur sehr selten explizitere Vorstellung besitzen."

Eine allgemein gültige Kundenzufriedenheitsdefinition besteht per se nicht, da die Kundenzufriedenheit entweder als Einstellung, als Ergebnis eines Soll-Ist-Vergleiches oder als Zusammenführung dieser beiden Ansichten verstanden wird. Im Alltagsverständnis ist Zufriedenheit mit positiven Gemütszuständen gekennzeichnet, wie z.B. dem Wohlbefinden, der Lebensfreude oder der Empfindung von Glück und Genugtuung. Zur Entstehung von Kundenzufriedenheit wird in der Fachliteratur das so genannte C|D-Paradigma (Confirmation|Disconfirmation-Paradigma) vielfältig genannt und oftmals als Rahmen für die Entstehung von Kundenzufriedenheit verstanden. Das C|D-Paradigma erklärt die Entstehung von Kundenzufriedenheit durch den Abgleich der tatsächlichen Erfahrung bei der Inanspruchnahme einer Leistung (Ist-Leistung) mit einem bestimmten Vergleichsstandard des Kunden (Soll-Leistung). Konfirmation liegt bei einer Übereinstimmung des Soll-Werts mit dem Ist-Wert vor. Befindet sich der Ist-Wert über | unter dem Soll-Wert führt dies zu positiver | negativer Diskonfirmation. Der Kunde greift bei diesem Vergleichsprozess auf Erwartungen, Erwartungsnormen und Ideale zurück.

Speist ein Gast also beispielsweise im 'Nanni' und entspricht das Essen der Qualität, die er bereits kennt, so ist er weder unzufrieden noch sonderlich zufrieden. Unzufriedenheit könnte demnach also erst dann entstehen, wenn das Essen eine schlechtere Qualität aufweist als der Gast es gewohnt ist. Isst ein Gast ein geschmacklich derart gutes Gericht, das seine Erwartungen gar übertrifft, so ist mit einer Zufriedenheit seinerseits zu rechnen.

Die beim Kunden subjektiv erwartete Soll-Leistung ist im Zeitverlauf natürlich veränderlich und dynamisch. Für gut empfundene Erfahrungen führen so zum Beispiel zu einer Erhöhung der Kundenerwartung. Ebenso verhält es sich mit für schlecht empfundenen Erfahrungen. Erwartungen basieren oftmals auf Werbung (Versprechungen der Unternehmen), persönlichen Bedürfnissen, Weiterempfehlungen und bisherigen Erfahrungen mit ähnlichen Produkten oder Unternehmen. Ziel der Unternehmen sollte es sein, zumindest die erwartete Qualität zu erreichen. Wenn die Erwartungen übertroffen werden, steigt die Zufriedenheit, jedoch mit einer abnehmenden Tendenz. Damit ist klar, dass Kundenzufriedenheit nicht endlos gesteigert werden kann und dies auch nicht versucht werden sollte. Ebenso sollte es vermieden werden unter den adäquaten Bereich zu fallen, da sich Unzufriedenheit weitaus stärker als Zufriedenheit auswirkt.

Die mit dem Produkt oder der Dienstleistung gemachten Erfahrungen werden in der Ist-Leistung zusammengefasst. Problematisch ist hierbei die Feststellung, dass diese Erfahrungen auf dem subjektiven Empfinden und nicht auf objektiven rationalen Kriterien basieren. Dieser prekäre Sachverhalt führt bei der Fertigstellung einer perfekten Ist-Leistung seitens des Unternehmens zu einem komplexen Unterfangen.

Zum Thema Kundenzufriedenheit sowie den Auswirkungen von Kundenzufriedenheit existiert eine Vielzahl an Begrifflichkeiten, die mit dieser Thematik einhergehen. Für die positiven Wirkungen von Kundenzufriedenheit auf erfolgsrelevante Größen wie die Kundenloyalität, die Kundenbindung oder die erhöhte Preisbereitschaft von Konsumenten, gibt es viele empirische Belege. Eine Auswirkung der Kundenzufriedenheit auf das Kundenverhalten stellt also die Kundenloyalität dar. Kundenzufriedenheit kann Kundenloyalität steigern.

Dabei wird Kundenloyalität als dreidimensionales Konstrukt verstanden, welches sich zusammensetzt aus dem Wiederkaufverhalten hinsichtlich des gleichen Produktes, dem Zusatzkaufverhalten (Cross-Buying) hinsichtlich dem Kauf weiterer Produkte des gleichen Unternehmens sowie dem Weiterempfehlungsverhalten gegenüber anderen Kunden und möglichen neuen potenziellen Kunden. Ein Kunde ist also loyal, wenn er über einen betrachtenden Zeitraum konstant ein Produkt erwirbt (Wiederkauf), bereit ist, weitere Produkte des gleichen Unternehmens zu kaufen (Zusatzkauf), und bereit ist, diese an Dritte weiterzuempfehlen, wie z.B. Freunden, Bekannten oder Usern im Internet (Weiterempfehlung). Daneben gibt es die so genannte Markenloyalität. So können starke Marken eine höhere Markenloyalität aufweisen als schwache Marken, da sie dem Konsumenten Vertrauen und Orientierung in der Kaufentscheidung geben. Ebenso vermitteln starke Marken spezielle Gefühle und Images, mit denen sich Kunden abgrenzen können.

Oh ja, loyale Kunden, will Sajo unbedingt haben. Zumindest weiß er nun, dass es definitiv einen nachgewiesenen Zusammenhang zwischen Kundenzufriedenheit und Kundenloyalität gibt. Sein loyaler Kunde wird also erneut im 'Nanni' zu Gast sein (Wiederkauf), speist zusätzlich zum Hauptgericht eine Vorspeise oder ein Dessert (Cross-Zusatzkauf) und wird anderen Personen von seinen tollen Erfahrungen im Restaurant erzählen (Weiterempfehlung). Wow, so viele positive Effekte. Ein weiterer Grund für Sajo sich intensiv darum zu bemühen, den Kunden zufrieden zu machen.

„The aim of marketing is to know and understand the customer so well the product or service fits him and sells itself." (Peter Drucker)

Der Kunde und die damit verbundenen Kundenwünsche stehen im Mittelpunkt des Marketings. Um diese Kundenwünsche aufzudecken oder zu wecken, um Kunden zufriedenzustellen, bedarf es einer Kundenorientierung. Kundenorientierung ist eine Voraussetzung für eine hohe Kundenzufriedenheit. Dabei ist es natürlich zunächst entscheidend, den für das Unternehmen 'richtigen' Kunden zu identifizieren. Denn erst eine Orientierung am 'richtigen' Kunden führt zu nachhaltigem Erfolg.

Besonders die 90er Jahre sind geprägt von der Kundenorientierung als zentrale Entwicklungsphase der Unternehmensführung, in der diejenigen Unternehmen erfolgreich sind, die Entwicklungen im Kundenumfeld schnell antizipieren und dementsprechend operieren. Seitdem hat die Bedeutung der Kundenorientierung, aufgrund der wachsenden individuellen Kundenerwartungen und der Hybridisierung des Konsumentenverhaltens, nur noch mehr zugenommen.

Unter Kundenorientierung versteht man die genaue Kenntnis der Wahrnehmungen, Erfahrungen, Einstellungen sowie Erwartungen des Kunden und die Bereitstellung eines aus Kundensicht zufriedenstellenden Leistungsangebotes. Die Kundenorientierung stellt eine Art Wegweiser bei allen unternehmerischen Handlungen in der Planung und Erstellung der Unternehmensleistungen dar, mit dem Ziel, langfristig stabile und ökonomisch vorteilhafte Kundenbeziehungen zu etablieren. Die Unternehmensleistung sollte also die Ziele und Bedürfnisse des Kunden besser erfüllen, als das Angebot der Konkurrenz und gleichzeitig Unternehmensgewinnziele realisieren.

Fragen, die sich Sajo stellte sind daher: Was möchte der Gast eigentlich? Sich wohlfühlen? Satt werden? Einen guten Service? Oder besser gesagt: Was möchte er genau und in welchem Verhältnis? Kann Sajo die Wünsche hierarchisieren, denn um fokussiert zu sein, bedarf es schließlich eines klar definierten Zieles. Denn eine Sache ist klar: Sein Restaurant und sein Essen bestehen aus verschiedenen Attributen, die unterschiedlich stark vom Kunden priorisiert werden. Es ist also seine Schlüsselaufgabe die Attribute zu extrahieren, die zu einer hohen Kundenzufriedenheit führen können.

In der Literatur wird die Kundenbindung als Folge von hoher Kundenzufriedenheit und Kundenorientierung aufgeführt. Dies bedeutet nicht, dass hohe Kundenzufriedenheit zwangsläufig zu hoher Kundenbindung führt. Kundenzufriedenheit stellt eine notwendige, jedoch keine hinreichende Bedingung für die Entstehung von Kundenbindung dar. Grundsätzlich tritt der Wirkungszusammenhang zwischen Kundenzufriedenheit, Kundenloyalität und Kundenbindung als ein breit und gut diskutiertes Thema auf, wobei jedoch ausreichend belegt ist, dass eine hohe Kundenzufriedenheit einen positiven Einfluss auf die Kundenloyalität sowie die Kundenbindung hat. Klassische Kundenbindungsmaßnahmen sollten also nicht gezwungenermaßen auf einen Kunden angewendet werden. Ist der Kunde zufrieden und spürt er, dass eine Orientierung an seinen Bedürfnissen erfolgt, so ist eine Kundenbindung eine

fast logische Folge.

Welcher Zusammenhang besteht nun aber zwischen *Kundenzufriedenheit* und *Unternehmenserfolg*? Das Ausmaß und die Qualität der Kundenbeziehungen hat einen essentiellen Einfluss auf die Wettbewerbsfähigkeit von Unternehmen. Zufriedene Kunden liefern eine höhere Wiederkaufrate, sind weniger preisempfindlich, empfehlen Produkte und Dienstleistungen weiter und kaufen vermehrt auch andere Produkte und Dienstleistungen des Anbieters (cross-buying).

Das noch junge 21. Jahrhundert ist geprägt von der *Kundenpartizipationsorientierung*, bei dem der Konsument als einflussnehmender und eingreifender Partizipant Produkte, Dienstleistungen und Kommunikation mitgestaltet. Dieses wird für die nächsten Jahre als zentrale Herausforderung für Unternehmen prognostiziert. Die *Kundenintegration* wird oftmals als *Erweiterung der Kundenorientierung* angesehen. Ein Wissensaustausch leitet zu einer besseren Kenntnis von spezifischen Kundenwünschen und senkt die Fehlerwahrscheinlichkeit in Problemlösungsaktivitäten. An dieser Stelle ist es für Unternehmen entscheidend, einen so genannten 'Heavy User' in den Gestaltungsprozess zu integrieren, da dieser (wie der Name schon vermuten lässt) das Produkt intensiv nutzen wird.

Kommunikativ ist Sajo schon seit jeher. Aber wie soll er nun in direkten Kontakt mit dem Kunden treten? Ein dezentes Lob- und Beschwerdemanagement scheint ein guter Anfang zu sein. Außerdem entscheidet er sich dazu, Kunden bei der Gestaltung der Speisekarte partizipieren zu lassen. Dafür benötigt er natürlich nicht nur Stammgäste seines Restaurants, sondern insbesondere auch die Meinung derer, die noch starke Wünsche zur Optimierung haben. Wie er diese gewinnt? Er fragt sie und bietet im Gegenzug einen finanziellen Anreiz.

Ein Kunde wird zum Co-Designer, wenn er auf Basis eines vorhandenen Leistungspotentials in Interaktion mit dem Anbieter und weiteren Nutzern seine eigene Leistung spezifiziert, konfiguriert, entwickelt und generell mitgestaltet. Dieser 'geöffnete' Innovationsprozess findet in der Bezeichnung 'Open Innovation' Gebrauch, in dem das Innovationssystem als offene Interaktion in einem Netzwerk zwischen dem herstellenden Unternehmen und externen Akteuren, wie z.B. Kunden, Nutzern, Herstellern, Lieferanten, Händlern und anderer innovativen Wissensquellen gesehen wird. Mit Hilfe von neuen Methoden erfahren Unternehmen einen leichteren und größeren Zugang zu Bedürfnis- und Lösungsinformationen und können so die Effizienz und Effektivität des Innovationsprozesses steigern. Hierbei stellt die Kundenintegration das zentrale Merkmal dar, mit dem Bedürfnisinformationen besser erhoben werden können, als durch klassische Instrumente der Marktforschung. Die Open Innovation birgt aber auch Gefahren. So steigt das Risiko, dass vertrauliche Informationen an die Öffentlichkeit gelangen können. Daneben sollte auch klar kommuniziert werden, in wie weit Ergebnisse von Kunden verwendet werden. Oftmals führen insbesondere webbasierte Open Innovation Ansätze dazu, dass qualitativ minderwertige Lösungen einen hohen Zuspruch erfahren.

Die Kundenzufriedenheit im Allgemeinen kann als ein dreidimensionales Konstrukt bestehend aus den Basis-, Leistungs- und Begeisterungsfaktoren verstanden werden.

Die Basisfaktoren sind Produkteigenschaften, die Mindestbestimmungen des Kernprodukts oder der Dienstleistung abbilden, welche zu Nicht-Unzufriedenheit führen. Nimmt der Kunde ein Fehlen dieser Merkmale wahr, so entsteht Unzufriedenheit. Diese Faktoren führen nicht zu Zufriedenheit, wenn sie vom Kunden wahrgenommen werden, auch dann nicht, wenn sie die Kundenerwartungen übertreffen.

Besucht ein Kunde also das 'Nanni', dann erwartet er eine Sitzgelegenheit und ein Essen. Ein Fehlen einer Sitzgelegenheit führt verständlicherweise unmittelbar zu einer Unzufriedenheit des Kunden. Den Wunsch nach einem Essen wird ein Kunde nicht explizit artikulieren. Er geht von einem Vorhandensein aus, was wiederum zeigt, dass Basisfaktoren selbstverständlich sein sollten und weder bei einem Produkt oder einer Dienstleistung fehlen dürfen.

Dagegen sind *Leistungsfaktoren* Produktmerkmale, die zu Zufriedenheit führen können, wenn diese über die Kundenerwartungen hinausgehen und ebenso zu Unzufriedenheit bei Nichterfüllung der Kundenerwartungen. Bestellt der Kunde also ein Essen in jenem Restaurant, dann kann es entweder zu einer Zufriedenheit oder zu einer Unzufriedenheit führen. Leistungsfaktoren sind also Chancen den Kunden zufrieden zu machen und beinhalten das Risiko ihn unzufrieden zu machen. Oftmals handelt es sich um Qualitätskriterien.

Wie gut kann das 'Nanni' ein Essen zubereiten? Wie gut ist der Service, den Sajos Gäste erwarten dürfen? Wie gut kann ein Produkt qualitativ zubereitet werden? Und wie so oft gilt auch hier: Es gibt keine zweite Chance für den ersten Eindruck.

Einen hohen Mehrwert besitzen die so genannten Begeisterungsfaktoren: Beim Angebot dieser Merkmale wird Kundenzufriedenheit gebildet, jedoch entsteht keine Unzufriedenheit beim Fehlen dieser Eigenschaften. Sie erfahren beim Kunden keine Erwartung, weswegen gerade diese Merkmale den wahrgenommenen Zweck der wesentlichen Produktleistung erhöhen können.

So kann das 'Nanni' dem Kunden eine kostenlose Vorspeise (einen so genannten 'Appetizer') oder einen kostenlosen Aperitif anbieten. Das Essen könnte auf eine besonders kreative Weise zum Tisch gebracht werden. Sajo hat die Idee verwirklicht, das Essen wahlweise ganz traditionell auf einem Bananenblatt (anstelle des Tellers) zu servieren. Seine Kellnerinnen und Kellner sind dazu angehalten, sich den Namen jedes einzelnen Gastes zu merken und beim nächsten Besuch namentlich anzusprechen. Daneben sollen sich seine Mitarbeiter so gut es geht besondere Präferenzen und Auffälligkeiten einprägen (Lieblingswein, Lieblingsdessert, aber auch Allergien o.ä.). Eine Berücksichtigung oder eine Empfehlung basierend auf diesen Merkmalen kann ebenfalls begeistern. Die Möglichkeiten ein Begeisterungsmerkmal zu kreieren sind nicht begrenzt. Auch verursacht ein Umsetzen dieser Merkmale nicht zwangsläufig hohe Kosten. Kreativität, sowie Aufmerksamkeit helfen insbesondere, Begeisterung beim Kunden zu entfachen.

Dass die Kundenzufriedenheit im Allgemeinen ein komplexes Konstrukt darstellt, ist leicht nachvollziehbar. Im Zuge dessen wird mit Hilfe der Kano-Theorie ein Ansatz gegeben, der in der Marketingforschung breite Anerkennung verdient, hinsichtlich der Erklärung und Zusammensetzung von Kundenzufriedenheit.

In welchem Zusammenhang die Erwartungserfüllung und die Kundenzufriedenheit zueinander stehen, wird anhand des Kano-Modells in folgender grafisch dargestellt, indem die Zufriedenheitsverläufe von Basis-, Leistungs- und Begeisterungseigenschaften abgebildet werden.

Es dient der Erklärung Kundenzufriedenheit als mehrdimensionales Konstrukt zu verstehen und schließt die theoretischen Gedankengänge zu den unterschiedlichen Leistungseigenschaften mit ein.

Bei der grafischen Darstellung des Kano-Modells wird auf der vertikalen Achse die Zufriedenheit abgebildet, wobei hier sowohl die affektiven, als auch die kognitiven Auswirkungen gemeint sind. Auf der horizontalen Achse wird die Erwartungserfüllung der Kunden dargestellt. Wichtig zu nennen sei an dieser Stelle, dass die horizontale Achse nicht die objektive Leistungsqualität beschreibt, sondern die subjektiv empfundene Größe der Erwartungserfüllung der Kunden. Somit können die Anforderungen an ein Produkt aus Kundensicht besser verstanden und bei der Bestrebung, die Kundenzufriedenheit zu erhöhen, effektiver umgesetzt werden.

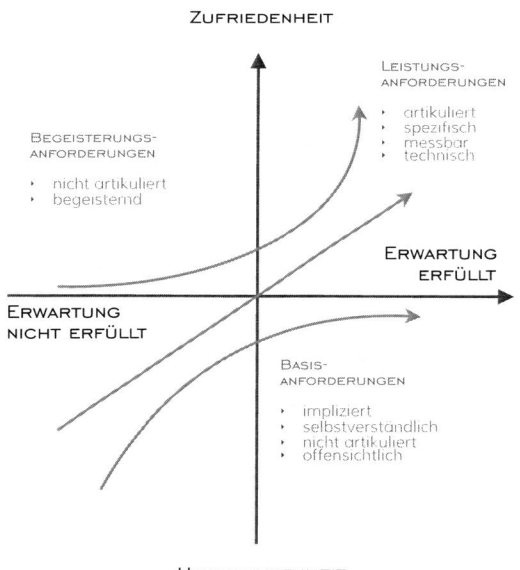

Kano-Modell der Kundenzufriedenheit

Quelle: In Anlehnung an Kano et al. (1984); Kano (2001), S. 23; Berger et al. (1993), S. 28; Bailom et al. (1996), S. 118.

Das Kano-Modell zeigt auf, dass die Verläufe der Zufriedenheitsfaktoren unterschiedlich ausfallen und die Steigerung des Erfüllungsgrades eines Produktmerkmals nicht gleichermaßen für alle Zufriedenheitsfaktoren gilt. Wird die Erwartungserfüllung eines Basisfaktors erhöht, so hat dies einen geringeren Zuwachs der Kundenzufriedenheit als die Erhöhung der Erwartungserfüllung eines Leistungs- oder Begeisterungsfaktors. Dies hat zum Vorteil, dass im Rahmen der Produktentwicklung dieses Wissen berücksichtigt werden kann und folglich Prioritäten gebildet werden können. Ein besonderes Augenmerk ist hier auf die Begeisterungsfaktoren zu richten, da hierüber der Kunde nicht 'nur' zufriedengestellt, sondern begeistert und beglückt werden kann, sofern seine Kundenerwartung mehr als erfüllt wird. Festzuhalten sei an dieser Stelle, dass bei der Klassifikation der Faktoren, Unterschiede in Kundengruppen festzustellen sind, da die Kundenerwartungen in Korrelation zu vergangenen Erfahrungen stehen. Ebenso sei darauf hingewiesen, dass keine a priori Einordnung der Leistungsmerkmale erfolgt, sondern diese mit Hilfe der Kano-Methode erörtert und klassifiziert werden. Die Kano-Methode ist ein Fragebogen, der als Ergebnis eine Kategorisierung in Basis-, Leistungs- und Begeisterungsfaktoren liefert. Eine Dynamik hinsichtlich der Eigenschaftskategorien ist im Zeitverlauf zu erkennen. Mit der Zeit verändern sich die Eigenschaftszugehörigkeiten zu den einzelnen Kategorien und folglich erleben die Produktmerkmale einen besonderen Lebenszyklus: Aus Begeisterungsfaktoren formen sich erstmals Leistungsfaktoren und nachfolgend Basisfaktoren.

Sollte Sajo sich also dazu entschließen, seinen Gästen stets vor der Bestellung einen 'Appetizer' zu servieren, so wird dies im Laufe der Zeit (und zwar schneller als Sajo vielleicht denkt) zu einer Selbstverständlichkeit und somit zu einem Leistungs- bzw. Basismerkmal. Begeisterungsmerkmale sind also dynamisch und üben einen positiven Druck auf Sajo aus, sich nicht mit dem Status Quo zufrieden zu geben und an einer ständigen Verbesserung und Erweiterung des Portfolios zu arbeiten. Dies ist auch als Chance für sein junges Unternehmen zu sehen, das mit kreativen Lösungen für Begeisterung beim Kunden sorgen können.

Zu den kurzfristigen Auswirkungen der Kundenzu-friedenheit wird die Mundpropaganda, Abwande-rung, Beschwerde und auch keine Reaktion gezählt.

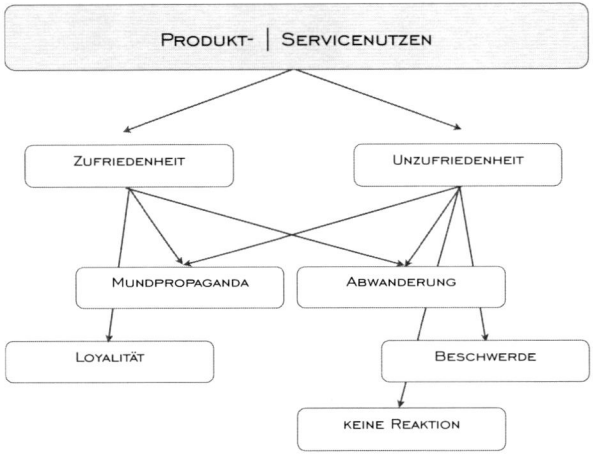

: Auswirkungen der Kundenzufriedenheit
Quelle: Eigene Darstellung in Anlehnung an Sauerwein (2000), S. 40

Die zeigt also mögliche Auswirkungen von Zufrie-denheit oder Unzufriedenheit. Mundpropaganda, Abwanderung, Beschwerde und keine Reaktion sind hierbei als kurzfristige Auswirkungen anzusehen. Die Loyalität fungiert eher als langfristige Auswir-kung, wird aber der vollständigkeitshalber in der ebenfalls aufgeführt.

MUNDPROPAGANDA (WORD OF MOUTH)

Word of Mouth bzw. Mundpropaganda gilt als eine der ältesten Formen des Marketings. Mundpropa-ganda kann sowohl positiv, als auch negativ ausfal-len und hat daher einen bedeutenden Stellenwert für Unternehmen. Aufgrund der Face to Face Kom-munikation hat Mundpropaganda einen deutlich höheren Einfluss auf die Wahrnehmung von poten-tiellen Kunden, als Medien der Massenkommunika-tion. Die Glaubhaftigkeit ist bei dieser kurzfristigen Auswirkung der Kundenzufriedenheit sehr hoch, da diese auf einen persönlichen Übertragungsweg zurückzuführen ist. Werbung aus Firmen-Quellen ist im Umkehrschluss weniger glaubwürdig als Mund-propaganda. Positive Empfehlungen führen dazu, dass erfolgreich neue und innovative Produkte am Markt positioniert, Absatzkanäle besetzt und leis-tungsfähige Zulieferer gewonnen werden können. Daher wird insbesondere Rezensionen oder Refe-renzen eine hohe Bedeutung zugeschrieben.

Auffällig ist, dass eine Unzufriedenheit deutlich stärkere Auswirkungen auf die Mundpropaganda hat, als eine Zufriedenheit. So haben die von der amerikanischen Regierung durchgeführten TARP-Studien (Technical Assistance Research Programm) Erstaunliches herausgefunden: Zufriedene Kunden teilen im Durchschnitt ihre Erfahrungen drei weite-ren Personen mit, wohingegen unzufriedene Kun-den neun bis zehn weiteren Personen an ihren Er-fahrungen teilhaben lassen. Somit haben unzufrie-dene Kunden einen deutlich höheren Multiplikato-reffekt.

Besonders für die Einführung von innovativen Pro-dukten ist Mundpropaganda wichtig. Dafür müssen in einem Kommunikationsnetzwerk die wichtigsten Knotenpunkte mit den Informationen über das neue Produkt bedient werden. Diese Form des Marke-tings stellt eine gute Alternative zu kostenintensiven Kampagnen dar. Negative Mundpropaganda ist zu vermeiden. Dies kann beispielsweise durch eine förmliche Entschuldigung oder durch Produktver-besserungen geschehen. Teilweise können somit sogar Kunden zurückgewonnen werden.

Von Mundpropaganda kann Sajo ein Lied singen, denn insbesondere im Gastronomiebereich spielt sie eine große Rolle. Natürlich sind Fehler für ihn Erfahrungen, es stellt sich bloß die Frage, welche Fehler zu tolerieren sind und welche nicht. So kann ein versalzenes Essen verbessert werden. Fehlende Hygiene hingegen kann einen bleibenden (negativen) Eindruck beim Gast hinterlassen. Auch wenn Geschmäcker verschieden sind: Die Meinung eines Vertrauten ist für viele Menschen immer noch richtungsweisend und ein wichtiges Kriterium bei der eigenen Entscheidungsfindung. Daher reagiert Sajo stets offen und proaktiv. Denn gutes Krisenmanagement kann (richtig angewendet) jedes Unternehmen sogar in eine bessere Situation versetzen als zuvor. Ob Mundpropaganda oder Rezensionen im Internet – Sajo fragt aktiv nach einer Weiterempfehlung. Warum auch nicht? Gäste, die einer Weiterempfehlung zustimmen, verhalten sich gemäß des Konsistenzprinzips loyal und kommen ihrem Versprechen nach. Und auch wenn Sajo auf 'taube Ohren' stößt – ein 'Nein' hatte er bereits vor seiner Frage nach einer Weiterempfehlung.

ABWANDERUNG

Die Abwanderung ist eine passive Reaktion der Kunden. Sie ist die problematischste und zugleich auch häufigste Auswirkung von unzufriedenen Kunden. Neben dem finanziellen Verlust für das Unternehmen, ist besonders schwerwiegend, dass das Unternehmen den Grund der Unzufriedenheit nicht kennt und auch somit nicht beseitigen kann. Dieses Phänomen tritt hauptsächlich in wettbewerbsintensiven Märkten auf. Neben unzufriedenen Kunden können auch moderat zufriedene Kunden abwandern, die ein besseres Angebot erhalten haben. So geben 65 - 85% der abgewanderten Kunden in einer Studie von Fred Reichheld an, dass sie zufrieden waren, jedoch ein besseres Angebot erhielten. Damit sind lediglich moderat zufriedene Kunden, die keine Begeisterung verspüren und daher auch keine Loyalität aufweisen, preissensibel und wechseln das Unternehmer bei Sonderpreisen. Hieraus wird deutlich, warum es sehr sinnvoll sein kann, Kunden zu begeistern. Es ist natürlich wichtig, stets zu wissen, welche Kundenanforderungen das Produkt oder der Service nicht erfüllt haben. Nur wenn dies bekannt ist, kann das Produkt oder der Service an den Markt angepasst werden.

Ein anderer Grund für eine Abwanderung ist das so genannte 'Variety Seeking'. Diese Kunden suchen nach Abwechslung und sind neugierig auf Konkurrenzprodukte. Es ist eindeutig, dass ein 'Variety Seeker' neugierig auf ein neues Produkt ist, was natürlich für Unternehmen immer wieder neue Chancen bietet. Da dieser Kunde aber nur schwer gehalten werden kann, bedeutet er nur einen kurzfristigen Gewinn. Zusätzlich können Kunden nachträglich ihr Anspruchsniveau an Produkte zum Negativen verändern und somit aus Unzufriedenheit abwandern.

Klar hat Sajo mit abwandernden Gästen zu tun. „Wer es nicht besser weiß, der macht es über den Preis", lautet eine alte Marketing-Regel, die besagt, dass nur unkundige Unternehmen, beispielsweise durch Price-Dumping, den Kunden für ihre Produkte und Dienstleistungen gewinnen möchten. Natürlich gibt es Gäste, die nicht nur indische Speisen zu sich nehmen möchten. Allerdings bedeutet Positionierung, dass Sajos 'Nanni' die erste Wahl für indisches Essen bleibt. Überzeugen kann Sajo also wiederum mit einer Forcierung auf Begeisterungsmerkmale, bestehend aus Kategorien wie Essen, Service, Ambiente, Preis u.v.m. Und auch Sajo selbst kann und sollte zu einer Marke werden, denn wenn es heißt: „Wir gehen heute bei Sajo essen!", hat er einen festen Platz in den Köpfen seiner Gäste, der nur ihm gehört.

KEINE REAKTION

Keine Reaktion bei Unzufriedenheit zu zeigen ist eine häufige und sehr bedeutende Verhaltensweise unzufriedener Kunden. So hat eine aktuelle Studie bei der Befragung deutscher Automobilkunden festgestellt, dass 20% der unzufriedenen Kunden keine Reaktion zeigen und bei dem Unternehmen bleiben. Ursache für dieses Verhalten ist, dass eine Abwanderung oft mit hohen Kosten beziehungsweise Barrieren verbunden ist. Zum einen kann das Unternehmen eine Monopolstellung haben, so dass eine Abwanderung nicht möglich ist. Bei so genannten Market Pull Innovationen ist dies nicht anzunehmen. Technology Push Innovationen können hingegen zu einer Monopolstellung führen. Allerdings ist diese Monopolstellung meist nur kurz, da es oft Nachahmerprodukte gibt. Generell muss der Kunde einen gewissen Aufwand betreiben, um zu wechseln. Anzunehmen ist, dass viele Kunden diesen Aufwand nur bei Begeisterungseigenschaften aufnehmen.

Im Falle von Sajo liegt der Fokus auf den so genannten Market Pull Faktoren, also jenen Faktoren, die vom Markt vorgegeben werden und von ihm zu erfüllen sind. Ein neues hippes Getränk ist auf dem Markt? Kann Sajo es aufnehmen und sinnvoll in das bestehende Produktsortiment eingliedern? Ein sehr gefragtes Gewürz erobert den Markt? Sajo könnte bei entsprechender Nachfrage (auch hier wiederum gilt: aktiv nachfragen, um den Gast eine Chance zur Kommunikation zu geben und ihn zu verstehen) Mahlzeiten mit diesem Gewürz anbieten. Gerade der Trend hin zum körperbewussten Leben kann von Sajo genutzt werden, indem er Gerichte mit wenig Kohlenhydraten und viel Eiweiß anbietet. Natürlich müssen diese Gerichte besonders sensibel beworben und angeboten werden, damit kein 'schlechtes Gewissen' bei jenen Gästen entsteht, die weiterhin auf die zumeist fettreichen Speisen setzen.

BESCHWERDEN

Beschwerden sind die Äußerungen von Unzufriedenheit, um auf eine negative Diskonfirmation aufmerksam zu machen. Dabei werden zwei Arten von Kunden unterschieden. Die Kunden, die eine Beschwerde einreichen, glauben an positive Konsequenzen durch ihre Beschwerde. Diese Kunden erwarten eine Wiedergutmachung. Des Weiteren sehen diese Kunden es als ihre soziale Pflicht an, andere Kunden zu warnen und auf die Missstände aufmerksam zu machen. Nur eine sehr geringe Anzahl dieser Kunden beschweren sich nur um der Beschwerde Willen oder um Unruhen im Unternehmen zu erzeugen. Kunden, die keine Beschwerde einreichen, glauben nicht, dass ihre Beschwerde Erfolg hat. Daher halten sie Beschwerden für eine Verschwendung von Zeit und unnötigem Aufwand. Es ist festzustellen, dass 80% der unzufriedenen Kunden keine Beschwerde beim Unternehmen erbringen. Hier liegen Chancen und Risiken für Unternehmen, diese Kunden zu einer Beschwerde zu bewegen. Nur wenn der Grund der Unzufriedenheit bekannt ist, kann dieser behoben werden. Zusätzlich könnten diese Kunden ihren Unmut gegenüber Dritten via Mundpropaganda weiter geben oder sich in sozialen Medien negativ äußern. Des Weiteren sind unzufriedene Kunden potentielle Abwanderer und das Unternehmen verliert in Folge dessen Marktanteil und Umsatz. Die Neugewinnung von Kunden ist deutlich kostenintensiver, als bestehende Kunden zu halten.

Welche positive Auswirkung eine Wiedergutmachung bei unzufriedenen Kunden hat, beschreibt das so genannte Recovery Paradoxon. Demnach sind Kunden, die eine hochwertige Wiedergutmachung, bei einem fehlerhaften Service oder Produkt erhalten haben, teilweise zufriedener mit dem Unternehmen, als wenn das Problem nicht aufgetreten wäre. Zusätzlich erzählen diese Kunden nicht nur drei weitere Personen, sondern fünf weitere Personen von ihren positiven Erfahrungen. Dies bedeutet jedoch nicht, dass Unternehmen absichtlich einen schlechten Service oder ein schlechtes Produkt liefern sollten, um dann eine höhere Zufriedenheit mittels einer Wiedergutmachung zu erreichen. Ursache dafür ist, wie bereits genannt, dass sich viele Kunden gar nicht beschweren. Bei keiner Beschwerde kann das Unternehmen auch keine Wiedergutmachung erreichen. Zudem ist die Auslieferung eines neuen Produkts oder die erneute Erbringung eines Services recht kostenintensiv. Bei mehrfach fehlerhaften Produkten oder Dienstleistungen stellt dies die Glaubwürdigkeit eines Unternehmens in Frage. Dies führt zu einem bleibenden Imageschaden. Zuletzt gibt es keine Garantie dafür, dass nach der Wiedergutmachung der Kunde zufriedener ist, als vorher. Daher sollte es beim ersten Mal richtig gemacht werden.

Auch hier gilt für Sajo: Aktiv nach Kundenmeinungen zu fragen. Kritik ist als Chance zu sehen. Bei negativer Kritik kann Sajo ganz klassisch auf die Ausgabe von Gutscheinen zurückgreifen, wobei es zu beachten gilt, dass nicht nur der Gutschein ausgehändigt, sondern die Beschwerde auch wirklich zu Herzen genommen wird. Auf die Beschwerde eines Gastes hin, der Fisch sei ihm nicht frisch genug, ließ Sajo beispielsweise eine offene und transparente Theke bauen, die den Fisch in seinem rohen Zustand vor der Zubereitung zeigte. Diese Maßnahme löste sogar bei ohnehin zufriedenen Gästen ein noch positiveres Gefühl über die Frische des Essens aus.

WIEDERKAUF

Die bedeutendste Folge von zufriedenen Kunden ist die Loyalität und die damit verbundenen Vorteile für ein Unternehmen. Dabei wird der Wiederkauf als Maß für die Loyalität herangezogen. Der Zusammenhang zwischen einem Wiederkauf und der Kundenzufriedenheit ist asymmetrisch und wird in folgender Abbildung dargestellt. Auffällig ist, dass Unzufriedenheit einen größeren Einfluss als Zufriedenheit auf die Wiederkaufsabsicht hat. Zudem ist festzustellen, dass die Wiederkaufsabsicht bis zu einem gewissen Grad mit einer Steigerung der Kundenzufriedenheit einher geht.

Folgende Abbildung: Der Zusammenhang zwischen Wiederkauf und Kundenzufriedenheit
Quelle: Eigene Darstellung in Anlehnung an Anderson/Mittal (2000), S. 114

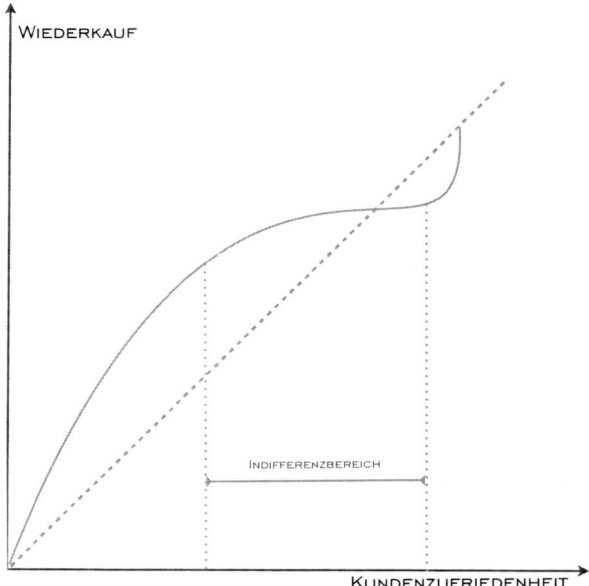

Daraufhin folgt ein Indifferenzbereich, in dem die Kundenzufriedenheit steigt, jedoch nicht die Wiederkaufsabsicht. Unternehmen, die in diesem Bereich mit steigenden Wiederkäufen rechnen, werden desillusioniert und nehmen fälschlicherweise an, dass Kundenzufriedenheit keinen Einfluss auf Wiederkäufe hat. Als Folge einer Überwindung des Indifferenzbereiches steigt die Wiederkaufabsicht wieder stark an. Diese sehr zufriedenen Kunden haben einen geringeren Anreiz nach alternativen Produkten oder Dienstleistungen zu suchen, als unzufriedene Kunden. Diese Kunden nehmen also deutlich weniger Wettbewerber als Alternativen wahr. Entsprechend steigt die Anzahl der Wiederkäufe bei dem favorisierten Unternehmen an. Entgegengesetzt gilt ebenfalls, dass mit sinkender Kundenzufriedenheit mehr Alternativen berücksichtigt werden und somit die Wiederkaufsabsicht sinkt.

LOYALITÄT

Loyalität stellt den wichtigsten Schritt zwischen kurzfristigen Auswirkungen und Profitabilität bzw. finanziellem Erfolg eines Unternehmens dar. Kundenloyalität und Kundenbindung lassen sich oft nur schwer differenzieren. Unter Kundenbindung werden aus Sichtweise des Anbieters die Wege und Instrumente einer dauerhaft positiven Kundenbeziehung verstanden. Kundenbindung wird dabei als Konsequenz der Kundenzufriedenheit interpretiert. Dadurch verschmelzen Kundenbindung und Loyalität.

Loyalität von Kunden kann sich auf zweierlei Weise ausdrücken. Zum einen wird Loyalität als eine Einstellung angesehen, bei der der Kunde Gefühle bezüglich des Produktes, der Marke, des Unternehmens oder des Services zu einer Gesamteinstellung summiert. Dies führt zu einer Steigerung der Wiederkaufabsicht, welche von großer praktischer Bedeutung für ein Unternehmen ist. So führt die Einstellung dazu, dass der Kunde bei einem zukünftigen Kauf ein Produkt dieses Unternehmens bevorzugt. Zum anderen kann Loyalität auch verhaltenswissenschaftlich betrachtet werden. Hier äußert sich Loyalität in Wiederkäufen, Cross-Selling, Mundpropaganda und selbst Unternehmenstreue auch bei geringen Wechselkosten. Mit Hilfe dieser Definition lässt sich ein Zusammenhang zwischen Zufriedenheit und Loyalität erkennen und erklären. Nachdem ein Unternehmen Neukunden gewonnen hat, sollte deren Loyalität gewonnen werden. Loyalen Kunden sind extrem wertvoll für ein Wachstum des Unternehmens.

Eine Neukundengewinnung ist für Sajo kostenintensiver, als bestehende Gäste zu halten. Als eine Ursache der Kosten für die Neukundengewinnung sind beispielsweise seine Werbekosten zu nennen. Des Weiteren stellt er fest, dass seine Kunden mit jedem Jahr dank Unternehmensloyalität profitabler für das 'Nanni' wurden. Ursachen dafür sind, dass die Anfangskosten nur einmal entstehen und Kunden mit ansteigender Zeit sein Essen und seinen Service 'intensiver' nutzen. Zudem sind langfristige Kunden weniger preissensibel und bereit mehr zu bezahlen, um das Restaurant weiter besuchen zu können. Ein weiterer positiver Effekt ist, dass langfristig zufriedene Gäste Werbung für das Restaurant in Form von positiver Mund-zu-Mund-Propaganda, sowie Rezensionen in sozialen Medien betreiben. Daher sollten Sajo unbedingt versuchen, seine profitablen Kunden zu halten.

Ein Streben nach mehr Marktanteil hat zunehmend an Bedeutung verloren. Die neue Zielgröße für viele Unternehmen stellt die Kundenzufriedenheit dar.

Ursache dafür ist, dass es in wettbewerbsintensiven oder wachstumsschwachen Märkten effizienter ist eine Defensivstrategie zu verfolgen. Eine Defensivstrategie zielt darauf ab, bestehende Kunden zu halten. Eine Offensivstrategie zielt hingegen auf die

Neugewinnung von Kunden. Eine Defensivstrategie bedeutet jedoch nicht, dass hier ein geringer Marktanteil erreicht wird. Mundpropaganda von loyalen Kunden generiert neue Kunden, wodurch der Marktanteil natürlich ansteigen kann.

Eine hohe Kundenzufriedenheit wirkt sich positiv auf das Image eines Unternehmens aus. Ein positives Image gestaltet die Neukundenakquise einfacher und ist weniger kostenintensiv. Neue Produkte, besonders innovative Produkte, können einfacher von bestehenden Unternehmen in den Markt eingeführt werden, da das Unternehmen einen Vertrauensvorschuss bei den Kunden hat. Bei Zufriedenstellung der ersten Kunden kann ein Vertrauensvorschuss sich dementsprechend positiv auf Nachfolgeprodukte auswirken.

Des Weiteren werden die Streuverluste im Marketing reduziert. Dies bedeutet, dass zufriedene Kunden aufmerksam die Werbung des Unternehmens verfolgen. Gleichzeitig beachten Kunden die Werbung von Konkurrenzunternehmen weniger. Konkurrenzunternehmen müssen so deutlich mehr investieren, um einen zufriedenen Kunden abzuwerben.

Zusätzlich weisen zufriedene Kunden größere Cross-Selling Möglichkeiten auf, weil diese bereit sind, weitere Produkte oder Dienstleistungen des Unternehmens zu beziehen.

Insgesamt sind die positiven Zusammenhänge zwischen Kundenzufriedenheit, Loyalität und Unternehmenserfolg enorm. Wichtig ist es jedoch wirklich nur sehr zufriedene Kunden als loyal zu betrachten und nicht auch die moderat zufriedengestellten Kunden. Um die Kundenzufriedenheit am effizientesten zu steigern, sollten nur Produktattribute verbessert werden, die einen hohen Einfluss auf die Kundenzufriedenheit haben. Das Kano Modell gibt eine sehr gute Indikation, welche Produktattribute zu hoher Kundenzufriedenheit führen und daher verbessert werden sollten. Junge Unternehmen können mit dieser Methode fehlerhafte Produktattribute bestehender Firmen analysieren und die eigene Nische finden oder das eigene Produkt mit dieser Methode zielstrebig verbessern und somit die Kundenzufriedenheit erhöhen.

...übrigens das 'Nanni' ist durch die Berücksichtigung einiger dieser Faktoren sehr erfolgreich geworden. 'Nanni' bedeutet in der südindischen Sprache Malayalam 'Dankeschön'. Und mit einer dankbaren Haltung gegenüber dem Kunden, ist der Grundstein zur Kundenzufriedenheit bereits gelegt.

Herausgeberin & Autoren

Daniela A. Ben Said (Hrsg.)

Erfahrene Unternehmerin, mehrfache Bestseller-Autorin, female Speaker of the year 2014.

Die Psychologin kombiniert in ihren Vorträgen arabisches Temperament mit deutscher Perfektion aufs Infoblüffendste!

GORDON BELL

Der Bankkaufmann, der nicht nur Zahlen, sondern das Team im Auge hat. Er beweist, dass und wie das WIR gewinnt.

NORA BICKMANN

Die Braintrainerin baut Ihnen Wissensbrücken, wie Sie Ihr Unternehmen dank wissenschaftlicher Lernmethoden noch erfolgreicher machen.

HARRIET DELANIE

Die Afrikanerin beweist Erfolg über Kontinente hinweg mit einer Strategie, die trotz widrigster Umstände von ganz unten nach ganz oben führt.

THORE FRIEDRICHS

Der Verkaufsexperte, der in jeder Lebenslage und jeder Branche effektiv und ethisch verkauft. Er macht Produkte und Dienstleistungen zu Bestsellern.

NINA HERRMANN

Vom Frust zur Lust – das ist die Herzenssache der Entspannungsexpertin. Erfolg braucht Gelassenheit, ist ihre Devise und sie selbst ist der Stresskiller Nr. 1!

GABY JANSEN

Die 'Feinrichterin' bindet Mitarbeiter an Wohlfühlarbeitsplätzen und verleiht Verkaufsräumen den Wo-muss-ich-unterschreiben-Effekt.

BIYON KATTILATHU

Der Wirtschaftsingenieur und Schwarzgurtträger nimmt gnadenlos die deutsche Unternehmens- und Kundenbeziehungskultur aufs Korn.

NORBERT KOX

Der Diplom-Sportwissenschaftler und Personal Trainer beweist eindrucksvoll wie Erfolg und Vertrauen zusammenhängen und -wirken.

LOREDANA MEDURI

Die 'LebensARTistin' steht für Temperament und Vitalität. Mit der 'Dolce Vita Strategie' hat sie das Rezept für mehr Erfolg im Leben und Business.

ALESSANDRO SPANU

Der 'Dolce Vita Botschafter' lässt auf der Bühne seinem südländischem Charme freien Lauf und verrät das Geheimnis italienischer Lebensart.

Die Akademie

Die Ausbildung zum Coach, Fachtrainer und Psychologischen Berater mit staatlicher Legitimation wird in der Quid Agis Akademie nicht nur angeboten, sondern auch erfolgreich durchgeführt.

Berufsbegleitend erlernen die Teilnehmer alle wesentlichen Techniken um sich selbst und andere weiterzuentwickeln.

Sie verbessern ihre kommunikativen Kompetenzen und ihr psychologisches Wissen, lernen NLP-Basics, Hypnose, Transaktionsanalyse und vieles mehr. Wissen, dass angehende Coaches ebenso brauchen wie Führungskräfte und Unternehmer.

Wer noch einen Schritt weitergehen möchte, belegt den Professional-Lehrgang und widmet sich Business-Themen wie Teambildung, Mitarbeiterführung, Konflikttraining, Verkauf, Kundenbindung, Zeit- und Stressmanagement und vieles mehr.

Der mögliche dritter und letzte Ausbildungsabschnitt zum Expert verschafft den Teilnehmer die Grundlagen für die staatliche Legitimation zum Trainer, Coach oder Berater.

Damit dürfen auch Leistungen angeboten werden, die auf die Diagnostik und Behandlung einer seelischen Erkrankung abzielen. Neben der persönlichen Absicherung ist die staatlich geprüfte Zertifizierung auch eine ideale Möglichkeit, sich gegen die wachsende Zahl an Mitbewerbern auf dem Coachingmarkt abzuheben.

Wenn Sie für sich und Ihre Klienten weiter kommen wollen, melden Sie sich hier:

Quid agis* GmbH in Osnabrück

+49 (0)541 580578-10

info@quid-agis.de